D1926736

Paul Emanuel Müller
Zärtlichkeit und Liebe

Märchen zeigen Wege

authentische Märchentexte
psychologische Deutungen
meditative und sensitive Übungen
weiterführende Literatur

Paul Emanuel Müller

Zärtlichkeit und Liebe

Märchen zeigen Wege

Psychologische Deutungen und meditative Übungen

Ariston Verlag

Die Deutsche Bibliothek – CIP-Einheitsaufnahme

Müller, Paul Emanuel:
Zärtlichkeit und Liebe – Märchen zeigen Wege:
Psychologische Deutungen und meditative Übungen /
Paul Emanuel Müller. – Erstaufl. –
Kreuzlingen; München: Ariston Verlag, 1997
ISBN 3-7205-1961-9

© Copyright 1997 bei Ariston Verlag, Kreuzlingen

Alle Rechte, insbesondere des – auch auszugsweisen – Nachdrucks, der phono- und photomechanischen Reproduktion, Photokopie, Mikroverfilmung sowie der Übersetzung und jeglicher anderen Aufzeichnung und Wiedergabe durch bestehende und künftige Medien, vorbehalten.

Gestaltung des Einbandes: Egon Meichtry, Zürich
Umschlagmotiv: Paul Emanuel Müller

Satz: SatzTeam Berger, Ellenberg
Druck und Bindung: Ueberreuter Print

Erstauflage: März 1997

ISBN 3-7205-1961-9

Inhalt

Wege und Wandlungen

Zur Einführung

Die Liebe ist gemeint – allerdings weniger als Erfüllung, als viel mehr als Arbeit und Aufgabe. Vier Märchen nehmen uns mit in jenes immer wieder neu verlockende, immer wieder auf neue Art unerschlossene Land, das Liebe heißt. Wir haben schlichte, ursprüngliche Märchen ausgewählt. So verschieden sie auch sind, so gemeinsam ist ihnen doch das Wissen um die Grundvoraussetzungen aller Liebe. Lieben können wir erst ganz, sagen die Märchen, wenn wir uns selber kennen und den Menschen, den wir lieben, in seiner Individualität achten und in seiner kostbaren Lebendigkeit und Weite erfahren.

Beides ist erst nach schwierigen Lektionen möglich. Da machen uns die Märchen nichts vor. Und wenn dann das alles geleistet ist, dann beginnt die noch schwierigere Aufgabe, gemeinsam dorthin zu gehen und zu reifen, wo Liebe in dieser Welt gelebt werden kann. Manchmal, so kann es sein, muß jedes eine Strecke weit alleine weiter finden oder muß eines das andere führen, sich das eine vom anderen führen lassen. Gerade die alten, die ursprünglichen Märchen sind in dieser Beziehung überraschend ausführlich.

Wer Liebe lernen will, stellt sich einer lebenslangen Arbeit. Wir hören von blutigen Tränen, fast unmöglich scheinenden Wandlungen, aber auch von reichen Geschenken, unversiegbaren Quellen, ungeahnten Helferinnen und Helfern. Und so gewinnen wir denn auch Vertrauen, daß wir das seelische Reifen leisten können, welches Liebe lebbar macht.

Wer liebt, so lernen wir durch die Märchen, stellt sich der Verantwortung für das eigene Leben und für das Leben des geliebten Menschen. Doch ernsthafte Liebe will noch mehr, noch Schwereres. Sie erstrebt jenes Dritte, das kaum beschrieben werden kann, jene neue Lebendigkeit, die zwar von zwei eigenständigen Menschen getragen, geprägt, gefördert wird, in der aber immer beide zugleich ganz anwesend sind. Es ist eine nicht sichtbare, körperlich nicht wahrnehmbare, aber intensiv wirkende neue individuelle Kraft, die den Liebenden gemeinsam eigen ist.

Wir lernen die Welt in Bildern kennen. Diese Bilder nehmen wir in uns hinein. Dort wachsen sie, dort verändern sie sich, werden eigenständiges Leben. Und wenn wir sie dann wieder nach außen tragen, anderen weitergeben, werden sie persönliche Mitteilungen. Der Förster meint wohl fast immer anderes mit einem Baum als der Schreiner oder der Tischler. Noch anderes aber meint der Maler, der einen Baum in die Mitte oder an den Rand seines Bildes stellt. Vielleicht meint er das Leben, das der Baum durch seine Formen, Farben, Geräusche, Bewegungen ausdrückt. Dann ist er ganz nah bei der Märchenerzählerin oder dem Märchenerzähler. Im Märchen wird fast jeder Baum zum Lebensbaum, zu einem Bild von individuellem oder auch überpersönlichem, ja kosmischem Leben.

Märchensprache ist Bildersprache, Symbolsprache. Manches, was die Märchen malen, können wir ganz selbstverständlich, ganz spontan und intuitiv aufnehmen. Für manches müßten uns aber auch Vergleiche mit ähnlichen Märchenbildern, anderen Symbolzusammenhängen möglich sein, damit wir es ganz verstehen können. Hier wird uns dieses Buch zur freundlichen Hilfe. Behutsam führt es uns Schritt für Schritt in die Sprache der Märchen ein. Viermal erschließt es uns neue Wege, welche uns Schmerz, Freude und Reichtum der Liebe erfahrbar machen.

Ein ganz besonderes Anliegen ist uns aber auch, daß wir Märchenbilder und Märchengeschehen nicht nur verstandesmäßig aufnehmen, sondern sie auch unmittelbar durch unsere Hingabe aneignen lernen, durch Meditationen zum Beispiel oder auch durch Gebärdenspiele, Zeichnungen – so unbeholfen sie auch immer sein mögen –, durch Wiederbeleben von Erinnerungen oder Weiterspinnen von wichtigen Märchen- beziehungsweise Lebenssituationen. Wir dürfen uns nicht täuschen, wenn dieser »Übungsteil« weniger umfangreich erscheint als die psychologischen Märchendeutungen. Jede einzelne Übung braucht viel Zeit, braucht Hingabe und Geduld. Manche wird uns – so ist zu hoffen – so lieb werden, daß wir sie wiederholen, wird uns vielleicht sogar eine Strecke weit durchs Leben begleiten.

Die Anmerkungen und Literaturangaben erfüllen eine doppelte Aufgabe. Einerseits zeigen sie, woher bestimmtes Wissen stammt, das von anderen mitgeteilt und in Deutungen aufgenommen worden ist. Andererseits machen diese umfangreichen Angaben auch auf psychologische Literatur und auf verwandte Märchen aus anderen Kulturräumen aufmerksam, so daß der Leserin und dem Leser eigene Studien möglich werden, bei denen er nun nicht mehr auf Deutungen angewiesen sein sollte.

Einweihung

Durch die Liebe
das Geheimnis der Seele erfahren

Russisches Märchen

Die Zarentochter Frosch

Irgendwo in einem Zarenreich, in einem fernen Reich, lebten einst ein Zar und eine Zarin, und sie hatten drei Söhne, die waren wie die Falken. Sie wuchsen heran und wurden so schmucke Burschen, daß es weder zu sagen, noch zu denken, nur im Märchen zu erzählen ist! Und sie kamen in die Jahre, da es Zeit für sie war zu heiraten. Der Zar hatte sich mit seiner Frau gründlich beraten, rief die Söhne zu sich und sprach zu ihnen: »Meine Söhne, meine Falken! Ihr seid nun in die Jahre gekommen, und es ist an der Zeit, euch Frauen zu suchen.« »Es ist Zeit, Väterchen«, antworteten sie, »es ist Zeit.« »So nehmt, Kinder, eure silbernen Bogen zur Hand, legt kupferne Pfeile auf und laßt sie fliegen in fremde, ferne Lande: Und von dem Hof, in dem sie niederfallen werden, soll jeder seine Braut holen.«

Sie traten hinaus in den Hof, spannten die Bogen und schossen ab. Der Älteste schoß, und der Pfeil flog schwirrend unter dem Himmel dahin und fiel dann in einem anderen Zarenreich in den Garten des Zaren. Zu dieser Stunde erging sich die Zarentocher im Garten, hob den Pfeil auf und freute sich an ihm. Sie ging zu ihrem Vater und rühmte sich: »Schau, was für einen wunderhübschen Pfeil ich gefunden hab, Väterchen!« »Gib ihn keinem«, sagte der Zar, »außer demjenigen, der dich zur Gattin nehmen wird.« Und richtig, nach einiger Zeit geschah es, daß der älteste Zarensohn angeritten kam und sie um seinen Pfeil bat. »Ich gebe keinem andern den Pfeil, nur dem, der mich zur Gattin nimmt.« »Ich will dich zur Gattin nehmen«, sagte der Zarensohn. Und sie versprachen sich, und dann ritt er wieder fort.

Der zweite Bruder schoß, und der Pfeil flog tiefer als die Wolken, aber höher als der Wald und fiel in einen Fürstenhof. Zu der Zeit saß die Fürstentochter auf der Freitreppe, erblickte den Pfeil, hob ihn auf und brachte ihn dem Vater: »Schau, was für einen wunderhübschen Pfeil ich gefunden hab, Väterchen!« »Gib ihn keinem«, sagte der Fürst, »außer demjenigen, der dich zur Gattin nehmen wird.« Da kam auch der zweite Zarensohn an und bat um seinen Pfeil. Die Fürstentochter gab die gleiche Antwort wie die Zarentochter. Und jener sagte: »Ich will dich zur Gattin nehmen.« Sie versprachen sich, und er ritt davon.

Dann kam die Reihe zu schießen an den dritten Zarensohn. Und als Iwan-Zarewitsch, so wurde er genannt, den Pfeil abschoß, flog er nicht hoch und nicht niedrig, doch höher als die Häuser, und fiel nicht weit und nicht nah zu Boden: beim Dorf in den Sumpf. Auf einem Mooshügelchen aber saß ein Frosch und nahm den Pfeil an sich. Iwan-Zarewitsch kam und bat: »Gib mir den Pfeil wieder!« »Den Pfeil geb ich keinem«, sagte der Frosch, »außer demjenigen, der mich zur Gattin nimmt.« Iwan-Zarewitsch bedachte sich: »Wie sollte ich denn diesen grünen Frosch zur Gattin nehmen?« Er stand noch eine Weile am Sumpf herum, ward sehr betrübt und ging dann weinend nach Hause.

Es war schon Zeit für ihn, zum Vater zu gehn und zu erzählen, welche Braut er gefunden habe. Jene zwei, der älteste und der zweite Bruder, waren so froh, daß es nicht zu sagen war! Iwan-Zarewitsch aber kam daher und weinte. Der Vater sprach zu ihnen: »Nun erzählt nur, meine Söhne, meine Falken, welche Schwiegertöchter ihr gefunden habt!« Der Älteste sagte: »Ich hab eine Zarentochter gefunden, Vater.« Und der Zweite: »Ich – eine Fürstentochter.« Iwan-Zarewitsch aber stand da und brachte kein Wort heraus, er weinte nur und weinte! Der Vater fragte ihn: »Warum weinst du, Iwan-Zarewitsch?« »Wie sollt ich nicht weinen, meine Brüder haben

Frauen, wie sie sein sollen, aber ich muß mir einen grünen Frosch aus dem Sumpfe nehmen; paßt er denn zu mir? »Nimm ihn!« sagte der Zar, »da ist nichts zu machen: Das ist gewiß schon so dein Los!« Und die Zarensöhne heirateten: Der Älteste nahm die Zarentochter, der Zweite die Fürstentochter, Iwan-Zarewitsch aber den grünen Frosch aus dem Sumpf.

Und sie heirateten und lebten so dahin. Eines Tages aber wollte der Zar sehen, welche von den Schwiegertöchtern die schönsten Tücher weben könne. Und er gab den Befehl: »Bis morgen in der Früh sollen Tücher gewebt und hierher gebracht werden, damit ich sehe, welche von euch am besten gewebt hat.« Iwan-Zarewitsch ging nach Hause, der Frosch aber kroch ihm entgegen und fragte: »Iwan-Zarewitsch, warum weinst du?« »Wie sollt ich nicht weinen, da es doch so und so steht: Unser Vater verlangt, daß bis morgen früh jede Schwiegertochter ihm ein Tuch webt.« »Weine nicht! Alles wird bereit sein; leg dich hin und schlaf!« Er legte sich nieder und schlief ein. Doch sie warf ihre Haut ab, ging hinaus auf den Hof, schrie und rief und pfiff, und plötzlich erschienen ihre Mädchen, die Dienerinnen, webten Tücher, stickten gar kunstvoll Adler hinein und gaben ihr die Tücher. Sie nahm sie entgegen, legte sie neben Iwan-Zarewitsch hin, zog wieder ihre Haut an und ward zum Frosch, wie sie vorher gewesen. Als Iwan-Zarewitsch erwachte, da erblickte er Tücher, wie er sein Lebtag keine gesehen hatte! Er ward froh und brachte sie dem Zaren. Der Vater dankte ihm vielmals für die Tücher. Und die Tücher der anderen Schwiegertöchter gab er in die Küche, denn sie waren nur so-so, ganz einfach, aber des Frosches Tücher hängte er am Heiligenbilde auf.

Und der Vater gab abermals einen Befehl: die Schwiegertöchter sollten Buchweizenfladen backen und sie ihm bringen, damit er sehe, wer's am besten verstünde. Iwan-Zarewitsch ging nach Hause und weinte wiederum. Der Frosch kroch ihm entgegen und quakte: »Iwan-Zarewitsch, warum weinst du?« »Wie sollt ich nicht weinen, da der Vater befohlen hat, Buchweizenfladen zu backen, du das aber nicht verstehst!«

»Weine nicht, wir werden damit schon zurechtkommen! Leg dich hin und schlaf!« Er legte sich nieder und schlief ein. Die andern Schwiegertöchter aber standen unterm Fenster, um mit anzusehen, wie sie backen würde. Sie begann den Teig dünn einzurühren und arbeitete ihn so durch, daß er flüssig blieb, dann kletterte sie auf den Ofen, schlug ein Loch hinein, goß alles hinunter und der Kuchenteig zerfloß im Nu auf den heißen Steinen. Die Schwiegertöchter aber liefen schnell nach Hause und machten's ebenso. Und die buken solche Buchweizenfladen zusammen, daß man sie nur den Hunden vorwerfen konnte. Doch als sie fort waren, warf der Frosch die Haut ab, trat auf den Hof hinaus, schrie und rief und pfiff, und gleich waren auch die Mädchen, die Dienerinnen, da. Sie befahl ihnen, bis zum Morgengrauen die Buchweizenfladen fertigzumachen. Gar bald brachten sie die Fladen, wie die Sonne so schön waren sie geworden! Die Schwiegertochter nahm sie entgegen, legte sie neben Iwan-Zarewitsch, zog dann die Haut an und ward wieder zum grünen Frosch, wie sie vorher gewesen. Iwan-Zarewitsch erwachte und schaute – neben ihm lagen Buchweizenfladen, einer schöner als der andere. Er freute sich sehr und brachte sie dem Zaren. Der Vater aber war ihm sehr dankbar. Die Buchweizenfladen der andern Schwiegertöchter ließ er den Hunden vorwerfen, aber die des Frosches befahl er bei Tisch zu reichen.

Und wieder gab der Zar den Söhnen etwas auf: »Kommt an dem und dem Tage mit euren Frauen zum Festmahl.« Die älteren Brüder freuten sich, Iwan-Zarewitsch aber ging nach Hause, ließ den Kopf hängen und weinte. Der Frosch kroch ihm entgegen und fragte: »Iwan-Zarewitsch, warum weinst du?« »Wie sollt ich nicht weinen«, sagte er, »da der Vater uns befohlen hat, mit unseren Frauen zum Festmahl zu kommen.

Wie soll ich aber dich hinbringen?« »Weine nicht«, antwortete sie, »leg dich hin und schlaf, wir fahren schon irgendwie hin!« Er legte sich nieder und schlief ein. Und als der Tag kam, an dem das Festmahl sein sollte, wurde Iwan-Zarewitsch wieder traurig. »Gräm dich nicht, Iwan-Zarewitsch«, sagte der Frosch, »geh nur voran! Wenn aber der Regen anfängt zu tröpfeln, so wisse, daß dein Weib sich mit Regentau wäscht; und wenn ein Blitzstrahl aufzuckt, so wisse, daß dein Weib sich den Staat anzieht für den Weg; doch wenn der Donner grollt, so kommt sie gleich.« Iwan-Zarewitsch kleidete sich an, saß auf und ritt davon.

Und als er hinkam, waren die älteren Brüder mit ihren Frauen schon da; sie selber waren reich gekleidet, ihre Frauen aber kamen in Gold, in Seide und mit kostbarem Halsschmuck. Die Brüder spotteten über ihn: »Warum bist du denn allein gekommen, Bruder? Hättest du sie doch in ein Tuch gebunden und hergebracht.« »Spottet nicht«, sagte er, »sie kommt schon nachher.« Als aber der Regen anfing zu tröpfeln, sagte Iwan-Zarewitsch: »Jetzt wäscht sich mein liebes Weib mit Regentau!« Die Brüder aber spotteten über ihn: »Bist du denn toll geworden, daß du solchen Unsinn redest?« Und als ein Blitzstrahl aufzuckte, sagte Iwan-Zarewitsch: »Jetzt legt mein liebes Weib den Staat an für den Weg!« Die Brüder zuckten bloß mit den Achseln: der Bruder war doch bisher ganz vernünftig, aber jetzt ist er von Sinnen gekommen! Doch plötzlich fing der Donner gewaltig an zu grollen, daß der Palast erbebte; der Zarensohn aber sprach: »Jetzt kommt mein Täubchen schon!« Und richtig, an der Freitreppe fuhr eine Kutsche mit sechs feurigen Rossen vor, und die Schwiegertochter stieg heraus und war so schön, daß alle ganz still und schüchtern wurden!

Dann setzten sie sich zum Mahl; und der Zar, die Zarin und die beiden älteren Brüder konnten sich nicht satt sehen an ihr, denn wirklich: Sie war so schön, so schön, daß es nicht zu sagen war! Und nun wurde gegessen; sie steckte aber einen Bissen in den Mund, einen in den Ärmel, einen Löffel in den Mund, einen in den Ärmel. Die andern Schwiegertöchter achteten auf sie und machten's ebenso: einen Löffel in den Mund, einen in den Ärmel, einen Bissen in den Mund, einen in den Ärmel. Und als sie fertig waren, gingen sie auf den Hof; die Musik fing an zu spielen, und der Vater bat zum Tanz. Die zwei Schwiegertöchter wollten aber nicht und sagten: »Mag sie zuerst tanzen!« Doch als sie nun mit Iwan-Zarwitsch anfing zu tanzen, da berührte sie kaum den Boden, so leicht und schön tanzte sie! Und dann schwenkte sie den rechten Ärmel und warf einen Bissen hinaus, da ward daraus ein Garten, und in dem Garten war eine Säule, auf ihr ging ein Kater hinauf und hinab, ging er hinauf, sang er Lieder, kam er herunter, erzählte er Märchen. Sie tanzte und tanzte, schwenkte den linken Ärmel, und in dem Garten entstand ein Flüßchen, und in dem Flüßchen schwammen Schwäne. Alle staunten über das Wunder wie kleine Kinder! Sie tanzte bis zum Ende und setzte sich hin, um auszuruhen. Dann gingen auch die anderen Schwiegertöchter zum Tanz. Und wie sie den rechten Ärmel schwenkten, flogen die Knochen der Zarin an die Stirn, und als sie den linken Ärmel schwenkten, spritzten sie dem Zaren die Augen voll. Da rief der Zar ihnen zu: »Genug, genug, ihr Töchter von Hundesöhnen! Ihr schlagt mir ja die Augen aus.« Da ließen sie's bleiben. Sie setzten sich alle auf die Sockelbank hin, die Musik spielte, und nun tanzten die Hofbedienten.

Iwan-Zarewitsch aber schaute auf sein Weib und wunderte sich, wie aus dem grünen Frosch ein so wunderschönes Mädchen geworden war, daß man die Augen nicht mehr abwenden konnte! Da befahl er, ein Roß vorzuführen, und eilte nach Hause, um nachzuschauen, von wo sie alles her habe. Er kam an, ging in das Zimmer, in dem sie schlief, und fand dort die Froschhaut liegen. Im Kamin war Feuer: er warf die Haut hinein, und nichts als Rauch stieg in die Höhe. Dann kehrte er wieder zum Zaren zurück und kam noch zurecht zum Abendschmaus. Noch lange vergnügten sie sich dort, und erst als der Morgen graute, fuhren sie auseinander. Auch Iwan-Zarewitsch fuhr mit seiner Frau heim. Und als sie nach Hause kamen, ging sie in ihr Zimmer, schaute umher, aber die Froschhaut war nicht mehr da. Sie suchte und suchte und fragte schließlich: »Iwan-Zarewitsch, hast du nicht mein Kleid gesehen?« »Welches denn?« »Meine Haut«, sagte sie, »ich hab sie hier abgeworfen.« »Und ich hab sie verbrannt!« sagte Iwan-Zarewitsch. »Ach, was hast du mir angetan, Iwan-Zarewitsch? Hättest du sie nicht angerührt, wäre ich ewig die Deine geblieben, jetzt aber müssen wir uns trennen, vielleicht für immer.« Sie weinte und weinte, mit blutigen Tränen weinte sie und sprach sodann: »Leb wohl! Such mich im dreißigsten Zarenreich, im dreißigsten fremden Reich bei der Baba Jaga, dem Knochenbein.« Sie schwang ihre Händchen in die Höh und verwandelte sich in einen Kuckuck; das Fenster war geöffnet, und sie flog hinaus.

Lange grämte sich Iwan-Zarewitsch um sein Weib, lange weinte er bitterlich; er fragte alle Leute, was er machen solle, aber niemand konnte ihm raten. Da nahm er seinen silbernen Bogen, füllte einen Sack mit Brot, hängte sich die Kürbisflasche über die Schultern und ging auf die Suche. Er wanderte und wanderte und begegnete einem Alten; der war so weiß wie Milch und fragte den Zarensohn: »Guten Tag, Iwan-Zarewitsch! Wohin führt dich dein Weg?« »Ich gehe, wohin die Augen schauen, meine Frau zu suchen; sie ist irgendwo im dreißigsten Zarenreich, im dreißigsten fremden Reich bei der Baba Jaga, dem Knochenbein. So geh ich und weiß nicht wohin. Wißt Ihr nicht, Alterchen, wo sie lebt?« »Warum soll ich es nicht wissen? Gewiß weiß ich's.« »Sagt es mir auch, Alterchen, seid so gut!« »Ach, wozu soll ich dir's sagen, mein Sohn: Es ist ja gleich, ob ich's tu oder nicht, du bringst ja doch nichts zustande.« »Einerlei, ob ich's vollbring oder nicht, sagt mir's nur, ich werde mein Lebtag für Euch beten.« »Na, wenn du's so notwendig wissen mußt, dann nimm hier das Knäuel, und roll es vor dir her, und wohin es läuft, dahin geh ihm nach, so kommst du geradeswegs zur Baba Jaga, dem Knochenbein.« Iwan-Zarewitsch dankte dem Alten für das Knäuel und ließ es laufen: Das Knäuel rollte dahin, und er ging ihm nach. Und er kam in einen so dichten Wald, daß es dunkel ward ringsum. Da begegnete ihm ein Bär. Er legte einen kupfernen Pfeil auf den silbernen Bogen und wollte schießen. Aber der Bär sprach zu ihm: »Iwan-Zarewitsch, töte mich nicht, ich werde dir noch von großem Nutzen sein!« Er verschonte ihn und tötete ihn nicht. Und ebenso geschah es mit einem Falken, auch den tötete er nicht.

Und er wanderte und wanderte; das Knäuel rollte vor ihm her, und er ging ihm nach, und so kam er schließlich an das blaue Meer. Da sah er am Ufer auf dem Trockenen einen Hecht, den Scharfzahn, liegen, der war in der Sonne an Todes Enden. Er wollte ihn aufheben und verspeisen, aber der Hecht bat ihn: »Iwan-Zarewitsch, iß mich nicht, wirf mich lieber in das Meer, ich werde dir noch von großem Nutzen sein!« Da warf er ihn ins Meer und ging weiter. Und endlich gelangte er in das dreißigste Zarenreich, in das dreißigste fremde Reich. Da stand ein Hüttchen auf einem Hühnerfüßchen, mit Rohrstäben gestützt, sonst wäre es zusammengefallen. Er trat in das Hüttchen, und dort lag auf dem Ofen die Baba Jaga, das Knochenbein. Ihre Füße hingen bis zur Ofenpritsche hinunter, den Kopf aber hatte sie an den Rauchfang gelehnt. »Willkommen, Iwan-Zarewitsch! Bist du mit Willen oder wider Willen hierher gekommen?« »Mit Willen und auch wider Willen«, sagte er. »Versteckst du dich vor jemand oder suchst du jemand?« »Ich verstecke mich gar nicht, Mütterchen, sondern ich suche meine liebe Frau, den grünen Frosch.« »Ich weiß, ich weiß!« sagte die Baba Jaga, »sie sucht mir die Läuse ab vom Kopf, wenn sie zu Gast kommt.« »Wo ist sie denn, Mütterchen, sagt mir's!« Sie antwortete: »Dort im Meer ist eine Insel, auf der steht eine Hütte. Aber sieh dich vor, daß dir kein Unglück zustößt! Sobald du deine Frau erblickst, pack sie rasch und flieh mit ihr, aber schau dich nicht um.« Er dankte der Baba Jaga und wanderte von dannen.

Er ging und ging und gelangte ans Meer; er schaute und sah nur das endlose Meer, aber wo die Insel sein mochte, das wußte Gott weiß wer. Er ging am Meer entlang, ließ den Kopf hängen und grämte sich. Da schwamm der Hecht empor und fragte: »Iwan-Zarewitsch, warum grämst du dich?« »So und so steht's«, antwortete er, »auf dem Meer ist eine Insel, und ich kann auf keine Art hinüber.« »Sei nicht traurig!« sagte der Hecht. Und dann schlug er mit dem Schwanz aufs Wasser, und eine Brücke entstand, wie sie auch der Zar nicht hatte: Die Pfähle waren aus Silber, die Geländer aus Gold, der Boden aber war mit Glas gedeckt; gingst du darauf, so war dir's wie auf einem Spiegel! Iwan-Zarewitsch ging nun über die Brücke und gelangte auf die Insel. Dort aber stand ein Wald, der war so dicht, daß man nicht durchgehen, noch sich durchzwängen konnte, und dunkel war's, ganz dunkel. Iwan-Zarewitsch wanderte am Wald entlang und weinte und weinte. Auch war ihm das Brot ausgegangen, und er hatte nichts zu essen. Er setzte sich in den Sand, grämte sich und dachte: »Nun bin ich verloren!« Plötzlich lief ein Hase an ihm vorbei; der Falke stieß auf ihn herab und tötete ihn; Iwan-Zarewitsch nahm den Hasen, zog ihm das Fell ab, rieb Feuer aus zwei Hölzern, briet den Hasen am Spieß und aß ihn auf. Und als er satt war, fing er an zu überlegen, wie er in den Palast gelangen könnte. Und wieder ging er am Walde entlang, doch der Wald war wirklich so dicht, daß man nicht eindringen konnte. Plötzlich aber kam ihm der Bär entgegen. »Willkommen, Iwan-Zarewitsch! Warum läufst du hier herum?« »Ich will in den Palast hinein, aber es geht nicht wegen des Waldes.» »Ich werde dir helfen.« Und er fing an, die Eichen zu brechen und schleuderte Stämme zur Seite, die ein Mann nicht umfassen konnte! So arbeitete er lange und ward müde; dann ging er hin und trank Wasser und fing wieder an, die Bäume zu brechen. Und schon hatte er einen schmalen Pfad gelichtet! Wieder ging er hin, um Wasser zu trinken und brach sich dann weiter durch. Er machte bis zum Palast einen Pfad, den ging Iwan-Zarewitsch.

Und als er dahinschritt, kam er mitten im Walde in ein liebliches Tal, und in dem Tal stand ein Palast aus Glas. Er ging in den Palast hinein, öffnete eine eiserne Tür: niemand war zu sehen; er öffnete eine andere, die von Silber war: auch dort war niemand; als er aber die dritte von Gold öffnete, da saß hinter der goldenen Tür seine Frau, zählte Flachsgarne und war so vergrämt, daß schon der Anblick schrecklich war. Als sie aber Iwan-Zarewitsch erblickte, fiel sie ihm um den Hals: »Du mein blaues Täubchen, wie hab ich mich nach dir gesehnt! Eine kurze Weile noch, nicht viel später, so hättest du mich vielleicht nie mehr wiedergesehen!« Und sie weinte vor Freude! Er aber wußte nicht: War er auf dieser Welt oder auf jener? Sie umarmten sich und küßten sich herzlich. Dann verwandelte sie sich wieder in einen Kuckuck, nahm Iwan-Zarewitsch unter die Flügel und flog davon. Und als sie in sein Zarenreich kamen, verwandelte sie sich wieder in menschliche Gestalt. Sie kamen heim und lebten fortan glücklich miteinander und lobten Gott, der ihnen geholfen hatte.

Tierbraut und Tierbräutigam

»Einst regierte ein berühmter König über die Hui Fàilghe. Er hieß Eochaidh. Dieser König hatte ein großes Schandmal, nämlich zwei Pferdeohren. Um diese zu verbergen, trug er eine goldene Krone auf dem Haupt...« Das ist der Anfang des irischen Märchens *König Eochaidh hat Pferdeohren* (1). Der Märchenanfang hat mich aus zwei Gründen zum Schmunzeln gebracht – einmal weil er mir erklärte, warum Könige Kronen tragen, aber auch, weil er mich an das Grimm-Märchen *Das Eselein* (2) erinnerte, das mich in meiner Kindheit so beeindruckte, daß ich mich wochenlang damit beschäftigte. Manches Kind und auch mancher Erwachsene wird sich mit diesem Eselein identifzieren, das von seiner Umgebung zwar als dummes und ungeschicktes Tier behandelt wird, das aber so schön Laute spielen kann, daß es schließlich eine Königstochter heiraten und ein stattlicher Mann werden darf.

Über dem Eingangstor des uralten Klosters Müstair im schweizerischen Münstertal ist so ein Eselchen abgebildet. Allerdings spielt es dort Dudelsackpfeife, was ihm mit seinen Hufen auch rechte Mühe bereitet haben wird.

Der Tierbräutigam, der von der Frau erlöst werden muß, ist ein verbreitetes Motiv. Ganz berühmt ist die französische Fassung *La belle et la bête* (3). Madame MARIE LE PRINCE DE BEAUMONT hat sie erzählt. Die Dame ist 1711 in Rouen geboren. Wegen ihrer unglücklichen Ehe ging sie nach England und wurde dort Erzieherin. Später kehrte sie nach Savoyen zurück. 1780 ist sie gestorben. Man weiß nicht genau wo. Madame Beaumont hinterließ ein freundliches literarisches Werk. Es gibt eben auch dichtende Frauen im 18. Jahrhundert. Berühmt wurde sie vor allem durch ihre Märchen (4).

JEAN COCTEAU hat das Motiv 1946 in seinem Film »La belle et la bête« verarbeitet. Das war für viele junge Menschen damals ein bewegendes Ereignis. Das Märchenmotiv hat besonders auch Komponisten angeregt. MAURICE RAVEL widmete ihm ein Orchesterwerk. ANDRÉ ERNEST MODESTE GRÉTRY gestaltete sogar eine Oper nach diesem Motiv.

Das uralte russische Märchen *Die purpurrote Blume* (5) muß der französischen Fassung »Pate gestanden« haben: Ein Kaufmann zieht auf Geschäftsreise. Er fragt seine drei Töchter, was er ihnen heimbringen soll. Zwei wünschen Schmuck und schöne Kleider. Eine möchte die purpurrote Blume. Zweimal kehrt der Kaufmann zurück, ohne die Blume gefunden zu haben. Auf seiner dritten Reise aber gelangt er in einen wunderbaren Garten und findet dort die gesuchte Blume. Er pflückt sie. Ein zorniges Ungeheuer wird über diesen Raub so böse, daß der Kaufmann in Gefahr gerät. Da dieser aber den Zusammenhang erklärt, erlaubt ihm das Ungeheuer die Heimkehr – allerdings unter der Bedingung, daß die Tochter den Garten und das Ungeheuer besuche.

Die junge Frau hat es sehr gut hier. Alle Wünsche werden ihr erfüllt. Ihre Scheu vor dem Ungeheuer kann sie aber nicht ablegen. Nach langer Zeit bittet sie, ihren Vater und ihre Schwestern besuchen zu dürfen. Sie verweilt sich dann länger, als es abgemacht war. Endlich zurückgekehrt, findet sie das Ungeheuer ohnmächtig bei der purpurroten Blume liegend. Die Tochter ist erschrocken, entsetzt. Sie kauert sich zum Ungeheuer nieder und küßt es voller Schmerz. Damit ist das Ungeheuer erlöst. Ein Zarensohn steht vor der Tochter. Die Heirat kann vollzogen werden.

In Rußland gibt es eine ganze Reihe Märchen, welche dieses Motiv behandeln, bald ganz in Anlehnung an *Die purpurrote Blume,* bald mit eigenwilligen Abwandlungen. Besonders hübsch sind *Der verwunschene Zarensohn* (6) und *Das Federchen des hellen Falken Phönix* (7).

Eindrücklich wird das Motiv auch im norwegischen Märchen *Weißbär König Valemon* (8) verarbeitet. Da träumt ein Mädchen von einem wunderbaren Kranz. Es möchte ihn gern haben; aber es stellt sich heraus, daß dieser Kranz einem weißen Bären gehört. Diesen muß es zum Menschen erlösen. Ein schwieriger und langer Weg.

In der Sammlung »Deutsche Märchen seit Grimm« steht das herbe Märchen *Die schönste Braut* (9). Da ist die Frau das Ungeheuer, und der Mann muß es erlösen. Die zwei leben glücklich miteinander, bis der Mann eines Tages seine Neugier nicht mehr bezähmen kann und in das verbotene Gartenhäuschen schaut. Da ist seine Frau drin – in der Gestalt eines Ungeheuers. Der Mann muß zur Sonne, zum Mond und zum Wind laufen, bis ihn der Vogel Greif – das ist ein erfundener Sagenvogel wie etwa auch der Vogel Phönix – zum Schloß seiner Frau trägt und die Erlösung stattfinden kann.

Die Sammlung »Deutsche Märchen seit Grimm« vereinigt Märchen, welche die Brüder Grimm nicht in ihre Sammlung aufgenommen haben, teils weil sie ihnen nicht bekannt waren, teils auch weil sie ihnen zu grob erschienen.

Im Märchen *Die Schlangenbraut,* das in Slowenien erzählt wird, findet ein Mädchen seine Erlösung, nachdem es – noch als Schlange – von einem Burschen geheiratet worden ist (10). An langen Abenden erzählen die Fischer im hohen Norden das *Märchen von der Robbenfrau* (11). Ein ausgehungerter Fischer verirrt sich mit seinem Kanu in der Nacht zu einem Felsen im Meer. Dort tanzen schöne Mädchen nackt im Mondschein. Der Fischer sieht, daß es sich um verwandelte Robben handelt. Die Felle liegen am Ufer. Eines der Mädchen gefällt dem Mann besonders gut. Er stiehlt das Fell und zwingt so das Mädchen, mit ihm zu kommen. Nach sieben Jahren soll es das Fell wieder haben und zurückkehren dürfen. Der Fischer aber möchte die Frau, die er liebgewonnen hat, nicht mehr verlieren. Er versteckt ihr Fell. Auch die Frau liebt zwar den Mann, aber sie spürt, daß sie in ihr Element zurückkehren muß. Mit Hilfe ihres Sohnes gelingt es ihr, das Fell wieder zu bekommen. In der Folge lebt der Sohn abwechselnd im Mutterreich des Meeres und im Vaterreich des Festlandes. Ein berückend tiefes Märchen!

Ganz besonders eindrücklich gestaltet das ostsibirische Märchen *Umtschegin und die Schwanenmädchen* das Thema von der Erlösung der Tierbraut. Die Lamuten, welche das Märchen erzählen, leben in ferner Abgeschiedenheit an der Küste des

Nördlichen Eismeers und auch im Gebiet der Unteren Lena. Die Angehörigen dieses Urvolkes haben es schwer, zwischen sich selbst und der Welt zu unterscheiden. Wie Kinder setzen sie kaum Grenzen zwischen Ich und Du, zwischen Objekt und Subjekt. In ihren Märchen reiht sich Verwandlung an Verwandlung. Erst in der Liebe erwacht das Wissen um den Subjekt-Objekt-Gegensatz. Lang wird die Reise, bis die Seele so gereift ist, daß Liebende und Liebender einander als kostbare, ergänzende, reiche, je besondere und deshalb eigenartige Menschen annehmen können. Wir lernen viel, wenn wir dieses fremdartige Märchen lesen und uns auf seine herbe Poesie einlassen (12).

Daß die Märchen bald einen Mann, bald eine Frau in Tiergestalt erscheinen lassen, zeigt, daß weder spezifisch weibliche, noch spezifisch männliche Reifeprozesse dargestellt sind – sondern allgemein menschliche. Die weltweite Verbreitung der Märchenmotive bestätigt ihren allgemeinen und ursprünglichen Gehalt.

In meinen Kursen stelle ich immer wieder fest, daß das Bild von einem seelischen Urgrund manchen Mühe bereitet. Aus ihm steigen die Urbilder auf, die den Menschen aller Kulturbereiche gemeinsam sind. Ich veranschauliche die Zusammenhänge gerne in einem gut zugänglichen Bild: Im März und April dehnen sich in Buchenwäldern ganze Meere von Buschwindröschen aus, endlos. Gerne erinnere ich mich an meinen Naturkundelehrer, der mit uns auszog und uns anhielt, mit den Händen zu graben und dabei dem Wurzelstrang eines Buchwindröschens zu folgen. Was für großartige Entdeckungen machten wir da! Das Buschwindröschen pflanzt sich durch unterirdische Wurzelstränge, durch Rhizome, fort. Unter dem Blütenmeer gibt es ein ebenso dichtes Wurzelmeer. Schon Ende April ziehen sich die oberirdischen Teile in die unterirdischen zurück. Die Rhizome leben fort, lassen im nächsten Frühjahr ein neues Blütenmeer erwachen. Und keine der unzählbaren Blumen gleicht den anderen. Ist das, was uns der Biologielehrer erfahren ließ, nicht ein mögliches Vergleichsbild für das archetypische Unbewußte, das geheimnisvolle Wurzelmeer, mit dem jede Seele verbunden ist?

Im russischen Märchen von der Zarentochter Frosch (13) trägt eine Frau das Tierkleid. Und auch dieses Märchen ist wieder in verschiedenen Varianten überliefert – in Rußland zum Beispiel auch noch unter dem Titel *Die Fröschin* in einer schmucken deutschen Ausgabe von ELISABETH BORCHERS (14). Die Italiener erzählen dasselbe Märchen unter dem Titel *Der Prinz, der das Froschmädchen heiratete* (15). In dieser italienischen Fassung muß der Held keine zweite Prüfung mehr bestehen.

Ich stelle unsere russische Fassung in der Übertragung von AUGUST VON LÖWIS OF MENAR in die Mitte der Betrachtungen. Auch eine Stelle dieses russischen Märchens erinnert mich an unsern Naturkundelehrer. Er war ein begnadeter Mensch. Immer wieder ging er mit uns ins Freie. Alles, was uns begegnete, Kieselstein, Maiskolben, Seerosenblatt, Sonnenblume, Mücke und Falter, wurde Anlaß zu einzigartigen Lektionen, die uns Wunder über Wunder, aber auch natürliche Zusammenhänge erschlossen. Er schüttelte seine Lektionen gleichsam aus dem Ärmel. Das kann nur ein Mensch, der über großen inneren Reichtum verfügt. Nachahmen nützt da gar nichts. Nachgeahmtes entspricht nicht dem Eigenen. Es wird Wissenskram oder Modeprodukt. Es verliert sein Leben, wird Gewöhnliches oder im Extremfall sogar plumpe Beleidigung, Verletzung.

Genau so zeichnet es auch das Märchen. Wenn ich meine eigenen inneren Schätze aus dem Ärmel schüttle, sind sie lebendig. Sie sprechen zum andern Menschen, erreichen ihn, lösen Echos aus. Jeder Mensch, auch der ausgetrocknete und zubetonierte, verfügt über innere Schätze. Wir müssen nur Frosch werden, in unsere »Brunnentiefe« hinabsteigen. Wir müssen das Tier in uns finden, das man uns wegerzogen oder vielleicht sogar ausgeprügelt hat (16).

Die Schamanen, die Eingeweihten der sibirischen Naturvölker, zogen sich gerne ein Tierfell oder eine Tierhaut über, damit ihnen das instinktive Wissen der Tiere leichter erschlossen würde (17). Der Mensch kann nicht einfach Geistwesen sein. Vor der nächsten angestrebten Reifestufe steht immer wieder die Urstufe, die Tierstufe. Sie meint die wachen Instinkte, tiefen Gefühle, echten Empfindungen. Diese helfen uns, die Aufgaben zu bestehen, welche uns neues Reifen stellt.

Wenn ich das Tierische in mir anschaue und mich ihm stelle, verliert es das Befremden und führt mich dorthin, woher ich komme. Mein Ursprung ist nicht das Zivilisierte, Brave, allgemein Anerkannte, mein Ursprung ist das Wilde. Der Tanz über dem Abgrund, das Klettern in den Bäumen, das Schwimmen im Fluß, die Gänge unter den Sternen, die nasse Haut im Gewitter, das ist mein Ursprung, und die laute Stimme in mir, die mich warnt, die mich anspornt, die gute Richtung weist, die Stimme in mir, die mir sagt, daß es kalt wird oder heiß, die mir verrät, wo Gefahr lauert – im eigentlichen und im übertragenen Sinne. Das Wilde in mir läßt mich tanzen, schreien, weinen und jauchzen, läßt mich lauern, ruhig verharren, läßt mich spielen, entspannt schlafen, innig lieben und aus dem Weg gehen.

Wie notwendig wir dieses Wilde haben! Wie schade, daß es oft so ausgehungert dahinkümmern muß! Aber es ist immer da. Es lebt in uns. In langen Nächten heult es in uns, wimmert, weint es in uns. In Liebesstunden jauchzt es in uns. Haben wir nicht zusammen mit dem wilden Tier getanzt, damals? Wann war es doch gleich wieder?

Das Ungeheuer im Garten der purpurroten Blume ist dieses Tier gewesen. Erwacht im Überfall jenes Ewigkeitsaugenblicks, den wir Liebe nennen und der alle Logik, alle Kausalität auseinanderreißt. Der Frosch und die Fröschin hüten die letzten, die tiefsten Schätze in uns. Sie weben das feinste Gewebe, spinnen endlosen Faden, backen das nährende Brot, fahren mit feurigen Rossen. Sie schaffen blühende Gärten und eine Säule, die von der Erde zum Himmel reicht, einen Fluß und Schwäne. Und sie tanzen, ohne den Boden zu berühren. Ihr Tanz ist ein Lied. Das alles sind wunderbare, archetypische Symbole, die wir uns geduldig und sorgfältig zu eigen machen müssen.

Im Puschlav, dem nach Süden geneigten Graubündner Tal im Osten der Schweiz, wird noch heute Buchweizen angepflanzt. Die Samen werden wie Getreidekörner zu Mehl verarbeitet. Nach den Sarazeneneinfällen im 10. Jahrhundert sind einzelne Araber im Tal geblieben. Sie haben die Einheimischen mit dem Buchweizen und seiner Verarbeitung vertraut gemacht. In der Nacherzählung von ELISABETH BORCHERS backen die Frauen Brot (18). Es ist Urnahrung für den Leib und im symbolischen Sinn auch für die Seele. Im christlichen Umfeld ist Brot Symbol für die Mensch gewordene Liebe. Das schöne Osterbrot, das dort die Fröschin backt, symbolisiert das Göttliche, das immer wieder aufersteht und ewig lebt.

Wer erinnert sich nicht gerne an die Beschreibung des Paradieses mit dem Baum des Lebens und den vier Flüssen? Einen ähnlichen Garten erwarteten die Mädchen, die in den Brunnen hinabstiegen und sich auf den Weg zu Frau Holle machten. Auch dort steht ein Baum mit reifen Äpfeln. Die Mädchen müssen die Früchte herabschütteln (19).

Das Flüßchen, das durch den Garten fließt, ist Sinnbild des unerschöpflichen Strömens, das unsere Seele durchpulst und nährt. Mein eigenes Leben darf sich mit diesem Strömen in schöpferischen Akten aussprechen. Das Strömen in uns steigt und fällt wie das Strömen des Flusses im Lauf der Jahreszeiten. Unsere Kreativität gehorcht den natürlichen Zyklen von Schaffen, Vollenden und Ruhen. Der erzwungene oder auch durch eigenen Entscheid getroffene Verzicht auf schöpferisches Tun, zu dem es uns drängt, führt unausweichlich zu psychischen und geistigen Krisen. Das heißt nicht, daß wir alle

Künstler sein sollen. Es heißt auch nicht, daß wir uns in allerlei kunstgewerblichen Hantierungen verzetteln müßten. Schöpferisch sein heißt, unserem Tun die eigene Persönlichkeit mitgeben – in unserem Wohnbereich, unserem Garten, unserer Arbeit, unseren Beziehungen... Und es heißt auch, daß wir nicht nur den äußeren Pflichten Zeit und Raum einräumen, sondern eben auch dem, wozu es uns von innen her ganz besonders drängt. Das macht uns zu Persönlichkeiten. Das Tier in uns weiß, was wir brauchen.

Jeder Garten ist Sinnbild der Unschuldswelt, der Innigkeit, der ersten und letzten Bereiche der Seele. Jeder Symbolgarten hat auch seinen Baum des Lebens. Für die Germanen ist es eine Esche. Die Weltesche wächst aus der niederen Welt durch die Welt der Menschen in das Reich der Götter – wie der Kettenfaden im Gewebe, wie die Weltachse, der senkrechte Kreuzesbalken, die Säule in unserem Märchen. Bei den Wurzeln der Weltesche wohnt die Schlange. Im Wipfel haust der Adler. Die beiden Urtiere befehden einander. Ein Eichhorn aber jagt ständig dem Stamm entlang, aufwärts und abwärts. Es trägt die gegenseitigen Herausforderungen von Schlange und Adler hin und her. Die Katze im Märchen erinnert daran.

Wir wollen das auch machen. Wir wollen die Treppe emporsteigen und dabei singen. Wir wollen die Treppe nach unten steigen und ein Märchen erzählen dabei. Das Lied entspringt der Sehnsucht nach dem Göttlichen. Das Märchen enthüllt in Bildern die Botschaften der Götter: Geschichten über die Entstehung der Welt und das Geheimnis der Seele. Wir wollen das Katzentier in uns erzählen lassen. Die Tierfrau, der Tiermann, der Schamane, die Märchenerzählerin, der Märchenerzähler – sie wissen die Geschichten Gottes. Wenn wir sie hören, erfaßt uns das Grauen vor der Welt, in der wir leben. Wenn wir sie hören, werden wir erlöst zur Welt in uns, zu den unendlichen Räumen in uns, zu den Ewigkeitsaugenblicken und den nadelstichgroßen Unendlichkeiten.

Märchen zeigen die Welt der Seele. In alten Zeiten sind sie entstanden, von Menschen erfunden und weitergegeben, die in den meisten Fällen weder lesen noch schreiben konnten – reine Gebilde der Phantasie. Wenn sich unbewußte Seeleninhalte mitteilen, entstehen Bilder: die Bilder der Märchen. Sie dürfen nicht mit Ereignissen der äußeren Welt verwechselt werden. Es sind Ereignisse auf der Bühne unserer Seele. So müssen auch die Dienerinnen der Froschfrau als innere Helfergestalten verstanden werden. Dem Menschen, der mit seinem Ursprünglichen verbunden ist, der also Zugang zu den tiefsten Bereichen seiner Seele hat, steht Helfendes, Gestaltendes, Schöpferisches zur Verfügung. Wir müssen es nur pflegen, rufen – wir müssen uns nur öffnen dafür. Wer mit seiner Instinktwelt verbunden ist, ist schöpferisch. Das sagt das Bild von den Dienerinnen der Froschfrau. Wir dürfen Vertrauen haben in das, was in uns lebt. Es hilft uns, arbeitet mit uns, in uns. Und wir können tanzen. Tanzend vollziehen wir den Reigen der Sterne. Und der Schwan führt uns in die Mitte, zu den Quellen des Lebens. Gemäß germanischer Mythologie sitzt ein Schwanenpaar an der Quelle, aus der die Weltesche wächst.

Tränen aus Blut

Das Wilde in der Braut des jüngsten Zarensohnes hat sie schöpferisch gemacht. Wenn sie spinnt und webt, entsteht ein Kleid für die Welt und die Sterne. Wenn sie backt, wird Nahrung für die Seele. Ihr Tanz ist schwerelos wie Musik. Sie weiß um den Garten des Paradieses, um die Geschichten der Götter. Sie singt ihre eigene Seele in die staunende Welt. Sie hat einen Bräutigam; aber sie weiß, daß er sie nicht liebt. Doch sie vertraut darauf, daß er sie lieben werde, wenn er sieht, wie schön sie ist.

Wann ist ein Mensch schön? Ist ein menschlicher Körper eine Skulptur, der man durch Diät und Gymnastik zu den Idealmaßen verhilft? Ein junger Körper mit Wespentaille und Apfelbrüstchen? Ein muskulöser Athlet mit Sehnen aus Stahl, mit stechenden Augen und wilden Locken? Sind Runzeln und Falten häßlich? Macht Alter wüst? Sollen alte Paare nicht mehr miteinander schlafen? Wann sind Paare alt?

Wie leer sind diese maßgeschneiderten Gestalten auf Reklamebildern und in Filmszenen! Das Wissen um die Funktionen ihres Körpers ist ihnen wegtrainiert worden. Der Körper verbindet Seele und Welt. Durch offene Poren dringen Botschaften der Schöpfung in das Bewußtsein, finden ihren Weg zur Seele. Der Körper ist Ort der Empfindungen. Er verarbeitet Instinktmeldungen und Mitteilungen des Verstandes. Er verbindet Seele und Geist zum sichtbaren, betastbaren, duftenden, leidenden und sich freuenden Ganzen. Er verwandelt Liebe in Lust, Lust in Liebe. Er tanzt, singt, erzählt, malt, rechnet, wandert, hackt und pflügt, kocht und backt, musiziert, schläft, weint ...

Wann ist ein Körper schön? Wenn er das Leben der Seele in ihm wiedergibt, ihr Leiden, ihre Krankheit, ihre Freude, ihren Schmerz, ihre Visionen. Wenn er die Mitteilungen der Schöpfung aufnehmen kann, Mitteilungen über die Gefährdung der Pflanzen und Sterne, Mitteilungen über Licht und Dunkelheit, über Farben, Formen, Laute, Heißes und Feuchtes, Geborgenheit und Ferne. Wann ist ein Körper schön? Wenn er den Anteil der Seele am unendlichen Leben, das wir göttlich nennen, aufnehmen und weitergeben kann.

Von diesem breiten Spektrum der Schönheit hat der Zarensohn keine Ahnung. Er zerstört den ursprünglichsten Bereich in der Psyche seiner Braut. Das Tier in mir ist meine Heimat. Ich brauche sie in dieser künstlichen Welt, in der von Menschen erdachte Dinge vor die lebendigen Organismen treten und unablässig schreien und lärmen – statt zu quaken wie ein Frosch, zu singen wie eine Unke, zu heulen wie ein Wolf, zu brüllen wie ein Löwe, zu jubeln wie ein Vogel …

Blutige Tränen weint die Froschbraut. Sie ist zutiefst verletzt, bis ins Herz hinein getroffen. Sie hat dem »Bubi« noch die unmöglichsten Wünsche seines »Papi« erfüllt. Sie hat zugleich mit der Erfüllung dieser Wünsche ihre Universalität wahrnehmbar gemacht, und nun muß sie erfahren, daß der Zarensohn eben ein Bubi ist, der ein Prinzeßlein heiraten möchte, ein hübsches Püppchen – aber keine Frau aus Fleisch. Alles ist offensichtlich sinnlos gewesen. Als Mensch ist sie noch dreißig Zarenreiche von diesem Mann entfernt.

Was hat den Zarensohn so eingeengt, daß er nur einen Aspekt der Schönheit wahrnehmen kann? Was macht den Mann so kaputt, daß er sich nur an Vorgegebenes halten kann, an Normen und künstliche Werte? Sicher die übermächtige Konvention. Sie umstellt uns mit lauten Farben und schillerndem Glanz. Ein junger Mann, der mit einem langhaarigen, weichlippigen, großäugigen, vollbusigen, taillenschlanken, rundhüftigen Püppchen auftritt, erntet Aufsehen und Anerkennung. Wer eine Frau heiratet, die ihm ein Heim einrichtet, so wie man es eben hat, entsprechend dem Möbel- und Haushaltungskatalog einschlägiger Firmen, der ist ungefährlich, der läßt sich eingliedern in die Pläne der Wirtschaftsführer und Politiker. Und das wiederum sichert ihm Anerkennung und gesellschaftlichen Aufstieg – bis zu dem den Maßgebenden richtig scheinenden Grad.

Aber die Deformation beginnt früher. Der Knabe darf zwar – wie es im Märchen heißt – Falke sein, aber ja nicht Wolf oder Stier oder Löwe. Diese Bilder machen die ganze Steifheit unserer Zivilisationsgesellschaft sichtbar. Sie erlaubt uns nicht, vielgestaltig und in dieser Vielgestaltigkeit ganz zu sein. Ideologie und Religion, Schule, Arbeitsplatz und der zu erreichende

Status schreiben uns vor, was wir denken und fühlen, was wir sein müssen, auch im Sport, auch bei der Wahl der Vergnügungen.

Ein Knabe darf nicht weinen. Ein Knabe muß stark sein und ritterlich. Was immer das heißen mag. Ein Knabe erhält einen Knallrevolver zum Geburtstag, Spielzeugsäbel und Gewehr. In den militärischen Schulen lernt er – habe ich es nicht selbst so gelernt? – »den inneren Schweinehund überwinden«. Ja, er muß das Tier in sich töten und gehorchen, absolut, kriechen, stumpfsinnige Marsch- und Formationsübungen vollziehen, völlig Sinnloses, bis er mit sich machen läßt, was gemacht werden muß, wenn andere besiegt, gefoltert, getötet werden sollen. Grausam ist das, schauderhaft. Und die Frau muß stolz sein, wenn der Mann Soldat oder sogar Offizier ist, wenn er einen Orden, ein Ehrenzeichen oder sonst eine Auszeichnung heimbringt, die ihn als Helden auszeichnet. Ein Held aber, ein echter Held, ist gerade nicht ein Mensch, der sich auf einer militärischen, politischen oder beruflichen Stufe eingliedern läßt, welche Gehorsamsfeld und eigene Entscheidungsmöglichkeiten bis in die Einzelheiten festlegt.

Unser ganzes Gesellschaftsspiel ist auf Ränge ausgerichtet: das Notensystem in der Schule, die intellektuellen und sportlichen Leistungsmessungen, die bereits im Kindergarten beginnen und intensiv und intensiver werden mit jedem Lebensjahr, die Arbeitsplatzbewertungen, die Literatur- und Kunstpreise, die Bestsellerlisten und goldenen Schallplatten. Das alles sichert das Durchschnittliche, das sich in Dienst nehmen läßt, und verhindert Neues und Schöpferisches. Das gilt genauso für Frauen. Es ist ungeheuer schwierig, sich dem allem zu entziehen und seine Mitte zu finden. Das Ursprüngliche in uns, das Tierhafte, das sich nicht beirren läßt, ist unser zuverlässiger, treuer, unbestechlicher, kräftiger Helfer.

In den Augen der Repräsentantinnen und Repräsentanten der anerkannten Ordnung bereitet der eigenständige Mensch

Schande. Im Grunde ist es aber so, daß er – und nur er – einen originellen Beitrag zum Aufbau der Kultur leisten kann. Die Gesellschaft will den Status quo. Sie übt ihre Macht durch Anerkennung aus und durch Mißachtung, ja Verweigerung oder Strafe. Die Augen der Gesellschaft sind überall, und ihre Ohren auch. Wir können unsere Seele nur vor Versklavung retten, wenn wir unsere Entschlüsse unbeeinflußt von der Gesellschaft treffen. Wir wollen ein »handgemachtes« Leben, keines vom Fließband der Gesellschaft.

Wir lassen uns die Tierhaut nicht stehlen und nicht zerstören, weder durch pausenlose Arbeit noch durch eigene Unaufmerksamkeit, weder durch blinden Ehrgeiz und Perfektionismus noch durch Unzufriedenheit und Mutlosigkeit, weder durch unnötige Märtyrerspiele noch durch verpaßte Selbsthilfe. Wir lassen uns unsere Zeit und unsere Kraft nicht stehlen. Wenn wir kaputt sind, leisten wir niemandem einen Dienst.

Es gibt farblose, hübsche Frauen. Sie sind bereit, Männer zu heiraten, die am Freitag mit ihnen schlafen und am Samstag mit ihnen essen gehen. Sie sind bereit, ihnen termingerecht ein blondes Töchterchen und ebenso termingerecht einen schwarzlockigen Jungen zu schenken. Das alles läßt sich heute programmieren. Die Frauen werden mit ihren Männern ihre Ferien am Strand unter Palmen verbringen. Aber unausweislich werden die Nächte kommen, da heult das Tier in diesen Frauen, und es heult und heult, bis der Körper dieser Frauen geschüttelt wird, bis sie weinen, blutige Tränen weinen.

Es gibt diese gehorsamen Söhne, die ihrem Vater Ehre machen. Sie verfügen über silberne Bogen. Ihre kupfernen Pfeile gelangen genau dorthin, wo sie hingelangen müssen, zum ersehnten politischen Amt, zur angestrebten beruflichen Karriere, zur Frau aus gutem Haus, zum Garten mit Badebecken und roten Rosen. Aber unausweislich werden die Nächte kommen, da heult das Tier in diesen Männern. Sie wollen es übertönen mit ihren Reden, ertränken mit Whisky und Wein, zum Verstummen bringen mit ihren Geliebten; aber das Tier heult und heult, bis es sich aufbäumt und mit seinen Pranken ans Herz greift oder in die Hüften schlägt und in den Rücken.

Wir müssen uns entscheiden! Wollen wir die Erde, die nach Gewittern dampfende Erde, den unverwechselbaren Duft von tausend und tausend Morgen? Wollen wir das Gespräch mit der eigenen Seele? Wollen wir die Abgründe und die Gipfel unseres Herzens? Wollen wir das Abenteuer der Liebe, die taumelnde Lust Brust an Brust? Wollen wir das Leben, saftig-süß, trocken und bitter, die unendlichen Wüsten, die unendlichen Gärten, Hunger und Durst und Brot und Wein, das Ausharren und die Begeisterung? Dann brauchen wir das Tier in uns und das Tier im Partner, in der Partnerin.

Wir dürfen die Tierhaut nicht verbrennen! Der Mensch erhält seine Tierhaut schon vor der Geburt. Das Tier ist sein Partner. Er darf ihm die Treue nicht brechen. Es hütet den Zugang zum Urwissen, der von der jahrhundertelangen Zivilisation verstellt ist, von Erziehung und Bildung, von Reklame und Medien, von den vielen, vielen Dingen um uns herum, von all dem Lärmenden, Grellen. Wir lassen uns die Krallen nicht stutzen, von wem auch immer! Wir lassen uns die Schwimmhäute nicht schneiden! Wir lassen uns die Zauberin und den Zauberer in uns nicht töten!

Wir erinnern uns: Der Zarentochter Frosch stehen eine ganze Zahl Helferinnen zur Verfügung. Sie ermöglichen es ihr, auch scheinbar Unmögliches zu leisten. Wer mit dem Ursprünglichen in seiner Tiefe verbunden ist, dem erschließen sich seelische Kräfte und schöpferische Möglichkeiten, die anderen kaum glaubhaft scheinen. Deshalb ist es wichtig, die Botschaften zu hören, die aus unserer Tiefe kommen, und um die Wege zu wissen, auf denen wir das Tier in uns erreichen, auf denen das Tier in uns uns erreichen kann. Auch davon berichtet das Märchen in einprägsamen Bildern.

Ankündigungen und Reisen

Die Ankündigungen der Heldin, des Helden erfolgen immer unerwartet. Und die Art, wie sie ankommen, ist immer unkonventionell. Helden lassen sich nicht ins Geschirr spannen. Sie nehmen keine Pflichten an, die an ihrem inneren Auftrag vorbeigehen. Ihr Ziel ist immer die Heimkehr ins eigene Herz und in das Herz der Welt. Sie meinen den Pulsschlag des Lebens.

Die beiden älteren Zarensöhne kommen in reichen Gewändern. Ihre Frauen haben sich mit Gold und Seide und kostbaren Halsketten geschmückt. Die Zarentochter Frosch bereitet sich auf andere Weise auf das große Festmahl vor. Sie wäscht sich mit Regentropfen. Unter zuckenden Blitzen zieht sie ihr Gewand an. Und im Grollen des Donners erscheint sie. Die Elemente beteiligen sich an Aufbruch und Ankunft. So geziemt es sich für Menschen, welche die Beziehung zu ihrem Ursprung aufrecht erhalten.

Die Symbolik ist unverkennbar: Das Urwasser hat zweifache Gestalt. Da ist der himmlische Tau, der himmlische Regen. Und da ist Quelle und Strom unter den Wurzeln des Lebensbaums. Ein ständiger Kreislauf erhält das Leben. Die Quelle strömt aus dem Schoß der Urmutter. Sie nährt die Erde und mündet in alles ein, was uns nährt und was wir pflegen. Der Tau fällt aus den Händen des Vatergottes. Er reinigt und nährt Zweige und Blätter des Lebensbaumes. Von diesem himmlischen Regen wird die Zarentochter im eigentlichen Sinne schön. Ihr Körper freut sich. Regen macht fruchtbar und sauber.

Der Blitzstrahl ist das in allen Kulturkreisen verbreitete, also archetypische Symbol der inneren Erleuchtung, das Symbol für plötzliches Erkennen von Wahrheit. In der Helle des Blitzes werden Zeit und Raum aufgehoben zu nicht meßbarer Klarheit. Das ewige Jetzt füllt den Augenblick. Das ist mit

Menschwerdung gemeint: ein Wesen, dem Welt, Raum und Zeit zugemessen sind, das aber in erfüllten Augenblicken an Ewigem teilnimmt. In solchen Augenblicken wird die Fröschin, der Frosch ein solcher Mensch. In diesem Sinn ist der teilnehmende Mensch Braut beziehungsweise Bräutigam. Dieser Augenblick umschließt Männliches und Weibliches. Mit einem festlichen Kleid drücken wir die Bereitschaft zu solcher zutiefst spiritueller Vereinigung aus. Es gibt kein Nebeneinander mehr und auch kein Nacheinander – nur das Alles-in-Einem. In solchen Ewigkeitsaugenblicken kann der Mensch Göttliches wahrnehmen oder doch ahnend fühlen. Im nachfolgenden Donnerschlag melden sich die Stimmen der Götter. Der Donner-Zeus, der Urgott, sagt ja zur Liebe.

Nun sind wir nicht mehr erstaunt über den erregend schönen Tanz dieser Frau. Symbolisch nimmt der Tanz die Rhythmen des Universums auf. Wer hingegeben und absichtslos tanzt – nicht die vorgegebenen Schritte des Lehrers im Tanzkurs – ahmt das Spiel der Schöpfung nach. Ununterbrochen tanzt Schiwa – der große Schöpfergott des Hinduismus. Tanzend zerstört er die Schöpfung, tanzend schafft er unablässig Neues, tanzend erhält er Geschaffenes lebendig. Sein Tanz vereinigt die göttliche Funktion von Schaffen – Erhalten – Zerstören zur selben Zeit, in ununterscheidbarem Ineinander. Was wir als Nacheinander wahrnehmen, ist in seinem Tanz ein Ineinander, Miteinander. Die Zarentochter Frosch wird wohl in ihrem Menschentanz den Tanz des Gottes erahnen lassen. Schauder und Entsetzen müssen die Zuschauer erfassen. Die Damen tanzen nicht mehr mit.

Kann das Realität sein? Oder ist das einfach eine schöne Symbolgeschichte ohne Bezug zu tatsächlichem Leben? Ich sage: Ja, es ist schaurig schöne, grausame, herrliche Realität, menschliches Leben, hart über dem Abgrund. Ich weiß, es gibt den Menschen, der mich liebt. Er liebt mich ganz. Er nimmt mich an, voll, er nimmt mich in seine Arme, mich. Dieses absolute Ja macht mich tatsächlich ganz. Ich kommuniziere mit jeder Faser meines Körpers, mit jeder Zelle in mir, mit jedem Bereich meiner Seele. Ich bin ganz aufnehmendes Organ, ganz außen und zugleich ganz Kern, ganz innen, ganz Mitte. Ich werde Seherin, Seher. Für diesen großen Augenblick bin ich in der Wahrheit, in nichts sonst als in der Wahrheit.

Jetzt spanne ich sechs feurige Rosse ein und fahre in hartem Trab vor jene Treppe, die sinnbildlich den Weg ins Offene, umfassend Geistige ist. Und ich schenke mich diesem Menschen, ganz. Am selben Abend noch aber muß ich erfahren, er hat nicht mich gemeint, dieser Mensch. Irgendwen hat er gemeint, mich aber nicht. Ich weine und weine. Blutige Tränen weine ich. Und ich kehre zurück zu Baba Jaga. In den Schoß der Urmutter kehre ich zurück. Ich verwandle mich in einen Kuckuck und fliege davon. Über dreißig Reiche fliege ich.

Ein Kuckuck bin ich geworden. Frühling für Frühling höre ich den Vogel. Er ruft seine Sehnsucht und seine Liebe über das Land, unermüdlich. Der Kuckuck hat kein eigenes Nest. Die Mutter läßt andere Vögel das Ei ausbrüten. So genau fühle ich mich – angefüllt, randvoll, von der Sehnsucht nach Liebe –, aber im falschen Nest.

Die Söhne des Zarenpaares sind dem Flug ihrer Pfeile gefolgt. Wir denken an die Pfeile des Liebesgottes. Ein einmal abgeschossener Pfeil kann nicht mehr zurückgenommen werden. Der Pfeil geht über den Schützen hinaus in Fremdes, Unbekanntes, anderes. Die drei Söhne wissen nicht, was ihre Liebe ersehnt. Offensichtlich leben sie noch recht unbewußt. Den ältesten Sohn führt der Pfeil zu einer Zarentochter, den zweiten zu einer Fürstentochter. Sie machen gute Partien. Ihre Pfeile flogen weit. Es sind gute Schützen. Der Pfeil des jüngsten Sohnes ging ganz in der Nähe nieder, bei einem Sumpf. Ein Frosch, der auf einem Mooshügelchen saß, nahm den Pfeil an sich. Der Frosch wird Braut des jüngsten Sohnes. So entscheidet der Pfeilwurf. Das ist unausweichliches Los.

Zunächst wendet sich auch alles zum Guten. Der Frosch ist geschickt, und eigentlich ist er auch gar kein Frosch, sondern ein hübsches Mädchen.

Hier könnte das Märchen zu Ende sein. Aber die Wahrheit des Märchens beginnt erst jetzt. Der Zarensohn muß erkennen, daß er weder einen Frosch noch ein Mädchen als Braut gewählt hat, sondern eine erdverbundene, originelle Frau mit starken Instinkten, tiefen Gefühlen, wachen Empfindungen, ungewohnten schöpferischen Fähigkeiten und ungeahnter Selbstbestimmung. Damit hat er nicht gerechnet. Die ursprüngliche Art dieser Frau, ihre Sinnlichkeit, ihr saftiges Leben, ist ihm, dem gehorsamen Zarensohn, der gewohnt ist, die Befehle seines Vaters nicht nur wörtlich zu wiederholen, sondern sie dann auch auszuführen, so fremd, daß er genau jene ihm unbekannte und unwillkommene Seite ihres Wesens verbrennen will. Der Mann will der Frau Aspekte ihrer Eigenart austreiben. Die Frau reagiert folgerichtig und deshalb unerwartet. Sie reagiert, wie jede Frau in diesem Fall reagieren muß: Sie verreist. Und der Mann weint. Er hat sein Spielzeug und seine Vorzeigebraut verloren.

Der Zarensohn fragt die Leute, was er tun soll. Erinnert er sich nicht daran, wie sie ihn verspotteten, weil eine Fröschin seine Braut war? Sieht er noch immer nicht ein, daß er seine Frau verlieren mußte, weil ihm Spielregeln und Ansichten der Leute wichtiger waren als der Mensch, der ihn liebte?

Dann endlich faßt er den ersten selbständigen Entschluß. Er macht sich auf. Und schon werden innere Kräfte lebendig. Wenn wir uns trotz scheinbar auswegloser Situation auf den Weg machen, zeigt uns unsere Seele einen Ausweg. Sie schafft eine Helferin oder einen Helfer. Die helfende Gestalt kann uns außen begegnen oder auch unmittelbar von innen her entstehen: ein rettender Gedanke, das Bild im Traum, die innere Stimme, eine scheinbar zufällig in einem Buch gefundene Stelle, die Begegnung mit einem Menschen... Wenn einmal die »Antennen« auf Empfang gestellt sind, melden sich auch Sender.

Wenn sich die inneren Helfergestalten im Bild der ersten Helfer aus der Kindheit zeigen, dann sind es Symbolbilder. Zeigen sie sich im Bild von Helfern aus der Frühzeit menschlicher Kulturen, sind es Archetypen. Der Medizinmann, der Schamane, der Arzt, der Großvater oder Onkel sind solche mögliche Manifestationen oder die Heilerin, die Kräuterfrau oder eine Freundin der Mutter. In unserem Märchen ist es der weise Alte. Er steht symbolisch für einen Seelenteil, der in uns helfend wirkt, für einen inneren Ratgeber. Aus unausgeschöpftem seelischem Wissensgut heraus beginnt er zu wirken.

Wir kennen die Seele nicht. Und doch wissen wir viel von ihr. Sie zeigt sich uns in Bildern. Eigentlich ist das in der Welt nicht anders. Auch sie nehmen wir in Bildern wahr. Das Bild des Helfers, das uns in Träumen, in Märchen und spontan entstehenden Kunstwerken gegenübertritt, gibt uns Gewißheit, daß uns die Seele Helfendes, Heilendes zur Verfügung stellt. Das Bild des weisen Alten macht uns darauf aufmerksam, daß dieses Heilende schon seit den ersten Atemzügen in uns lebt.

Die Gestalt, in der er erscheint, führt uns in immer tiefere Bereiche der eigenen Seele. Dort, in jenem symbolisch Tieferen, entsteht das Bild der Baba Jaga. Sie ist eine Urgestalt in den russischen Märchen. Die deutsche Hexe erinnert in der Regel nur sehr entfernt an die Baba Jaga. Am nächsten noch kommt ihr vielleicht Frau Holle. In den russischen Märchen ist sie so stereotyp, daß oft nur ihr Name erwähnt wird, ganz ohne weitere Beschreibungen oder andersartige Ausführungen. In anderen wird sie dann aber genau beschrieben. Sie vereinigt alle Eigenschaften der großen Muttergöttin. Sie schöpft Leben, nährt Leben, nimmt Leben wieder zurück in ihren Schoß. In einem Mörser fliegt sie rings um die Welt. Sie ist überall anwesend. Sie regiert über die Tages- und Jahreszeiten. Sie hütet und fördert das instinktive Wissen und das instinktive

Verhalten. Sie fordert die Menschen, die ihr begegnen, zu mutigen und auch listigen Taten heraus. Daß sie als Hexe erscheint, zeigt, wie die Zivilisation das Bild der Urmutter verzerrt hat. Wir halten ihr Erscheinungsbild nicht aus, deshalb verzerren wir es zum Bild der für uns weniger verbindlichen Hexe.

In der Hexe reduziert sich das ursprünglich Weibliche auf wenige Einzelaspekte. Wenn lebendige – besonders aber seelische – Erscheinungen nicht mehr durch ihre Gegenaspekte im Gleichgewicht gehalten werden, müssen sie verderbend wirken. Schatten ohne Licht ist verderblich. Licht ohne Schatten ist ebenso verderblich. Das Leben ist auf Gleichgewicht angelegt. Nachdem der reine, nur »gute« Gott geschaffen war, brauchte er seinen Schatten – den Teufel. Religionen, die umfassende Gottesbilder haben, brauchen den Teufel nicht. Schiwa ist zugleich Schöpfer und Zerstörer. Deshalb kann er auch Erhalter sein, schöpferische Kraft, in der Erschaffen und Zerstören, Geburt und Tod ihr Ineinander finden. Nachdem die reine, nur gute, »sündenfreie« Mutter Gottes geschaffen worden war, brauchte es den Schatten dazu. Die Schattenseite des weiblichen Göttlichen wurde auf die Hexe projiziert und in ihr bekämpft – statt als Aspekt eines Ganzen verstanden und bejaht zu werden. Immer, wenn wir uns vom Schatten befreien wollen, fallen wir in die Falle des Bösen.

Wer sich auf den Weg zu sich selber aufmacht, muß am Haus der Urmutter vorbei. Wer sich nicht mit dem Urmütterlichen auseinandergesetzt hat, kann nicht liebesfähig sein. Die Auseinandersetzung muß nicht intellektuell erfolgen, nicht durch ein langes Studium von Büchern oder durch den Besuch von Hochschulvorlesungen oder psychologischen Kursen. Wenn uns das Leben nicht zu ihr führen konnte, weil unserer Mutter und unserer Umgebung die Möglichkeiten dazu nicht gegeben waren, helfen uns die Bilder im Märchen.

Der weise Alte gibt dem jungen Mann ein Knäuel. Er soll es

selbst vor sich hinrollen und ihm folgen. Dieses Knäuel ist ein erregendes Märchensymbol. In der norwegischen und russischen Erzähltradition wird es gern verwendet. Der Ursprung reicht aber weit zurück, auch in den Mittelmeerraum. Die drei Parzen oder Moiren spinnen den Schicksalsfaden. »Parcae« bedeutet »ein Kind zur Welt bringen«. Nach antiker Überlieferung sind die Parzen Töchter der Nacht oder Töchter des Zeus oder auch der Göttin Themis, welche die göttliche Ordnung repräsentiert. Klotho spinnt den Lebensfaden. Lachesis wirft das Los. Sie bestimmt das Schicksal. Atropos, die Unabwendbare, schneidet den Lebensfaden ab, wenn die Zeit erfüllt ist. So üben die Parzen – wenn wir aufmerksam hinschauen – die Funktionen von Schiwa aus.

Bei den Germanen heißen die Schicksalsgottheiten Nornen. Urd ist Göttin des Ursprungs und Repräsentantin der Vergangenheit. Werdani heißt die Göttin der Gegenwart. Das überrascht vielleicht. Aber nur, was werden, wachsen, entstehen darf, kann gegenwärtig sein. Gegenwart ist, was wird. Skuld ist die Göttin der Zukunft. Die Zukunft macht sich, das ist unvermeidbar, schuldig gegenüber dem Bestehenden. Das Neue entsteht auf Kosten des Alten. So symbolisieren die Nornen und mit ihnen der Lebensfaden Tragik und Schönheit des Lebenslaufs.

Dieser Lebensfaden, der Anfang und Ende und Schicksal, der Vergangenheit, Gegenwart und Zukunft in sich ausspricht, ist Knäuel, ist Kugel geworden. Die Kugel symbolisiert Ganzheit. Das Knäuel versinnbildlicht unser Ganzes, unsere Persönlichkeit und unser Leben. Lebendig wird aber das Knäuel erst, wenn wir es abrollen, wenn wir Schuld und Tod auf uns nehmen und uns so in den Dienst des Werdens stellen. Endlich nimmt der Zarensohn sein Knäuel selber in die Hand, rollt es selber ab. Er weiß dabei bereits, daß es ihn zur Urmutter führen wird.

Meine beiden Kusinen, mit denen mein Bruder und ich

Kindheit und Jugend zu einem großen Teil gemeinsam lebten, waren keine begeisterten Strickerinnen. Wahrscheinlich hatten sie auch keine geduldigen Handarbeitslehrerinnen. Das weiß ich nicht mehr so genau. Aber ich erinnere mich an den Trick, mit dem meine Mutter den Mädchen die ihnen langweilig scheinende Arbeit würzte. Meine Mutter flocht allerhand kleine Überraschungen in das Knäuel hinein. Beim Abwickeln fielen sie dann Stück für Stück wieder hinaus: Süßigkeiten, Ringlein, winzige Tierchen. Und die Kusinen waren auch so fair, daß sie ihr Knäuel nicht einfach nur so, ohne zu stricken, abrollten. »Wunderknäuel« nannten wir Kinder diese Gebilde. Und sie waren schuld daran, daß sich auch mein Bruder und auch ich mich in die Anfangsgründe der Strickkunst einweihen ließen.

Aus dem Wunderknäuel von Iwan Zarewitsch rollen ein Bär, ein Falke, der Hecht Scharfzahn, die Baba Jaga, das Meer, eine Insel und ein Palast aus Glas.

Helfende Kräfte

»Hütte, Hütte, kleine Hütte, dreh dich, so wie es damals war, die Rückseite zum Meer und die Vorderseite zu mir!« So steht es in der Fassung, die Elisabeth Borchers erzählt (20). Dasselbe Sprüchlein wird auch in anderen russischen Märchen verwendet, wenn die Heldin oder der Held zum Häuschen der Baba Jaga kommt.

Wann war dieses »Damals«? Wann hat Iwan-Zarewitsch unmittelbar in die Hütte hineingeschaut? Wann hat er sie abgedreht, gegen das Meer, gegen das Unbewußte? In der einsamen Hütte im Wald wohnt – wir haben bereits ausführlich darauf hingewiesen – die Baba Jaga. Sie verkörpert das Bild, das sich Märchenheldin oder Märchenheld, Märchenleserin und Märchenleser von der Urmutter machen, dem Urbild des Mütterlichen. Auch dieses russische Bild ist leider verzerrt, kommt dem Urbild aber immerhin näher als unsere Hexe und auch näher als Frau Holle. Weil der Zarensohn das Urweibliche aus seinem Wesen verbannte, konnte er auch die Tierhaut verbrennen, und weil er das Urweibliche in sich selbst vernachlässigte, mußte schließlich auch das Haus zum schütteren Hüttlein und die göttliche Urgestalt fast zur Hexe verkommen.

Die Urmutter verkörpert das weibliche schöpferische Prinzip an sich. Wir dürfen sie nicht »in den Wald« verbannen. Ihr gehören die Tages- und die Jahreszeiten, Totenkopf und Feuer. Sie bewirkt die ständig sich vollziehende Wandlung des Lebens. Das wird uns auch hier mit prägenden Bildern vorgeführt (21).

Das Knochenbein erinnert an den Tod, der Ofen an die innere Lebensglut. Die scharfen Zähne, über die auch Frau Holle verfügt, zeigen den verschlingenden Aspekt übergroßer und deshalb bedrängender Liebe. Wer den geliebten Menschen – Kind und Partner oder Partnerin – zu sehr an sich bindet, an sich kettet, hindert ihn an den fortgesetzten Prozessen der Selbstwerdung. Die scharfen Zähne symbolisieren aber auch die ständige Gegenwart des Todes in der Schöpfung. Der Rauchfang versinnbildlicht den Durchgang der Seele in das Reich des Himmels. Der Rauch repräsentiert den »Pfad«, auf dem das Leben ins Ewige, Unbegrenzte hinüber geht. Das Bett oder die Pritsche ist Ort der Regeneration, die der Schlaf schenkt, aber auch Ort des Todes, Ort der Vereinigung in der Liebe, Ort der Geburt.

Im Bild der Baba Jaga lernt Iwan-Zarewitsch das Mysterium des Lebens. Die weibliche Urgöttin, das weibliche Urprinzip im Menschen, duldet weder Halbheit noch Unehrlichkeit. Das für viele russische Märchen stereotype Begrüßungsgespräch zeigt das deutlich. Der Held – und auch die Heldin – muß mit Willen, durch persönlichen Entschluß, zur Urmutter finden. Jeder Mensch muß aber auch wider Willen bei ihr ankommen, durch das Schicksal bestimmt (22). Er darf sich nicht verstecken, er darf nichts verdrängen. Nur wenn wir ganz offen sind, kann sich uns Absolutes mitteilen. Und sicher ist dieser Mensch auf der Suche. Leben ist suchen.

In der Zeit, da diese Märchen entstanden, ist das Lausen eines anderen Menschen Zeugnis der Zärtlichkeit und Liebe. Wer einen anderen Menschen laust, treibt ihm aber auch »die Flausen aus dem Kopf«. Viele Frauen und Männer in russischen und norwegischen Märchen legen den Kopf in den Schoß eines anderen Menschen und lassen sich lausen. Offensichtlich hat die Zarentochter Frosch eine geradezu zärtliche Beziehung zur Baba Jaga.

Durch die geschonten und nun hilfreichen Tiere lernt der Zarensohn, daß die tierhaften Aspekte, die er in seiner Braut verabscheut hat, hilfreich sein können, wenn man sie zur rechten Zeit »ruft«. Der Bär ist der Bote der Waldgeister. Und der Wald symbolisiert jene Bereiche der Seele, die wir zwar wohl »betreten« könnten, aber noch nicht betreten haben, weil wir uns vor dem Unbekannten in unserer Psyche fürchteten. Im Frühling, zu der Zeit des Neuanfangs und Aufbruchs, verläßt auch der Bär das Dickicht. Die Bärenfrau führt ihr Junges an die Sonne. Nach der Vereinigung bleibt der männliche Samen zunächst im Uterus der Bärin. Erst im Verlauf des Winterschlafs dringt er in die Eizelle ein. So werden dann die Jungen erst im Frühling geboren, wenn wieder genügend Nahrung vorhanden ist. Deshalb kann der Bär nicht nur Symbol der Kraft, sondern auch Symbol der Auferstehung von bereits Totgeglaubtem werden. Das Totgeglaubte im Zarewitsch ist der eigene Tieraspekt.

Der hilfreiche Bär verfügt über gewaltige Kräfte. Er schlägt Pfade in den dichten, von riesigen Bäumen bestückten Wald.

Wer auf seinen Tieraspekt vertraut und ihn zu rechten Zeit zu Hilfe nimmt, kann sich in die noch unbegangenen Bereiche seiner Seele wagen. Wer sich vor seinem Tierhaften fürchtet, fürchtet sich auch vor den Abgründen seiner Seele. Das Märchen macht uns Mut zu unserem eigenen Wesen. Nur aus uns selbst können wir letztlich die Kräfte gewinnen, die das Leben Tag für Tag von uns fordert.

Wie der Bär Pfade durch den dichtesten Wald schlägt, müssen wir uns auf das Dickicht unseres Herzens einlassen, Pfade schlagen, die uns zur eigenen Mitte führen, zum gläsernen Schloß, in dem unsere Seele wohnt, wild und verletzlich, unbeugsam und transparent. Diese Wildnis ist gemeint. Die Froschfrau kennt sie. Sie liebt ihren wilden Seelenteil aber auch. Sie lebt ihn. Nun muß ihn der Mann lernen. Er muß ins Gehölz, fernab aller Überzivilisation. Alles, was er so schön und brav gelernt hat, bleibt liegen. Er muß »in die Hände spucken«, die Axt ergreifen, Bäume fällen, einen Pfad schlagen. Das sind alles Bilder, die keine Erklärung brauchen. Wir wissen um die Wildnis in uns. Und wir wissen auch, daß sie eine wesentliche Landschaft unserer Seele ist. Sie verdient unseren Stolz. Deshalb anerkennen wir auch die Arbeit, die wir darin leisten müssen, selbst wenn sie unbequem ist. Offensichtlich haben wir Gewißheit, welcher Lohn wartet. Wer zu sich selbst findet, ist »erlöst«.

Der Falke ist Bote des Sonnengotts oder Symbol der göttlichen Sonne selbst. Der Zar hat seine Söhne gern mit Falken verglichen. Das war gewiß sehr schmeichelhaft. Jetzt sieht der Sohn, wie der Falke einen Hasen schlägt. Der Hase, der uns an Ostern besucht, verkörpert Fruchtbarkeit. Deshalb legt der Osterhase, wie man den Kindern erzählt, auch Eier. Alle Mondgottheiten der verschiedensten Kulturkreise führen oder tragen gern Hasen. Der ab- und wieder zunehmende Mond verweist auf die weiblichen Zyklen, nicht nur auf die Menstruationszyklen, sondern überhaupt auf das Zyklische aller schöpferischen Lebensäußerungen. Die Sonne ist Symbol des männlich geistig Göttlichen, Symbol auch des analysierenden Forschens. Wer analysiert, zerlegt in einzelne Teile und sucht dadurch nach Klarheit. Der Mond ist Symbol des weiblich Geistigen, weiblich Göttlichen, Symbol auch des synthetischen Strebens. Synthetisches Denken geht vom Ganzen aus.

Auf der Rückseite eines uralten chinesischen Bronzespiegels ist ein Hase abgebildet. Unter einem Lebensbaum mischt er mit seinem Stößel aus den Erscheinungen des Leben das Elexier der Unsterblichkeit (23). Mörser und Stößel bringen dieses Hasenbild in die Nähe der Baba Jaga, die gemäß manchen Märchen Tag für Tag mit ihrem Mörser, den sie mit dem Stößel antreibt, rings um die Welt fliegt. Der Zarensohn ißt den vom Falken geschlagenen Hasen. Er nimmt das Mondhafte, Weibliche in sein Wesen auf.

Auch der Fisch ist ein altes, weitverbreitetes Symbol für Fruchtbarkeit. Weil Fischfleisch als etwas Weibliches gilt, darf am Karfreitag Fisch gegessen werden, aber auch weil Fruchtbarkeit, die der Fisch verkörpert, Auferstehung sichert. Die sumerisch-semitischen Priester trugen einen Fisch-Kopfschmuck. Er wurde zur Mitra der christlichen Bischöfe. Der Fisch ist aber auch fruchtbar, weil er aus der Tiefe – aus dem Unbewußten – aufsteigt. In diesem Sinn ist das Gleichnis vom »wunderbaren Fischzug« zu verstehen. Christus verhilft den Jüngern zu ihren inneren Schätzen – und zwar in überreichem Maß.

Dieser fruchtbare Fisch schlägt mit dem Schwanz ins Wasser. Dadurch entsteht eine Brücke, wie sie selbst der Zar nicht hatte. Die eigene, sicher auch sexuell zu verstehende Fruchtbarkeit – das Bild macht das deutlich – schafft die Brücke zur Insel der geliebten Frau. Wer über diese Brücke geht – heißt es im Märchen –, geht wie über einen Spiegel. Wenn ich die Brücke zur Partnerin, zum Partner finde, schaue ich in einen Spiegel.

Wer in den Spiegel schaut, blickt durch sich selbst hindurch in die eigene Tiefe und weiter ins Absolute, in den Lebensbereich, der sich auftut, wenn der Mensch die Welt der Erscheinungen durchdrungen hat. In ähnlicher Weise ist auch das Haus aus Glas oder Kristall Symbol für jene andere Welt, für die Welt auf der andern Seite des Spiegels. Wer in diese Welt eintritt, lebt auf einer neuen Bewußtseinsebene. Alice, die Hauptperson in der wunderbaren Geschichte *Alice im Wunderland* von LEWIS CAROLL (24), das 1865 erschienen ist, geht durch einen Spiegel hindurch in die Welt der Symbole. Den nach Gründen fragenden Erwachsenen geben die Erzählungen von Alices Wanderungen im Wunderland und ihren Besuchen in der Welt hinter den Spiegeln Fragen über Fragen auf – den Kindern nicht. Nun ist auch Iwan-Zarewitsch in diesem Land angekommen. Er hat eine anscheinend neue Bewußtseinsebene erreicht.

Der neue Mensch

Eine Hütte auf einer Insel im Meer, meint die Alte. Aber es ist keine Hütte, es ist ein Palast aus Glas. Das Meer symbolisiert das Unbewußte, oft auch das unmeßbare kollektive Unbewußte, das Urreich der Seele, den Urgrund alles Lebendigen. Die Insel ist das, was aus diesem Urreich aufsteigt und faßbar wird. Manchen Dichtern ist die Insel Symbol für das Märchenland. Im Märchen wird ja Unbewußtes als Bild und Bilderfolge wahrnehmbar.

EDUARD MÖRIKE kannte dieses Inselland besonders gut. Zusammen mit seinen Geschwistern und später mit seinem Freund LUDWIG BAUER hat er ein eigenes Märchen-Insel-Land entwickelt, in das er in stillen Stunden immer wieder zurückfinden konnte. Orplid nannte er dieses Land. Auch die Gestalten, die darin lebten, hatten klingende Namen, Suckelborst hieß der Riese, Lolegrin der geflügelte, elfenhafte Bote der Götter, Weyla die Flußgöttin (25).

Nachdem Iwan-Zarewitsch bei der Baba Jaga das Mysterium des Weiblichen wahrnehmen durfte und hilfreiche Tieraspekte der Seele erfahren hat, erkennt er, daß das Bild des Weiblichen in der Tiefe seiner Seele lebendig geworden ist in seiner Braut. Das im Mann schlummernde, wartende, lockende Seelenbild der Frau nennt die Psychologie Anima. Die Anima des Zarensohnes wird Wirklichkeit in der Froschbraut. Er hätte Gelegenheit gehabt, das bereits zu erkennen, als er noch im Hause seiner Eltern wohnte. Es ist ihm nicht möglich gewesen. Durch die Einweihung in das weibliche Lebensprinzip bei der Baba Jaga ist dieses Erkennen nun vorbereitet worden.

Drei Türen müssen noch geöffnet werden. Eisen symbolisiert Dauerhaftigkeit, Stärke, Festigkeit, Unbeugsamkeit. Silber symbolisiert die weiblichen Aspekte des Göttlichen. Gold versinnbildlicht die Sonne, Heiligkeit, Unzerstörbarkeit, das von innen heraus Leuchtende, den männlichen Aspekt des Göttlichen.

Von Türe zu Türe erreicht der Zarensohn kostbare und kostbarere Bereiche. Von Raum zu Raum schreitend gelangt er schließlich ins Zentrum. Der Zarensohn weiß jetzt nicht mehr, ob er auf dieser Welt oder auf jener ist – seine eigene Mitte und die Mitte der Frau sind eins geworden.

Höchste Zeit sei es gewesen, hören wir. Die Frau habe Flachsgarne gezählt und sei so vergrämt gewesen, daß schon der Anblick schrecklich war. Die Flachsgarne sind das Gegenbild zum Knäuel, dem der Zarensohn folgte. Das Bild zeigt die Ratlosigkeit und Wehmut der verbannten Frau. In ihrer Depression stellt sie eine Scheinordnung her. Ihrem Lebensfaden kann sie nicht mehr folgen. Damit, daß der Mann sich selbst erlöst, erlöst er auch die Frau, die er verbannt hat. Endlich kann sie nun alle ihre weiblichen Aspekte leben. Dadurch ist sie verwandlungsfähig, wie sie es gewesen ist, und kann den geliebten Mann nach Hause tragen – in seine Mitte hinein.

Das russische Märchen *Die Zarentochter Frosch* zeigt eine emanzipierte Frau. Ihr Frosch-Aspekt verbindet sie mit der eigenen Tiefe und mit der Tiefe des Lebens. Das macht sie schöpferisch und eigenständig. Eine solche Frau wirkt bezaubernd und beängstigend. Gewöhnliche Alltagsmenschen werden sie ablehnen. Sie fürchten sich zu sehr vor dem Unbekannten, vor dem, was das Leben eigentlich erschließen könnte. Das würde ja tatsächlich vollständige Neubesinnung verlangen, aus der dann auch eine neue Organisation aller Lebensbereiche wachsen müßte. Diese Unsicherheit ist dem Schwachen unerträglich.

Es gibt wohl tatsächlich wenig Männer, die sich auf vollständig Neues einlassen wollen und einlassen können. Das, was sie seit den ersten Atemzügen leben und erleben mußten, versperrt ihnen den Zugang zum Schöpferischen. Die wenigen schöpferischen Männer sind deshalb in der Regel einsam oder doch auf eine nur kleine Gruppe bezogen. Das ändert sich auch kaum, wenn sich – gesichert durch Hartnäckigkeit und Erfolge – eine ganze Reihe von lauten Beifallspendern einstellt. Diese meinen ja nicht den betreffenden schöpferischen Menschen. Indem sie sich in seinem Glanz sonnen, erhoffen sie auch für sich selbst intensiven Glanz. Der schöpferische Mensch ist nicht unbedingt Künstler. Das Schöpferische durchzieht und gestaltet das ganze Lebensgeflecht. Deshalb kann es ja auch so Angst machen. Schöpferisch ist, wer sein Leben gestaltet, es fast mit jedem Atemzug immer wieder selber prägt.

Die schöpferische Frau kann nicht klein beigeben. Wenn sie den Tieraspekt ihrer Seele preisgibt, gibt sie nicht nur sich selbst, sie gibt dann auch die Welt auf, die gerade auf solche

Frauen angewiesen ist. Ihre Leidensfähigkeit und ihr Durchhaltevermögen können den Mann an die Quelle des Lebens zwingen, zum Mysterium der großen Mutter. Wenn der emanzipierten Frau das gelingt, einfach weil sie den Kompromiß mit der vom Menschen geschaffenen Scheinwelt nicht eingeht, kann das Leben vielleicht doch gerettet werden, das heute – wie wohl zu jeden Zeiten – mißbraucht, ausgebeutet, abgewürgt, zerstört wird.

Das Märchen zeigt die zwei Grundtriebe, welche menschliches Werden bestimmen, sehr deutlich. Die Froschfrau ist von Anfang an die Eingeweihte. Ihre Verbundenheit mit der Innenwelt macht sie stark. Sie verkörpert den Trieb nach Initiation, nach Selbstwerdung durch Erfahrung der eigenen Tiefe und schließlich überhaupt alles Ursprünglichen. Der Zarensohn lebt zu Beginn der Märchen ausschließlich in der Außenwelt. Darin will er sich als Einzelmensch darstellen. Durch die Begegnung mit der wilden Tierfrau muß er seinerseits in die wilden Ursprungsbereiche seiner Seele hinabsteigen.

Der Initiationstrieb der Frau braucht den Trieb nach Bewußtmachung, sonst bleibt sie dem Dunklen, Chaotischen verhaftet. Sie zerfließt in ihrer unbewußten Schuldlosigkeit. Der Trieb nach Bewußtmachung des Mannes braucht den Initiationstrieb, sonst verfällt er dem reinen Rationalismus. Er wird vielleicht reine Formen entwickeln, aber sie werden leblos bleiben. Rationale Erkenntnisse bleiben leblose Formeln, wenn sie nicht aus dem Ursprünglichen wilden Lebens wachsen. Reiner Rationalismus führt zur Verabsolutierung. Reine Geistigkeit ist Utopie. Der Mensch kann nicht nacheinander durch alle Bewußtseinsebenen aufsteigen und meinen, er würde das reine Gute und Schöne finden. Solche Verabsolutierungen sind lebensfeindlich. Es gibt die reinen Werte nicht. Jeder Wert ist an seinen »Gegenwert« gebunden. Das Leben in dieser Welt beruht auf Ambivalenz – auf dem Gleichgewicht gegensätzlich wirkender Kräfte.

Initiation und Individuation, Vereinigung mit dem Partner, der Partnerin, ja mit dem Kosmos und organische Entfaltung des eigenen Wesens, Einweihung und Bewußtwerdung, Innenwelt und Außenwelt müssen einander finden. Der Mensch muß in beiden heimisch werden. Das ist letztlich das Mysterium, zu dem Männliches und Weibliches im Miteinander geführt werden. Reife heißt, mit beiden Trieben umgehen können, in beiden Bereichen – in der eigenen Tiefe und der Tiefe des Lebens und zugleich auch in der Außenwelt – zu Hause sein. Reife meint aber auch immer wieder neu von noch tieferem, noch ursprünglicherem Sein genährt werden. Nur das kann der Sinn der Emanzipation sein. Es gibt keinen anderen.

Das Symbol der Trinität – der Dreifaltigkeit – meint genau dieses Mysterium des Lebens: männliches Streben nach Individuation, Bewußtwerdung und Bewährung in der Außenwelt – weibliches Streben nach Initiation, Einweihung in die Tiefe des Selbst und des Lebens und Bewährung in dieser Innenwelt – und als Ziel das Kind, das in beiden Bereichen wohnt.

Das Symbol des Falken, das im Märchen ausgemalt ist, meint das männliche Streben zum geistigen Licht. Das Symbol des Fisches meint das weibliche Streben in die umfassende Tiefe. Ikarus, der Nur-Flieger, Hoch-Flieger, stürzt mit von der Sonne versengten Flügeln zu Tode. Jonas wird vom Fisch wieder an Land gespuckt. Der Bär schafft Wege ins Dickicht des Herzens. Er ist symbolisch gemeint. Er arbeitet mit den Talenten des Mannes im überreichen weiblichen Bereich.

Weiblich und männlich sollten nicht unbedingt geschlechtsspezifisch verstanden werden. Jede menschliche Seele verfügt über beide Bereiche. Es ist leider nur so, daß Frau und Mann in den letzten dreitausend Jahren auf bestimmte Gebiete hin »spezialisiert« worden sind. Heute löst sich das langsam, sehr langsam wieder auf. Das ist ein positiver Vorgang. Jedes individuelle Leben will Ganzheit – auch Vereinigung von Weiblichem und Männlichem in sich selbst.

Einem Mann ist das im Märchen möglich geworden. Er ist (symbolisch) Bär geworden und hat die durchscheinende Klarheit der weiblichen Seele gefunden. Zwei andere bleiben in der Außenwelt verhaftet. In ungezählten Märchen ist das Zahlenverhältnis gleich. *Ein* Mensch wird fähig, sich dem zu widmen, was ihn übersteigt, und wird in diesem Sinne Heldin, Held. Zwei Menschen treten auf der Stelle, bleiben gewöhnlich. Mir scheint, das Zahlenverhältnis stimmt auch in der Welt, in der wir leben. Sind Heldinnen und Helden so stark, daß sie trotz Minderheit das Gleichgewicht des Lebens erhalten können?

Entfalten

Liebend die Weite des Lebens abschreiten

Norwegisches Märchen

Das goldene Schloß, das in der Luft hing

Es war einmal ein armer Mann, der hatte drei Söhne. Als er gestorben war, gedachten die zwei ältesten, hinaus in die Welt zu ziehen, um ihr Glück zu suchen. Den jüngsten wollten sie aber nicht mitnehmen.

»Du dummer Junge«, sagten sie, »du taugst ja zu gar nichts, du sitzt nur am Feuerherd, spaltest die Lichtspäne und bläst in die Asche, du Esel!«

»Nun ja, da gehe ich allein mit mir selbst«, sagte Aschenper, »dann werde ich auch nicht mit meinen Weggenossen uneins.«

Die zwei machten sich also auf den Weg, und als sie einige Tage gewandert waren, kamen sie in einen großen Wald und wollten von den mitgebrachten Speisen essen, denn sie waren hungrig und müde. Wie sie so dasaßen, kam ein altes Weib aus einem Erdhügelchen herauf und bat um ein wenig Essen. Es war so alt und gebrechlich, daß es immerzu mit dem Kopf wackelte und den Mund auf und zu machte. Mühsam kroch es mit Hilfe eines Stockes vorwärts. Sie hätte seit hundert Jahren nicht ein Brotkrümelchen gekostet, sprach die Alte.

Die Burschen aber aßen weiter und sagten lachend, habe sie sich so lange von nichts ernährt und erhalten, so könne sie gewiß bis an ihr selig Ende leben, ohne ihnen das bißchen Mundvorrat wegzuessen. Sie hätten selbst nur wenig in den Taschen; für sie wäre hier nichts zu erhaschen. Als sie sich satt gegessen und ausgeruht hatten, machten sie sich aus dem Staub und gelangten nach langer Zeit an ein Königsschloß, wo sie beide einen Dienst bekamen.

Eine Zeit war vergangen, seit seine Brüder davongezogen waren, da sammelte Aschenper die von ihnen verschmähten Brocken und Bissen zusammen, tat sie in seinen Schnappsack, nahm die alte Flinte ohne Schloß, denn er meinte, sie könne ihm auf der Reise nützlich sein, und machte sich auf den Weg.

Als er etliche Tage gewandert war, kam auch er an den großen Wald, den seine Brüder durchquert hatten. Müde und hungrig setzte er sich unter einen Baum, um zu essen und auszuruhen. Er blickte sich nach allen Seiten um; und wie er seinen Schnappsack auftat, sah er an einem der Bäume ein Bildnis hängen. Darauf war ein junges Fräulein oder eine Prinzessin gemalt, und die schien ihm so schön, daß er seine Augen von dem Bild gar nicht mehr abwenden konnte. Essen und Schnappsack und alles andere waren vergessen, er holte das Bildnis herunter, legte sich hin und staunte es an. Ehe er sich's versah, kam das alte Mütterchen aus ihrem Erdhügel, wackelte mit dem Kopf, bewegte immerzu den Mund, als kaue sie, humpelte mit Hilfe des Stocks heran und sagte wie zuvor bei seinen Brüdern, seit hundert Jahren habe sie kein Krümlein Brot mehr gekostet.

»Oho, da ist's hohe Zeit, daß du jetzt was zu essen bekommst, Großmutter!« rief Aschenper und gab ihr die Brocken, die er mitgebracht hatte. Die Alte sagte, seit hundert Jahren habe niemand sie mehr Mutter geheißen; sie wolle es ihm mit einem Geschenk vergelten. Ein Zwirnknäuel gebe sie ihm, das er nur vor sich her rollen zu lassen brauche, dann käme er überall hin, wohin er sich auch wünsche. Das gefiel Aschenper sehr, aber das Bildnis wollte er um keinen Preis zurücklassen. Er nahm's unter den Arm, warf das Knäuel aus, und es dauerte nicht lange, bis er vor dem Schloß stand, wo seine Brüder dienten. Auch er bot seine Dienste an, aber man sagte, er werde nicht gebraucht; eben erst seien zwei Knechte angenommen worden. Als er aber nicht aufhörte, freundlich zu bitten, erlaubte man ihm, beim Stallmeister die Pferde zu striegeln.

Das war dem Aschenper sehr recht, denn Pferde hatte er lieb. Ebenso gescheit wie fleißig, lernte er bald, die Pferde gut zu warten, und es dauerte nicht lange, da hielten alle, die im Schloß waren, große Stücke auf ihn. Jedes freie Stündlein brachte er vor dem Bildnis zu, das er an einem Nagel auf dem Heuboden aufgehängt hatte. Seine Brüder aber waren faul und träge, wurden gescholten und bekamen auch oft etwas auf den Buckel. Als sie sahen, daß es dem Aschenper viel besser ging, wurden sie eifersüchtig und sagten dem Stallmeister, er sei ein Götzendiener, der nicht Gott, sondern ein Bildnis verehre. Der Stallmeister hatte den Burschen gern, aber es dauerte doch nicht lange, bis er es dem König meldete. Aber der fuhr ihn an und wies ihn kurz ab. Er war nämlich immer traurig und schlechter Laune, weil seine Tochter von einem Troll entführt worden war. Aber es wurde ihm so oft und so lange ins Ohr geflüstert, bis er zuletzt doch wissen wollte, was der Bursche da eigentlich trieb. Als er auf den Heuboden kam, erkannte er gleich das Bildnis seiner jüngsten Tochter. Als aber die Brüder davon hörten, hatten sie sogleich einen Plan, hinterbrachten ihn dem Stallmeister und sprachen:

»Unser Bruder hat uns gesagt, wenn er wolle, sei er leicht imstande, dem König die Tochter zurückzuholen!«

Wie man sich's wohl denken kann, dauerte es gar nicht lange, bis der Stallmeister mit der Geschichte zum König lief, und als der König alles vernommen hatte, ließ er Aschenper rufen und sprach:

»Deine Brüder erzählen, du kannst mir meine Tochter wiederbeschaffen. Jetzt mach dich gleich auf die Reise und bringe sie her!« Aschenper erwiderte, er habe vorher nicht gewußt, daß sie des Königs Tochter sei, erst jetzt, da der König es ihm selbst erzählt habe, wisse er es. Um sie zu retten und zurückzubringen, wolle er sein Möglichstes tun. Zwei Tage Zeit brauche er aber, um sich zu rüsten und alles zu überlegen. Das wurde genehmigt. Der Bursche nahm den grauen wollenen Knäuel, rollte ihn vor sich her und ging ihm nach, bis er zu dem alten Mütterchen kam. Jetzt fragte er, was er tun solle, und sie sagte, er möge seine alte Flinte, dreihundert Kästen voller Nägel, dreihundert Scheffel Gerste, dreihundert Scheffel Grieß und dreihundert geschlachtete Schweine mitnehmen.

Gesagt, getan. Er ging zurück ins Schloß, nahm seine alte Flinte und bat den König um Nägel, Fleisch, Speck, Pferde, Fuhrleute und Wagen, damit er alles fortschaffen könne. Dem König schienen seine Wünsche groß; könne er aber seine Tochter wieder herbeischaffen, solle er alles haben, was er nur verlange, und sei es das halbe Königreich.

Als der Bursche sich so gerüstet hatte, rollte er den Zwirnknäuel wieder vor sich her. Er war noch nicht viele Tage gewandert, als er an eine hohe Bergwand kam; dort saß ein Rabe auf einer Kiefer. Aschenper pirschte sich heran und zielte auf ihn mit der Flinte.

»Nein, nein! Schieß nicht, schieß nicht! Schießt du nicht, dann will ich dir helfen!« schrie der Rabe.

»Habe auch noch nicht gehört, daß Rabenbraten etwas Köstliches wäre«, sagte der Jüngling. »Wenn dir das Leben so lieb ist, so magst du's meinetwegen genießen!« Damit warf er die Flinte hin. Der Rabe flog herab und erzählte ihm: »Hier oben auf den Bergen läuft ein Trollkind herum. Es hat sich verirrt und kann nicht herunter. Ich will dich hinauftragen, dann kannst du das Kind heimbringen und eine Belohnung bekommen, die du gut brauchen wirst. Der Troll wird dir das Glänzendste geben wollen, was er besitzt. Du aber verlange nichts als das Eselein, das hinter der Stalltür steht!«

So nahm denn der Rabe den Burschen auf den Rücken und setzte ihn oben auf dem Berg ab. Als er ein Stück gegangen war, hörte er das Trollkind jammern und heulen. Ruhig redete Aschenper es an, und bald waren sie gut Freund miteinander. Er versprach, es geradewegs zum Trollhof zu bringen, damit es sich auf dem Nachhauseweg nicht wieder verirrte. Dann ging er zum Raben, der beide auf den Rücken nahm und bis zu den Bergtrollen brachte.

Als der Troll sein Kind wiedersah, war er außer sich vor Freude. Dem Burschen sagte er, er möge nehmen, was er haben wolle, weil er sein Söhnchen gerettet habe. Gold und Silber bot er ihm an, dazu allerlei seltsame, köstliche Dinge. Der Bursche aber sagte, am liebsten wolle er ein Pferd haben. Jawohl, das könne er kriegen, sagte der Troll, und so gingen sie zum Stall. Ei, da standen Prachtpferde, die wie Sonne und Mond glänzten! Aber dem Burschen waren sie alle zu groß. Er schaute hinter die Stalltür und sah den grauen Esel.

»Den will ich haben, der ist mir recht! Fall ich herab, ist es nicht weit bis zum Erdboden!« Nicht gern wollte der Troll den Esel verschenken, aber da er ihm jeden Wunsch zugesagt hatte, mußte er doch sein Versprechen halten. Aschenper bekam den Esel mit Sattel, Zaum und Zubehör und machte sich davon. Durch Wälder und Gebirge, durch weite Hochebenen reisten sie. Und als sie eine lange Strecke zurückgelegt hatten, fragte der Esel den Jungen, ob er etwas sehe.

»Nein, nichts als einen hohen blauen Berg, wenn's nicht eine Wolke ist!« versetzte der Junge.

»Nun, durch ihn müssen wir reiten!« sprach der Esel.

»Das möchte ich kaum glauben«, meinte Aschenper. Aber als sie beim Berg angelangt waren, ging ein Einhorn wütend auf sie los, als wolle es sie lebendig verschlingen.

»Jetzt, glaub ich, wird mir bange!« sagte Aschenper.

»Nicht doch!« rief der Esel. »Lade ihm ein paar Fleischklumpen ab und bitte recht nett, daß es uns ein Loch durch den Berg bohrt!« Das tat der Bursche, und als das Einhorn sich satt gefressen hatte, versprachen sie ihm noch mehr Schweinefleisch, wenn es flugs das Loch machte, damit sie durchkämen. Als das Einhorn das hörte, brach und bohrte es so schnell einen Weg durchs Gestein, daß sie nur mühsam folgen konnten. Und als es fertig war, bekam es das Versprochene.

Da reisten sie weiter durch vieler Herren Länder und kamen endlich in einen Wald und ein Hochgebirge.

»Siehst du etwas?« fragte der Esel.

»Nein, nichts als den Himmel und die weite Einöde«, sprach Aschenper. Weiter oben wurde das Gebirge flacher, so daß sie sich umsehen konnten.

»Siehst du jetzt etwas?« fragte der Esel.

»Ja, in weiter Ferne schimmert und glänzt es wie ein kleiner Stern«, versetzte der Junge.

»So klein ist der nicht«, sagte der Esel. Nach einer Weile fragte er wieder: »Siehst du etwas?«

»Ja, es sieht aus wie der Mond!«

»Es ist kein Mond; es ist das kupferne Schloß, zu dem wir reisen! Drei Drachen liegen vor dem Tor und hüten es, dreihundert Jahre schlafen sie schon, so daß Moos über ihre Augen wuchs.«

»Unter den Umständen, denk ich, wird mir etwas bange«, sprach Aschenper.

»Nicht doch!« rief der Esel. »Du brauchst nur den jüngsten zu wecken und ihm Fleisch ins Maul zu werfen, dann hält er die beiden anderen zurück, und du kannst ins Schloß!«

Eine schöne Weile reisten sie noch, bis sie zum Schloß kamen. Es erschien ihnen groß und prachtvoll, und alles war aus getriebenem Kupfer. Vor dem Tor lagen die Drachen und versperrten den Weg. Aber man sah, daß sie lange gesegnet geruht hatten, denn über und über waren sie mit Moos bedeckt, so daß man nicht erkannte, woraus sie eigentlich gemacht waren. Rechts und links zwischen dem Moos wuchsen schon junge Bäume und bildeten einen kleinen Wald. Da weckte der Junge den kleinsten. Der rieb sich die Augen und kratzte das Moos weg, daß die Fetzen flogen.

Als er Aschenper sah, ging er gleich mit weit aufgesperrtem Rachen auf ihn los. Der aber warf ihm Fleisch ins Maul, bis er satt war und so manierlich wurde, daß der Bursche in Ruhe mit ihm sprechen konnte. Er bat ihn, seine Gefährten zu wecken und sie zu ersuchen, beiseite zu gehen, damit er ins Schloß käme. Der Drache meinte zuerst, das getraue er sich nicht. Sie seien immerhin schon seit zweihundert Jahren nicht aufgewacht und hätten zwischendurch nicht ein Krümelchen gegessen. Er fürchte, sie würden wie toll herumfahren und Totes wie Lebendiges verschlingen. Doch der Junge erwiderte, er könne ja hundert geschlachtete Schweine abladen und beiseite gehen, bis sie sich vollgefressen und von ihrer Schlafsucht erholt hätten. Der Meinung war der Drache auch, und so wurde es ausgemacht. Als die zwei alten Schlafmützen ordentlich wach waren und sich das Moos aus den Augen gekratzt hatten, jagten sie wie unsinnig umher und schnappten nach rechts und links. Der junge Drache hatte viel Mühe, sich vor ihren Zähnen und Kinnladen zu hüten, bis die das Fleisch witterten. Da verschlangen sie auf einmal ganze Schweineviertel und hörten erst auf, als sie ganz satt waren; nun waren sie zahm und gefällig und ließen den Burschen zwischen sich hindurch ins Schloß ziehen.

So prachtvoll war's dort, daß er nie geglaubt hätte, irgendwo auf der Welt könne es so herrlich sein. Aber menschenleer war's; von einer Stube in die andere ging er, machte alle Türen auf und sah doch niemanden. Zuletzt schaute er in ein Kämmerchen, das er vorher nicht beachtet hatte. Da saß eine Prinzessin und spann. Und sie freute sich, als sie ihn sah.

»Ach, ist's möglich, daß ein Mensch hierherkommt!« rief sie, fügte aber hinzu: »Am besten, du machst dich gleich aus dem Staub, sonst wirst du getötet! Hier wohnt ein Troll mit drei Köpfen!«

Der Bursche aber meinte, er wolle dableiben, und wenn der Troll sieben Köpfe hätte. Als das die Prinzessin hörte, riet sie ihm, das rostige Riesenschwert zu schwingen, das hinter der Tür hing. Nein, das könne er nicht. Ja, nicht einmal vom Haken bekäme er's herunter!

»Ja, wenn du's nicht kannst«, sagte die Prinzessin«, so nimm einen Schluck aus der Flasche neben dem Schwert! Das tut der Troll auch, wenn er's benutzen will!« Aschenper trank ein wenig, und da konnte er es schwingen, als sei es aus Holz. Aber ehe sie's sich versahen, kam der Troll mit Brausen hereingetobt.

»Hu, es riecht nach Menschenfleisch!« schrie er.

»Jaja, meinetwegen«, sprach Aschenper, »aber deswegen brauchst du doch nicht so zu schnauben! Es soll auch nicht lang wehtun«, fügte er hinzu und schlug ihm alle drei Köpfe auf einmal ab.

So froh wurde die Prinzessin über ihre Befreiung, daß sie zu singen und zu tanzen anfing. Nach einer Weile aber wurde sie wieder traurig, weil sie sich nach ihrer Schwester sehnte, die von einem Troll mit sechs Köpfen geraubt worden war und auf einem silbernen Schloß wohnte, dreihundert Meilen hinter dem Ende der Welt. Der Bursche meinte, es lohne sich nicht, darüber zu trauern. Er könne ja die Prinzessin mit samt dem Schloß holen. So nahm er Schwert und Flasche, bestieg den Esel und bat die Drachen, mitzukommen und einen Wagen mit Speck und Fleisch und Nägeln zu tragen. Lange Zeit waren sie über Land und Strand gereist, da fragte der Esel eines Tages:

»Siehst du etwas?«

»Nein, nichts als Land und Wasser, Himmel und Erde«, sprach der Bursche, und sie reisten weiter.

»Siehst du jetzt etwas?« fragte der Esel.

»Ja«, sprach Aschenper, »in der Ferne schimmert ein kleiner Stern.«

»Er wird wohl größer werden«, meinte der Esel. Und als sie wieder ein Stück gezogen waren, fragte er erneut, ob er etwas sehe.

»Nun schimmert's wie der Mond«, rief Aschenper.

»Jaja«, sagte der Esel, und einige Tage danach fragte er wieder, ob er etwas erblicke.

»Es glänzt wie die Sonne!« sagte der Junge.

»Ei ja, das ist das Silberschloß, zu dem wir wollen!« versetzte der Esel. »Doch draußen liegt ein Lindwurm und versperrt den Weg.«

»Da wird mir etwas bange werden«, meinte Aschenper.

»Nicht doch!« erwiderte der Esel. »Wir decken ihn schichtweise mit Reisig und Hufnägeln zu und legen Feuer!«

Nach geraumer Zeit kamen sie dahin, wo das Schloß in der Luft hing und der Lindwurm den Weg versperrte. Aschenper gab den Drachen reichlich Fleisch, damit sie ihm halfen; und dann deckten sie den Wurm mit Nägeln und Reisig zu, bis dreihundert Fässer leer waren. Dann machten sie Feuer und verbrannten ihn zu Asche. Als das getan war, flog ein Drache zum Schloß und hob es an, die andern zwei flogen noch höher und lösten die Kettenhaken, an denen es in der Luft hing, und setzten es aufs Feld. Nun ging Aschenper hinein, und es war noch viel prächtiger anzuschauen als das Kupferschloß. Menschen sah er nicht, bevor er ins letzte Zimmer kam.

Da lag die Prinzessin auf einem Paradebett und schlief wie eine Tote. Sie war aber nicht tot, obwohl er sie nicht wecken konnte. Ihr Antlitz war so schön wie Milch und Blut, und wie er sie so ansah, kam der Troll angeflogen, steckte den vordersten Kopf zur Tür herein und schrie:

»Hu, es riecht nach Menschenfleisch!«

»Vielleicht«, sprach der Bursche, »aber deswegen brauchst du doch nicht so zu schnauben! Lang soll dir's nicht wehtun!« Und damit schlug er die Köpfe ab, als säßen sie auf Kohlstrünken. Nun luden sich die Drachen das Silberschloß auf den Rücken und flogen damit heim, und es dauerte nicht gerade lange, das kannst du wohl glauben! Sie setzten es neben das kupferne, so daß es weit und breit nur so schimmerte und glänzte.

Als die Prinzessin des Kupferschlosses am andern Morgen zum Fenster hinausschaute, freute sie sich so sehr, daß sie gleich zur Schwester hinüberrannte. Da sie sie aber in einen Todesschlaf gesunken sah, meinte sie zu Aschenper, nur das Wasser des Lebens und des Todes könne ihr helfen. Das aber sprudele in zwei Brunnen zu beiden Seiten eines goldenen Schlosses, welches neunhundert Meilen hinter dem Weltende in der Luft hänge! Da wohne auch ihre dritte Schwester, die von einem Troll mit neun Köpfen entführt worden sei.

»Ja, da gibt's keinen anderen Rat«, meinte Aschenper, »als auch das zu holen!« Nicht lange, da war er schon auf dem Wege. Wieder reiste er durch vieler Herren Länder, Moor und Wald, Heide und Gewässer, über Land und Strand, Berg und Tal. Zuletzt erreichte er das Weltende, aber er mußte weiter.

»Siehst du etwas?« fragte der Esel eines Tages.

»Nichts als Himmel und Erde«, versetzte der Bursche.

»Und jetzt?« fragte der Esel wieder nach einigen Tagen.

»Ja, in weitester Ferne schimmert wohl ein Sternlein!« meinte der Junge.

»Ei, es ist nicht so klein«, sprach der Esel, und als sie wieder eine Weile unterwegs gewesen waren, fragte er nochmals.

»Ja, jetzt sieht's aus, als wär's der Mond!« rief der Junge. Sie wanderten voran, und nun glänzte es wie die Sonne. Siehe, da waren sie am Goldschloß angelangt! Es hing in der Luft und wurde von vielen wilden Tieren und Scheusalen der Welt bewacht.

Da meinte Aschenper recht im Ernst, nun habe er wahrhaftig schauderhafte Angst. Der Esel aber rief: »Nicht doch!« und erklärte ihm, es sei ganz ohne Gefahr, wenn er nur zeitig wieder losgehe, sobald seine Krüge mit Wasser gefüllt seien. Nur eine Stunde, zwischen zwölf und eins, habe er Zeit. Könne er aber nicht rechtzeitig fertig werden, würden ihn die Tiere in tausend Stücke reißen.

»Ja, dann muß ich wohl«, sagte Aschenper und versprach, sich nicht lange aufzuhalten.

Um zwölf langten sie an. All die wilden Tiere und Scheusale

der Welt umgaben das Schloß wie ein Zaun und versperrten ihm den Eingang. Sie schliefen aber alle wie Steine, keines regte sich. Da schlich sich der Bursche durch, nahm sich wohl in acht, daß er keinem auf die Hühneraugen oder Frostballen trat, füllte die Krüge mit dem Wasser des Lebens und des Todes und bestaunte das aus purem Gold gegossene Schloß. Es schien ihm das herrlichste, was er bisher gesehen hatte, und er meinte, innen werde es wohl noch prächtiger sein.

›Ei‹, dachte er, ›ich habe Zeit genug, mich ein halbes Stündchen umzuschauen.‹ So ging er hinein, und da war's gar zu schön. Eine Stube glänzte mehr als die andere, schimmerte von Gold, Perlen und Diamanten und den köstlichsten Dingen, die man sich nur vorstellen kann. Im letzten Zimmer aber schlief eine Prinzessin auf dem Paradebett, hingestreckt wie tot. So weiß und rot war sie wie Blutstropfen im frischen Schnee und so prachtvoll gekleidet wie eine Königin, so wunderschön, daß er dergleichen noch nie gesehen hatte, außer auf dem Bildnis. Ja, sie war es, die dort abgemalt war! Da vergaß der Bursche das Wasser, das er holen sollte, die Tiere, das ganze Schloß und alles und staunte nur die Prinzessin an. Wie im Todesschlaf lag sie da, und er vermochte sie nicht zu wecken.

Gegen Abend kam der Troll mit grausigem Brausen angeflogen, riß das Tor auf, schlug alle Türen zu, daß es donnerte und im ganzen Schloß krachte und knackte. »Hu, hier riecht's nach Menschenfleisch«, brüllte er, steckte den ersten Kopf zur Tür herein und schnob durch die Nase.

»Vielleicht«, sprach Aschenper, »aber darum brauchst du nicht solchen Lärm zu machen! Es tut auch nicht lang weh!« Damit köpfte er ihn, als hätte er nur Kohlköpfe getragen. Aber als das Stückchen Arbeit getan war, wurde er so schläfrig, daß ihm die Augen zufielen. Er sank neben der Prinzessin aufs Bett und schlief Tag und Nacht, als könne er nie mehr erwachen. Um Mitternacht wurde sie einen Augenblick wach, dankte ihm, daß er sie gerettet habe, fügte aber hinzu, sie müsse noch drei Jahre bleiben. Aber wenn sie dann nicht heimgekommen sei, solle er sie holen.

Selbst wachte er erst zur ersten Stunde des folgenden Nachmittags auf, hörte seinen Esel schreien und jammern und meinte, nun sei's das beste, sich auf den Heimweg zu machen.

Zuvor aber schnitt er ein Stück vom Kleid der Prinzessin ab und nahm es mit. Ja, wie dem auch war, nun hatte er soviel Zeit verloren, daß die Tiere wachgeworden waren. Da saß er nun auf dem Esel und war von ihnen umringt! Wie sollte er hier je herauskommen? Da riet ihm der Esel, die Scheusale mit den Tropfen des Todeswassers zu bespritzen. Gesagt, getan. Da stürzten sie sogleich zu Boden und regten sich nicht mehr.

Auf dem Heimweg sprach der Esel: »Wenn du jetzt zu hohen Ehren kommst, wirst du mich vergessen; und ich werde mich vor Hunger nicht auf den Beinen halten können!«

»Nein, nein«, versetzte Aschenper, »nimmermehr soll das geschehen!«

Als er der Prinzessin das Lebenswasser gebracht hatte, goß sie ein paar Tropfen über ihr Schwesterlein, so daß sie erwachte. Groß war nun die Freude, und guter Dinge fuhren sie heim zum alten König, und der freute sich über die Maßen, daß die zwei wieder da waren. Doch sehnte er sich noch mehr danach, daß seine jüngste Tochter endlich käme und die drei Jahre endlich um wären.

Aschenper aber war wohlgelitten, der König machte einen großen Herrn aus ihm, so daß er nach ihm der erste im Lande wurde. Da waren nun viele eifersüchtig auf ihn, weil er doch so ein großer Herr geworden war. Und darunter war auch einer, namens Ritter Röd, der die älteste Prinzessin geheiratet hatte. Er überredete seine Frau, Aschenper mit Todeswasser zu besprengen, so daß er für immer einschlief.

Als nun die drei Jahre um waren und schon ein Stückchen vom vierten dazu, kam ein Kriegsschiff angesegelt, und darauf war die dritte Prinzessin mit einem dreijährigen Kind. Zum König schickte sie und ließ sagen, keinen Fuß setzte sie ins Schloß, wenn nicht ihr Ritter zu ihr gesandt würde. Da schickten sie ihr einen der vornehmsten Kavaliere bei Hofe, und als der auf dem Schiff ankam, schwenkte er seinen Hut und machte Bücklinge und Kratzfüße, daß es nur so eine Art hatte.

»Kann wohl dieser da dein Vater sein, mein Söhnchen?« fragte sie ihr Kind, das mit einem Goldapfel spielte.

»Nein, gar nicht! Mein Vater krümmt sich nicht wie eine Käsemade!« sagte das Knäblein. Da schickten sie ihr noch einen von derselben Art, und das war Ritter Röd. Ihm ging's um kein Haar besser als dem ersten, und die Prinzessin ließ sagen, wenn sie nicht bald den rechten schickten, solle es ihnen schlecht ergehen.

Da mußten sie Aschenper mit dem Lebenswasser aufwecken, und dann ging er zur Prinzessin an Bord. Er machte gar nicht viele Kratzfüße, kannst du glauben! Er nickte nur ein bißchen mit dem Kopf und zog das Stück hervor, das er vom Kleid der Prinzessin abgeschnitten hatte.

»Das ist mein lieber Vater!« rief das Kind und gab ihm den Goldapfel.

Nun herrschte große Freude, und im ganzen Reich wurde gefeiert; aber der alte König freute sich am meisten, weil er sein Schoßkind zurückbekommen hatte. Als ans Licht kam, was Ritter Röd und die älteste Königstochter getan hatten, wollte der König, beide sollten in einer Tonne voller Nägel herumgerollt werden. Aber Aschenper und die Prinzessin legten Fürbitte ein, und so wurden sie verschont.

Als man nun die Hochzeit im Schloß feiern wollte, stand Aschenper eines Tages am Fenster und blickte hinaus. Es war Frühjahr, und gerade trieb man Vieh und Pferde auf die Weide. Da kam zuletzt der Esel und war so elend und geschunden, daß er auf Knien zum Tor hinausgestoßen wurde. Daß er den Esel vergessen hatte, tat dem Aschenper so weh, daß er gleich hinunterlief und nicht wußte, was er ihm Gutes tun sollte.

Der Esel aber sprach, das beste, was er tun könne, sei, ihm den Kopf abzuschlagen. Das wollte Aschenper durchaus nicht; aber der Esel bat so lange und inständig, daß er nicht widerstehen konnte. Und als der Kopf fiel, war es mit dem Zauber vorbei: Statt des Esels stand ein so schöner Prinz da, wie man ihn zuvor nie gesehen hatte. Der hielt nun um die andere Prinzessin an, und danach wurde eine Hochzeit gemacht, von der man noch lange in vieler Herren Länder erzählt hat. Und damit ist das Märchen vom goldenen Schloß, das in der Luft hing, aus.

Aschenper

Ein goldenes Schloß hängt in der Luft... Der Titel lockt uns weiter. Er verheißt ein wunderbares Märchen mit Bildern, die wir lang schon vergessen haben – und doch wollen wir beim Bild des Titels verweilen. Wir wollen uns dieses Schloß vorstellen. Ein ganzes Schloß als Wohnung für die Seele. Ein Schloß aus Gold. Es hängt in der Luft. Wir sollten es malen – auf kostbares, blaues Papier.

Wir müssen nicht sparen, wenn unsere Phantasie das Schloß malt. Keine realen Gesetze oder materiellen Gegebenheiten schränken uns ein. Wir begeben uns in den Raum, den es nicht gibt, und hängen das Schloß in die Luft. Wird uns niemand auslachen, wenn wir uns auf dieses Land, das Land unserer Seele, einlassen? Keine Angst! Das sind nur die armen Leute dieser Welt.

Einer, eine zündet das Licht an. Aschenper heißt er, Aschenputtel heißt sie. Sie spalten die Späne und zünden das Licht an. Sie blasen in die Asche und fachen das Feuer an. Einzelgänger sind es. Und doch haben sie immer jemanden bei sich. Daran erkennt man sie. Sie gehen mit sich selbst. So genau sagt es das Märchen. Wer mit sich selbst geht, hat einen treuen Begleiter, eine treue, innig nahe Begleiterin.

Bin ich klein? Ich bin das, was ich von mir erfahren habe und jetzt weiß. Wenn ich ganz nah bei mir bin, alles bin, was ich bin, dann bin ich groß, bin ich unausmeßbares Himmelsland mit Sonnensystemen und Sternbildern. Das ist gut so, denn es geht darum, das Glück zu suchen. Die lachenden Brüder wissen nicht, was das ist. Vielleicht ist es das goldene Schloß, das in der Luft hängt. Wer weiß!

Ich bin eine, bin einer. Sie sind zwei. Zwei verstricken sich in erfundene Dinge und meinen, daß sie Wirklichkeit sind. Eine, einer von dreien aber ist auf dem Weg. Eine, einer sucht das Glück, nicht jene Dinge, die neue Sehnsucht wecken, weil sie nie sättigen können. Ein Mensch sucht das Licht, um in ihm zu wohnen. Wahrscheinlich leuchtet es an jenem symbolischen Herd in seiner eigenen Mitte, die zugleich die Mitte der Welt ist, jener Mitte, von der die Mystiker sagen und die uralten Mythen künden, daß sie überall ist.

Das Märchen zeigt einen Weg dazu, einen möglichen Weg nach innen. Und es macht uns vertraut mit Dingen und Menschen, die in uns wohnen, Zauberdingen, Zauberfrauen und dem heimlichen Bild der Seele.

Urbilder des Weiblichen

Was nehmen wir mit, wenn wir auf die Reise gehen? Aschenper nimmt die Bissen und Brocken, welche die anderen verschmäht haben. Da müssen wir gut überlegen, was das wohl sein könnte. Angenommen, wir ziehen irgendwohin, um »unser Glück zu machen«, um reich zu werden vielleicht oder um allerhand Vergnügungen zu finden oder um mächtig zu werden, Triumph über andere zu spüren, da paßt ein altes Weib, das aus einem Erdhügel auftaucht, nicht ins Konzept!

Wir wissen, daß das eine weibliche Helfergestalt ist, die sich aus übersehenen oder vernachlässigten Bereichen aus unserer Seele meldet. Schon seit »hundert« Jahren haben ihr die beiden Brüder keine Aufmerksamkeit mehr geschenkt und niemand mehr hat sie Mutter geheißen.

Ist die Mutter in unserem Innern auch so deformiert, vernachlässigt, vergessen, daß sie fast verhungert und uns nicht folgen und helfen kann? Das mehr als hundert Jahre alte Mutterbild – damit muß die Große Mutter, das Urmütterliche, gemeint sein. Es begegnet uns, so will es das Märchen, wenn wir uns aufmachen und noch nicht begangenes Seelenland betreten. Oft schafft das Märchen das Bild eines Zauberwaldes, um das Unbetretene, Unerfahrene in der Seele sichtbar zu machen.

Die Urmutter ist weltweites Bild für das Lebensprinzip: die Urmutter, der Urschoß – das älteste Gottesbild der Menschheitsgeschichte. Mit dem Bild der Großen Mutter verbinden wir das Wissen nicht nur des gemeinsamen Menschseins in seinem gesellschaftlichen und geschichtlichen Aspekt, sondern auch des gemeinsamen Lebendigseins überhaupt – seine ganze kosmische Weite. Aus dem Urschoß werden wir, wird alles Lebendige geboren, mein Leben und alle die andern Leben mit mir, vor mir, nach mir.

Mit dem Bild der Großen Mutter verbindet sich auch das Wissen um das Rhythmische, dem wir eingegliedert sind. Das Nacheinander, in dem wir leben, will gleichzeitig mit unserem Werden auch unser Sterben. Da erstaunt es nicht, daß Menschen, deren Feld die vom Menschen organisierte und strukturierte Welt sein muß, das Bild der Großen Mutter in verborgene Bereiche ihrer Seele verdrängen. Dort verhungert dieses Mütterliche und wird lahm. Es soll diese Menschen nicht mehr erreichen. Sie können den Tod nicht integrieren wollen in ihr Leben. Sie brauchen andere Bilder, Bilder des Siegens vielleicht – oder doch des Pflügens, Säens und Erntens. Die letzten drei Bilder sind gut, sind notwendig. Aber ernten und pflügen gelten symbolisch dem Walten der Großen Mutter, ihrem bergenden, zurücknehmenden, umfassenden Schoß.

Die Große Mutter gibt uns das Knäuel, das wir abrollen, dessen Faden wir folgen müssen. Ein eindrückliches Symbol! Wir sind ihm bereits in ähnlichem Zusammenhang begegnet. Die Baba Jaga und die alte Mutter im Wald sind nahe Verwandte.

Die weiblich erlebten Schicksalsgottheiten an der Lebensquelle spinnen unseren Schicksalsfaden. Fast scheint es paradox, daß wir unser Leben runden, also aus unserem Schicksalsfaden ein Knäuel bilden und zugleich dann diesen Faden wieder abrollen und ihm folgen müssen. Wer dem Schicksalsfaden folgt, gehorcht einer »Spur«, die immer schon da war und auf einen wartete. Auch der Tod ist schon immer da und wartet. Und doch könnten wir das Bild der schneidenden Schicksalsgottheit kaum ertragen, wenn es nicht die Große Mutter wäre, die es in diesem Märchen malt. Wir leben in ihren Schoß hinein. Ein gutes Bild (1).

Dort, wo das Bild der Großen Mutter wohnt, ist auch das andere Frauenbild, das individuelle – das heimliche Bild der Seele (2). Der weibliche Aspekt der Seele – ob ich Frau oder Mann bin – verdichtet sich zum individuellen Bild einer Frau. Es muß schon seit der Geburt in der Seele angelegt sein. Jeder

Mensch – auch der Mann – bringt weibliche Aspekte in die Welt – oder besser: sie werden mit ihm in die Welt getragen. Im Lauf des Lebens wandelt sich das Bild. Aber es bleibt immer das persönliche, eigene Bild. Die Frau will, soll, muß dieses Bild im eigenen Leben verwirklichen. Es ist ihr Zukunftsentwurf.

Wenn der Mann der Frau begegnet, in der er das eigene weibliche Seelenbild wirkend ahnt, wird er diese Frau lieben, ihr in ihrem Unterwegssein Mut und Vertrauen schenken. Es wird ihn froh, glücklich machen, gemeinsam mit ihr das Leben zu gestalten, das Leben, das schon immer vom »heimlichen Bild seiner Seele« geprägt war. Es hängt an einem Baum im Wald. Es muß der Baum von Aschenpers Leben sein.

Es gibt den Urbaum. In der Nähe der großen Quelle haben sich seine Wurzeln in den Grund getrieben. Es gibt kein schöneres Bild dafür. Wir haben bereits davon gesprochen (3). Das Leben verwurzelt sich in der Erde, nimmt dann seine ganze Kraft im Stamm zusammen und weitet sich schließlich, breitet sich weit in den Sternen- und Sonnenhimmel – silbergrün und groß, schlank wie eine Flamme, rund wie eine Frucht, Wohnung der Vögel und von allerhand Klettertieren, vom Eichhorn auch, und Turngerät für überraschend lichthungrige Schlangen. Früchte reifen darin, berauschendes Blühen ereignet sich darin, Tau und Regen empfängt das Laub (4). Urwasser steigt durch Stamm, Äste und Zweige. Auch die Winde sind da, sie singen im Laub, sie blasen aus den vier Wohnungen der Sonne an den Wendepunkten des Horizontes.

Der andere Baum ist der persönliche Lebensbaum. Wenn wir unser Leben verstehen wollen, denken wir leider nur selten darüber nach. Leben und Denken entsprechen einander nur in wenigen Bereichen. Manches geschieht einfach so, eben so wie ein Baum wächst. Anderes kommt als Geschenk wie Regen und Tau, anderes wieder als Besuch, so wie Vögel und andere Tiere zum Baum kommen. Manches zerrt und nagt daran, wie die Wurzelfresser, die Mäuse und Ratten, an den Wurzeln nagen, wie der Fäulnispilz sich beharrlich ausbreitet. – Aber gemäß antiker Überlieferung bereiten die Götter aus Pilzen ihre lebenerhaltende Nahrung – letztlich also aus dem Saft des eigenen Lebensbaumes. Manches geschieht uns, wie der Baum von Sternen und Mond, vom hereinbrechenden Tag, von Kälte und Wärme und Hitze, von der Nacht überfallen wird. Und manches zeichnet mich Stunde für Stunde, wie der Baum von den Jahreszeiten geprägt wird, die ihm wechselnde Farben mitteilen und ihn schließlich alt werden lassen, ihn mit Flechten überziehen und mit Moos, ihn morsch werden und in den Grund fallen lassen, in den bald Samen eindringen, aus dem bald, bald Kräuter sprießen, Gras, Blumen, ein Baum.

Immer spüren wir die Hände der Großen Mutter, wenn wir unseren Baum nachgestalten, Erde streuende Hände, warme, begleitende Hände, Hände, in deren Liebkosungen wir schließlich werden wie sie – Mutterschoß, Erde.

Wenn wir unseren Lebensbaum malen, malen wir unser ganzes Erfahren. Wir sehen uns eingewurzelt im Wohn- und Arbeitsbereich unserer Eltern, in unserer Sprache, in unserem Kinderglauben, in unserer Zeit. Auf den meisten Bildern, die ich male, sind meine Wurzeln – gegenüber der Realität – zu klein. Der Biologielehrer würde mich rügen. Sollten es wohl Schuhe sein statt Wurzeln? Baum in Wanderschuh'n (5)! Aschenper dürfte es kaum anders ergehen. Er ist unterwegs. Aber sicher sind auch die Wurzeln unterwegs, unterwegs mit der Erde, der Welt, dem Sonnensystem, den Galaxien.

Der Stamm verkörpert unsere Kraft, die Art, wie wir uns hinübernehmen aus unserem Verwurzeltsein in das freie Gebäude unserer wachsenden Krone. Der Stamm kann weich sein, federnd kann er sein, biegsam wie ein langes Rohr, undurchdringlich hart kann er sein, wie Stahl, oder auch borkenhaft leicht. Wenn wir mit der Faust an den Stamm schlagen, singt er – das lang nachhallende Summen unseres Lebens. Als junger Mensch habe ich mein Gesicht an die Stämme gelegt. Und das war, wie wenn mein Pulsschlag mit dem Pulsschlag von Harzen und Säften zusammenflösse. Es ist gut, daß ich eine große Zeitspanne meiner Jugend dem Wald geschenkt habe. Sehr gut ist das. Im Wald habe ich das Leben gelernt.

Die Baumkrone ist Bild für das, was wir gestalten, was wir aus uns und gleichzeitig aus unserem Leben machen. Immer wieder erstaunt mich, wie rund und groß auch ganz alte Leute ihre Lebenskrone malen. Oft reicht das Blatt nicht aus. Das macht mich immer froh.

In diesem Bild seines eigenen Lebens sieht Aschenper das Bild seiner Seele. Damit hat sich sein Ziel ereignet. Er ging aus, sein Glück zu suchen, und er fand das Bild seines Lebens – Urmutter, Lebensfaden, Knäuel und Baum. Und er fand das Bild der Frau in ihm. Das Wesentliche hat sich ereignet.

Stallbursche im Schloß

Es gibt einen entfernten Ort in der Landschaft der Seele, der uns unter dem Bild des Stalles erscheint. Wir denken an Stroh und Mist. Auch Tiere sind da, dumpf stampfend, laut atmend. Eine Krippe ist da, mit gemähtem Gras, mit Heu, Hafer. Das Dämmerlicht zeichnet fahlen Schein auf die Rücken der Tiere.

In der Symbolsprache ist der Stall Wohnung der Instinkte, dieser ganzen, generationenlang vererbten Welt, zurückweisend bis in das Steppendasein der ersten Menschen. Auch ihre Urerfahrungen leben dort. Es ist eine gefährliche, ungeordnete Welt. Wir beziehen unser Leben selten auf sie.

Tiere haben eine ganz starke Bindung an ihre Instinktwelt.

Instinktiv tanzen die Bienen und zeigen andern dadurch Standort und Ergiebigkeit von Honigquellen, die sie gefunden haben. Instinktiv formen Vogelgruppen ihr Flugbild – die Girlanden der Kraniche, die Dreiecke der Wildgänse... Instinktiv pochen die Hasen mit ihren Hinterläufen ihren Kameraden Nachrichten zu, formen Murmeltiere ihre Pfeiflaute, nach denen andere ihr Verhalten richten.

Auf weiten Lebensstrecken vernachlässigen wir Menschen unsere vererbte Welt. Nachts in der Wildnis und allein kann sie bruchstückhaft, rudimentär wieder erwachen. Wir nehmen ungewohnte Laute, dämmernde Schatten auf und werden tastendes, sprungbereites Tier. Diese Instinktwelt ist es, welche Menschen Masken anziehen, sich vermummen und trommeln, Knaben zu Indianern, Jünglinge zu Kriegern werden läßt. Das Maskentreiben der Fasnachtszeit ist weitherum Folklore geworden – weit davon entfernt, der Instinktseite Raum zu geben. In abgelegenen ländlichen und vor allem gebirgigen Gegenden ist diese Ursprünglichkeit da und dort noch lebendig. Wenn wir überraschend in sie einbezogen werden, sind wir wie gebannt. Die eigene Tiefe öffnet sich (6).

Auch Aschenper fasziniert diese Welt. Die Pferde, Symbol der Urinstinkte, werden gewartet. Fleißig widmet er sich dieser Welt. Er versinkt nicht darin. Er vergißt die Disziplin nicht, mit der er denken gelernt hat. Fleißig ist er und gescheit, sagt das Märchen. Die eigene innere Vater-König-Gestalt konnte ihm deshalb diesen Lebensbereich als Lerngebiet zuweisen. Auch das Bild der Frau ist noch da. Er hat es auf dem Heuboden aufgehängt, in den luftigen Bereichen seiner Seelenwohnung, dort, wo das Geistige arbeitet. So verfügt er über die verschiedenen Dimensionen seiner Seele, von »oben« nach »unten«, von »unten« nach »oben«.

Das persönliche Bild der Frau ist nicht in der Welt der Instinkte. Dort im Stall arbeitet Aschenper. Er schafft Ordnung, gibt Richtungen, will Klarheit. Das persönliche Bild der Frau lebt im geistigen Bereich. Er schaut es an. Anschauung macht uns mit dem vertraut, dem wir bestimmt sind. Anschauung macht vertraut und lebendig. Anschauend eignen wir an, ohne Partei zu nehmen, ohne zu werten. Anschauen heißt in uns einströmen lassen, durch die Augen in die Seele. Anschauen heißt auch ausströmen lassen, von der Seele in die Welt. Innerseelische Bilderwelt und Bilderwelt im Gefüge von Raum und Zeit begegnen einander. Beide sind vorgeformt. Die innere Bilderwelt durch Erbe und Arbeit der Seele, die äußere Bilderwelt durch Erbe und Arbeit der Schöpfung. Beide gehorchen demselben Lebensgesetz. Arbeitend, formend, gestaltend teilen wir uns und anderen unsere Lebendigkeit mit, erfahren wir unsere Möglichkeiten und Grenzen (7).

Die andern, die Mehrheit, die beiden Brüder sind neidisch auf dieses austauschende Anschauen und die damit verbundene gestaltende Arbeit. Der schöpferische Mensch ist andern im Weg. Die meisten Menschen folgen gebahnten Straßen, halten sich an gezogene Leitlinien, gehorchen vorgezeichneten Koordinaten, halten sich an das überlieferte Gottesbild. Sie behaupten, es gebe nur ein Gottesbild, nur das ihre, und das sei auch das richtige. Jene, die ihrem eigenen Gottesbild folgen, werden als Götzendiener verschrien, werden bestraft.

Das ist das erbärmliche Schicksal, das in härterer, leidensschwerer oder milderer, erträglicherer Form letztlich jeden eigenständigen Menschen trifft, der seine inneren Bilder als Realität erfährt und ihnen gehorcht. Da braucht es vertrauende Liebe, bestätigende Psychologie, die Begleitung durch einen Menschen und auch die eigene Unbeirrbarkeit. Sie bestärkt uns, der eigenen, aus unbestechbarer Mitte erwachenden Autorität zu gehorchen – trotz Anfeindung, Hohn, Spott, Drohung und vielleicht sogar Strafe, trotz Aussetzung in fremd gewordener Welt, trotz streckenweiter Einsamkeit.

Aschenper hört seine innere Autorität. Sie tritt vor die Stimme der Brüder. Die nicht deformierte Königsstimme in ihm fordert ihn auf, die Prinzessin wieder in das Schloß des Königs zu bringen.

Wir dürfen nicht vergessen, daß das Märchen unbewußte Seeleninhalte in Bilder umsetzt. Das eigene Haus, die Wohnung der Seele, hat sich zum Schloß gewandelt. Der König herrscht darin. Er verkörpert die innere Autorität, die aus unserer eigenen Mitte heraus wirkt und unser Gutes will. Dieser König ist nun sehr erreichbar. Aschenper erfährt, daß das Bild, das er liebt, auch das Tochter-Bild des Königs ist. Mit diesen Bildern macht das Märchen deutlich, daß Aschenper nicht irgend einer Schönheit nachhängt oder von äußeren Bildern stark mitgeprägten Wunschträumereien. Es ist, wie wir das bereits formuliert haben, das vorher verborgene, im »Wald« erwachte Seelenbild, für das die Psychologie die Bezeichnung Anima verwendet.

Anima und Animus sind keine Traumfiguren. Es sind innere Realitäten. Sie sehnen sich danach, ihrer »Zwillingsschwester«, ihrem »Zwillingsbruder« in der außen wahrnehmbaren Welt zu begegnen.

Nicht Aschenper hat das Bild geformt, die Seele selbst. Wahrscheinlich arbeitete er als lebendiger, sich wandelnder Mensch daran. Das ist zu hoffen, ist kaum anders möglich. Aber das »Grundbild« ist Geschenk der Seele, Tochter des eigenen inneren, symbolischen Königs. Er sei oft traurig und schlechter Laune, hören wir. Das ist verständlich, wenn Aschenper diese Tochter von einem Troll hat entführen lassen.

In manchen Illustrationen nordischer Märchen werden die Trolle gern als kleine Erdkobolde dargestellt, die niemandem ernstlich schaden können – verniedlichte Gartenzwerge gewissermaßen. Solche Verharmlosungen gehen an fast allen Märchen, besonders auch an dem hier vorliegenden, vorbei.

Was hindert Aschenper daran, das weibliche Bild in seiner Seele wahrhaft zu erreichen? Darauf muß die folgende Handlung Antwort geben. Es muß etwas Mächtiges, kaum bezwingbares Großes sein. Sonst müßte sich Aschenper nicht zu so beschwerlicher Reise rüsten.

Zauberdinge – Zauberwesen

Eine Flinte ohne Schloß, Nägel, Fleisch und Speck sind die Dinge, mit denen Aschenper Macht über den Troll und sein eigenes Schicksal sichern will (8). Eine Flinte ohne Schloß – das ist ein Bild des reinen Widerspruchs. Jeder logisch denkende Mensch muß den Kopf schütteln. Das Bild macht aber nur ratlos, wenn wir Widerspruch und Unlogik nicht als dem Leben innewohnende Prinzipien erkennen. Wir haben schon mehrmals auf scheinbare Widersprüche hingewiesen – am eindringlichsten, als wir formulierten, daß jeder Mensch zu sich selbst unterwegs sei, daß solches Unterwegssein geradezu Hauptaufgabe des Menschen sei. Der Widerspruch wird sofort aufgelöst, wenn die Psychologie den Unterschied zwischen Ich und Selbst erklärt. »Ich« meint das, was mir von mir bewußt ist. »Selbst« meint mein Ganzes, alles, was mich ausmacht, auch die mir verborgenen Aspekte meiner eigenen Seele – auch mein Geheimes. Ein anderer, ebenso lebendiger Widerspruch ist es, wenn die Welt genau jenem Menschen sagt, er sei ein Götzendiener, der den wahrhaften inneren Bildern folgt, während die andern sich an vorgeformte, fremde Bilder – also Götzenbilder – halten. Auch das Bild vom Knäuel und vom Schicksalsfaden ist zwar paradox, macht uns aber unseren Lebensweg bewußt. Wir folgen einer Spur, die schon immer da war. Das erschütterndste Paradoxon enthüllt uns das Leben

Stunde um Stunde: Leben lebt, indem es tötet und verzehrt, den Tod abwirft und wieder geboren wird (9).

Mit seiner alten Flinte kann Aschenper zwar zielen, aber nicht schießen. Wenn wir auf unsere Lebensziele schießen, können es nicht mehr unsere Ziele sein. Wenn ich einen Feind habe, müßte ich ihn eigentlich zum Partner gewinnen. Das kann er nicht werden, wenn ich ihn totschieße. Wenn er mich angreift, gewiß, dann ist das anders. Das zeigt auch das Märchen. Dann schlägt ihm der Held den Kopf, vielleicht sogar die Köpfe ab. Davon wird noch ausführlich die Rede sein müssen. Märchen tun nicht so, als ob es Böses nicht gäbe.

Aschenper zielt auf einen Raben. Vielleicht möchte er ebenso fliegen können wie dieser Rabe. Raben galten noch vor zwei Generationen in ländlichen Gegenden als Vögel, die sprechen können. Das hat sie wohl zu Symbolen für prophezeiende, in die Zukunft blickende Vögel gemacht. Odin oder Wotan, der Vatergott des Nordens, trägt zwei Raben auf der Schulter. Der Gott sendet sie hinaus in die Welt, und sie berichten, was sie gesehen haben. Auch der Rabe des Märchens berichtet, was er gesehen hat, und kann so zum entscheidenden Helfer werden. Was wir schonen, kann uns Helfer werden.

Es gibt keine inneren Anlagen, die wir nicht irgend einmal brauchen und uns dann helfen. Gewiß, die Gabe der Prophezeiung kann recht unzuverlässig wirken. Aber wenn wir deshalb unsere intuitive Seite vernachlässigen, erleiden wir einen verhängnisvollen Verlust. Gerade der zivilisierte, ja überzivilisierte Mensch sollte seine intuitive Seite besser »ins Visier« nehmen und auf seine Eingebungen achten. Schnell müßte er dann auch erfahren, daß alle die Tierarten, die er seit Jahrzehnten großzügig aussterben läßt, damit er seine Bequemlichkeiten genießen kann, im Sinne des biologischen Gleichgewichts immer hilfreich sind.

Mit dem Fleisch besänftigt Aschenper die Drachen. Der Drache ist ein mythologisches Tier – ein bis in die Urzeiten in allen Kulturbereichen vertretenes, also archetypisches Symbolbild. Es hat sich in Märchen, Sagen und Fabeln bis in die heutige Zeit gehalten. Überall wird der Drache als geflügelte Schlange dargestellt. Allgemein bewohnt die Schlange den feuchten Grund, Dickicht, Gras und Höhlen im Geröll. Aus diesen dunklen Gründen steigt sie an Stäben, am Gehölz, an Stämmen aufwärts. Die Schlange kennt sich symbolisch in den uns unbewußten Seelenbezirken aus, in manchen frühreligiösen Geschichten und in Märchen sogar in verborgenen, unverschlossenen Bereichen des Lebens überhaupt. Wenn sie ins Helle steigt, mahnt sie, Nichtmanifestes, Undifferenziertes, Chaotisches sichtbar, bewußt zu machen, Undifferenziertes zu gliedern, zu ordnen, Chaotisches fruchtbar werden zu lassen. In diesem Sinne wirkt die Schlange gemäß dem Bericht von Moses im Alten Testament auch im Paradies. Sie mahnt das junge Menschenpaar, sich bisher Unbewußtes bewußt zu machen. Dann nämlich würden sie ganz werden, rund wie ein Apfel. Er ist Symbol für das Selbst, für Ganzheit also. Der Prozeß der Selbstwerdung läßt Adam und Eva erkennen, daß der Garten der Kindheit zwar schön und gut ist, das Leben aber den Acker will, harte Arbeit fordert, daß Schwangerschaft und Geburt keine »Kinderspiele« sind.

Die Schlange legt Eier. Das macht sie mit den Vögeln verwandt. Sie bewohnen die geistige Welt. Sie vermitteln zwischen dem himmlischen und dem irdischen Bereich. Der Drache, die Schlange mit den Vogelflügeln, verbindet die drei Urbereiche des Lebens: das Unterirdische, das Irdische und das Himmlische. Gleichzeitig verbindet er symbolisch das Chaotische, das Manifeste und das Geistige. Innerseelisch verbindet der Drache Unbewußtes, Bewußtes und Geistig-Göttliches.

Der Held, der mit dem Drachen kämpft, setzt sich mit dem eigenen Dunkel auseinander. Er erlebt die eigene Schattenwelt. So wird ihm bisher nicht Verfügbares verfügbar. Das gibt ihm seine unheimliche Kraft, macht ihn beinahe unverwundbar. Siegfried, der Held des mittelalterlichen Nibelungenliedes, hat gegen einen Drachen gekämpft und in seinem Blut gebadet. Dadurch ist er unverwundbar geworden bis auf jene Stelle auf der Schulter, auf der ein Lindenblatt klebte. Der heilige Ritter Georg hat einen Drachen bekämpft und dadurch die Prinzessin erlöst, die dem Untier hätte zum Fraß vorgeworfen werden sollen. Dadurch wurde der Drache gezähmt. Die Prinzessin konnte ihn an ihrem goldenen Gürtel nach Hause führen.

Was im Dunkel, im Schatten liegt, muß nicht unbedingt böse sein. In vielen Märchen hütet der Drache innere Schätze. Er bewacht mein Seelenschloß. Das Schloß ist meiner Seele als letzte Wohnung vorbereitet, dann, wenn sie ganz geworden ist, wenn Ich und Selbst identisch geworden sind. Vor diesem Schloß wachen die Drachen. Sie sind uralt – so alt wie meine Seele. In diesem Schloß verbirgt sich das geheime Wissen. Es wird mir erst zugänglich, wenn ich eingeweiht worden bin, eingeweiht in mein eigenes Selbst. Auch meine Anima wohnt in diesem Schloß. Kein anderer Ort ist als Wohnung für sie denkbar. Aschenper hat Schloß und Anima und Urwissen vernachlässigt. Die Drachen sind eingeschlafen. Moos überwächst sie, sogar ihre Ohren und Augen.

Es ist gefährlich, in die tiefsten Bereiche einzudringen. Der Instinktbereich, das Chaotische in uns – und gewiß auch in der Welt, das erfahren wir Tag für Tag – kann übermächtig werden. Es ist ja richtungslos und ungebändigt. Unkontrollierte innere Kräfte unter Kontrolle zu bringen, verlangt beharrliche Arbeit. Deshalb müssen Drachen Wache halten vor dem Chaotischen in unserer Tiefe. Aber auch diese Hüter selbst können offenbar gefährlich werden. Das Märchen stellt uns vor den bedrohlichen Bereich unserer eigenen Seele. In Bildern macht es uns darauf aufmerksam, wie behutsam wir vorgehen müssen, wenn wir uns diesem Bereich nähern wollen oder wenn er sich uns plötzlich öffnet. Wenn Aschenper die Drachen mit großen Fleischmassen nährt, kann das kaum anderes bedeuten, als daß wir auch noch die verborgensten und scheinbar bedrohlichen Helfer in uns nähren sollen, daß wir sie nicht vernachlässigen dürfen, daß wir mit ihnen in guter Verbindung sein sollen.

Das Märchenbild bleibt uns fremd. Der Kommentar tönt recht abstrakt. Woher nehme ich das Fleisch, den fetten Speck, der meine Drachen nährt? Und noch einmal: Was ist dieses Fleisch, wer oder was sind die Drachen? Das sind berechtigte, gute Fragen. Nur, die Antwort ist nicht gerade leicht.

Wenn ich mich meiner Phantasie überlasse, entstehen Märchen, Bilder, Tanzfiguren, Melodien, die das Herz hervorbringt. Wenn ich träume, malt mein Herz seine Bilder. Wenn ich Märchen lese, phantasiebestimmte Melodien höre, phantasiebestimmte Bilder betrachte, nähere ich mich auch eigenen inneren Bildern. Wenn ich still daliege oder durch wilde, kaum begangene Landschaft wandere, wenn ich vor einer überraschend sich öffnenden Weite stehe oder an anderem Leben unmittelbar teilnehme, wenn ich die Stille annehme, wenn sie mich aufnimmt, dann geschieht dieser Austausch zwischen inneren und äußeren Bildern, von dem ich schon geschrieben habe. Ich arbeite dann mit meinem Inneren. Ich öffne mich ihm. Ich lasse die Drachen aufsteigen von meinem Verborgenen zu meinem klar Vorhandenen. Ich lasse die Drachen kreisen. Das tun auch die Kinder – symbolisch –, wenn sie im Herbst ihre Papierdrachen aufsteigen lassen.

Ouroboros, der Drache, der sich in den Schwanz beißt, das Bild für den kreisenden Drachen, ist Symbol für ständige Erneuerung der Schöpfung, für Geburt und Wiedergeburt, für das immerwährende Ineinander von Chaos und Ordnung, Unbewußt- und Bewußtheit. Meine Frau hat mir einen Fingerring mit dem Ouroboros-Motiv geschenkt. Ich trage ihn immer, wenn ich weiß, daß mich Schwieriges erwartet, aber auch immer, wenn mir das Leben dunkel scheint. Mein Dunkles ist eingegliedert in das Helle, das Helle ins Dunkel.

Immer, wenn ich aus mir heraus schöpferisch bin, immer, wenn ich mit schöpferischer Arbeit anderer Beziehung aufnehme, immer wenn ich die Schöpfung sprechen lasse, gebe ich – symbolisch – meinen Drachen Fleisch, stelle ich mich an die Tore meines innersten, meines letzten Schlosses.

Neben dem Drachen gibt es dann allerdings noch den Lindwurm, der den Weg versperrt. Allgemein ist Lindwurm eine andere Bezeichnung für Drache. In diesem Märchen verkörpert der Lindwurm den negativen Drachenaspekt. Er hütet die innersten Bereiche nicht, er hält uns davon fern (10). Vom Paradies halten uns – gemäß jüdisch-christlicher Tradition – Engel mit flammenden Schwertern fern. Gemäß fernöstlicher Tradition hüten Engel das Paradies, damit es Paradies bleibt und wir zu ihm finden können (11).

Das Böse ist das, was uns an der Selbstwerdung hindert. Das gilt im innerseelischen wie im allgemeinen Lebensbereich. Darüber kann es gar keine Diskussion geben. Ich bin nicht böse, aber wenn ich mich selbst oder einen anderen Menschen – auch die Natur, den Kosmos – daran hindere, sich selbst zu finden und aus dem eigenen Selbst heraus zu leben, verhalte ich mich böse.

Aschenper braucht Reisig, Nägel und Feuer, um sich von seinen festhaltenden seelischen Tendenzen mit ihrer Faszination und ihrem Schrecken zu befreien. Seile, Schnüre, Fesseln, Knoten, Netze, Ketten, Fäden und auch Nägel sind Symbole des Bindens. Gewaltsam wird etwas festgehalten, das man loslassen müßte. Intellektuell ist dieses Loslassen vielleicht bereits geleistet. Man weiß, daß das Neue, das Größere in der eigenen Seele ruft – und trotzdem gelingt es nicht, Gewesenes, das ja auch zu einem gehört, zu entlassen. Manchmal haben wir die Gnade, und ein Reifeschritt ergibt sich natürlich, wie von der Zeit geduldig geleistet. Manchmal ist Reifen schwere

Arbeit. Und wenn ich Altes opfern will, muß ich es festnageln, bevor ich das Feuer anzünde, sonst überliste ich mich selbst, überlistet mein Ich das Selbst und läßt das Opfertier entwischen.

Noch einmal: Das Böse ist das in mir oder außerhalb von mir, was Selbstfindung und Selbsterfüllung hemmt oder sogar unmöglich macht. Das Feuer ist Symbol für das Opfer. Im Feuer verbrennt Gewesenes. Das heißt: Das Unbrennbare wird Asche, das Brennbare geht neue Verbindungen ein, besonders mit dem Sauerstoff der Luft, und wird Licht und Wärme.

Wenn Hexen oder revolutionäre Menschen verbrannt werden, wird das Symbol schrecklich mißbraucht. Ein innerer Vorgang wird – wie in anderen religiösen, politischen oder sektiererisch-pseudopsychologischen Wahnhandlungen – außen vollzogen. Dabei wird das Neue zugunsten von Altem getötet, Selbstfindung – auch in der Gesellschaft – unmöglich gemacht. Richter, Gerichtsvollzieher und die Gesellschaft verteufeln dann das nach Bewußtwerdung Drängende und lassen andere für ihre eigene so lebenswichtige Sehnsucht, deren Erfüllung sie sich nicht gönnen, nicht gönnen können, qualvoll sterben.

Der Sauerstoff der Luft ist modernes Symbol für das Geistige. Das Licht meint klare Bewußtwerdung, Aufhellung des Dunklen. Wärme ist jene Geborgenheit, in der Neues keimen, wachsen und Gestalt werden kann. Wir können uns gut vorstellen, daß die Asche das Fremde ist, es muß »abfallen«. Wärme und Licht aber stehen für das Seeleneigene, in das Aschenper sicher unter tiefsten Schmerzen hineinleiden muß.

Mit seinen schrecklichen Bildern verniedlicht das Märchen nichts. Unbarmherzig stellt es dar, was menschliches Reifen bedeutet. Da wird – entgegen gängigen Meinungen – überhaupt nichts vernebelt. Im Gegenteil, manchmal sind wir versucht, die Erbarmungslosigkeit mancher Märchenbilder zu bedauern. In diesem Märchen hier wird diese Erbarmungslosigkeit durch den Humor gemildert, der in den Gesprächen zwischen Aschenper und seinem Esel freundlich aufklingt und sogar noch die zwar heldenhaften, aber doch auch unbarmherzigen und grauslichen Taten des Köpfeabschneidens begleitet. Überhaupt erscheint das Eselchen streckenweise wie eine verständnisvolle, mit Humor ausgerüstete Therapeutin, wie ein fast freundschaftlicher Therapeut.

Bevor Aschenper den Drachen begegnet, muß er sich – ist es ein Vorspiel? – mit dem Einhorn auseinandersetzen. Auch diese erfundene Märchengestalt ist in Mythen und Legenden, Sagen und Märchen über fast die ganze Welt verbreitet: ein weißes, kraftstrotzendes Pferd, das ein langes, gedrehtes Horn auf der Stirne trägt. Dieses Horn spiegelt erneut das Widersprüchliche des Lebens. Wieder macht uns das Märchensymbol mit Eigentümlichkeiten bekannt, die es eigentlich nicht geben dürfte. Zwei Hörner müßten es doch sein. Aber in diesem einen Horn ist der Dualismus geeint.

Das weiße Pferd symbolisiert das bejahte, herrliche Leben, souverän von seinem Reiter gemeistert. Stürmt es dagegen reiterlos und wild daher, steht es für das Entfesselte, Unkontrollierte in uns, für die ungemeisterten Triebe oder die unbewältigten Instinkte, für all das Herrenlose, das aus der tiefsten Tiefe hervorbrechen kann, wenn wir uns unreif, ungeübt und ohne Hilfe dem Selbst überlassen. Niemand kann das schnaubende, wild daherbrausende Einhorn sehen. Erst wenn es, müde vom Rasen und Toben, seinen Kopf mit dem silbernen, gedrehten Horn in den Schoß einer Frau gelegt hat, wird es ruhig und sichtbar und läßt sich streicheln. Die christliche Symbolik hat diese innere Gestalt verharmlost und zum Bild der Keuschheit degradiert. Wie wenn diese schnaubende, unkontrollierte männliche, einhörnige Urkraft etwas mit Keuschheit zu tun haben könnte. Im Gegenteil eher! Aber das Bild darf nicht lappalisiert und von irgend einer Moral in Dienst genommen werden. Das Märchen jedenfalls will es anders: Die eigene elementare Kraft darf nicht vernachlässigt werden. Das Leben braucht sie. Es will keine Degeneration. Aschenper muß sein Symboltier nähren – und zwar großzügig mit ganzen Klumpen von Fleisch. So zum Freund geworden, kann das Tier eigenen Absichten dienen. Und das, was sich zu einem Berg auftürmt, kann durch seine Hilfe einen Tunnel erhalten.

Ganz deutlich verweist das Märchen auch hier wieder auf die inneren Bereiche. Die Kämpfe, die Aschenper leisten muß, finden hinter einem gewaltigen Berg statt. Er trennt ihn von seinem Innersten. Auch Schneewittchen mußte über sieben Berge wandern, bis es jene Stelle seines Herzens gefunden hatte, in der seine verkümmerten Kräfte zwergenhaft an der Arbeit waren.

Lernprozesse

Eine steile Felswand überwinden, den Umgang mit Trollen lernen, einen Berg durchbohren, mehrköpfige Riesentrolle erschlagen – das sind die Aufgaben, die Aschenper leisten muß, um sich sein Frauenbild so sichtbar zu machen, wie es wirkend in ihm ruht.

Ohne sein Eselchen, den treuen Begleiter, würde er das nie schaffen. Ein hübsches Bild, sentimental ein wenig, möchte es scheinen. Und doch – was für Gedanken gehen uns durch den Kopf, wenn wir das Bild betrachten? Hat man uns nicht – vielleicht bereits in der Kindheit, sicher aber in der Schule, im Religionsunterricht, in der Lehre oder im Studium und anschließend ohne Zweifel auch im Militärdienst, im Beruf, in der Partei und vielleicht sogar auch in der Ehe – wesentliche, ganz besonders wertvolle Eigenheiten vereselt? Wir wollen darüber nachdenken! Haben wir nicht irgendwo in unserem »Stall«, in einer dunklen, abgeschiedenen Seelenecke, dieses kleine Eselein? Haben nicht auch wir unsere Eselsseite: unsere Gutmütigkeit, unseren Humor, unsere Störrigkeit, unsere Weitsicht, unseren unbegreiflichen Mut?

Immer wieder müssen Märchenhelden das Unscheinbare wählen, weil das Unscheinbare in uns das von uns Vernachlässigte repräsentiert – die Seite von uns, die anderen dumm, ungepflegt, unberechenbar scheint, die »Eselsseite«. Die Brüder Grimm fanden ein Märchen, das sich ganz auf dieses Thema beschränkt. Es trägt den Titel *Das Eselein.* Wir haben bereits darauf hingewiesen. Das Eselein zieht von zu Hause fort. Weil es so gut musizieren kann, gewinnt es die Sympathie eines Königs und die Liebe seiner Tochter. Durch diese Liebe wird das Eselein zum Menschen erlöst (12). Das bekannte Märchen *Tischleindeckdich, Goldesel* und *Knüppel aus dem Sack* macht eindrücklich darauf aufmerksam, wie wertvoll unsere Eselsseite ist (13). Im russischen Märchen *Die Schnepfe* übernimmt ein Pferd diese Rolle. Es wiehert Gold (14).

Überhaupt besteht die Aufgabe des Märchenhelden oft darin, den Wert eines vernachlässigten Fohlens oder Pferdes zu erkennen und sich mit ihm zusammen in geforderten Abenteuern zu bewähren. Im humorvollen russischen Märchen *Iwan der Bauernsohn und das Männchen selber klein wie ein Finger, der Schnurrbart aber sieben Werst lange Dinger* muß Iwan ein Füllen zu einem stattlichen Roß großfüttern. Mit dessen Hilfe gelingt es ihm dann, einen vielköpfigen Drachen zu töten und dessen Zauberroß zu gewinnen. So wird das Motiv gleich zweimal gestaltet (15). Im unvergeßbaren Märchen *Maria Morewna* muß Iwan-Zarewitsch die wilden Fohlen der Baba Jaga hüten. Das gelingt ihm dank der hilfreichen Tiere, die er geschont hat. Darauf stiehlt Iwan der Baba Jaga das ruppige Hengstlein, das sie ihm versprochen hat. Er füttert es groß. Der tapfere Hengst hilft ihm dann, Maria Morewna aus der Kraft des Bösen zu befreien (16). Im Märchen *Das Zauberpferd* wird ein vernachlässigtes Roß, nachdem es aufgefüttert ist, zum Zauberpferd, das sich, je nach Erfordernis, in einen Adler oder in ein kleines Vöglein verwandeln kann (17). Und im russischen Märchen *Der Kosake* bringt ausgerechnet ein Fohlen den zerstückelten Kosaken zu den Schlangentöchtern, die ihn dank des Wassers des Todes wieder ganz und dank des Wassers des Lebens wieder lebendig machen (18). Hübsch ist auch das persische Märchen *Das schwarze Füllen.* Eine Stiefmutter ist neidisch auf das Füllen des Sohnes. Sie will das Füllen – die Fohlenseite, Eselsseite des jungen Menschen – töten lassen. Durch eine List kann der Sohn das Füllen aber retten. Es fliegt mit dem Prinzen fort. Bei einem Gärtner an fremdem Hof erhalten Roß und Reiter freundliche Aufnahme. Dort entwickelt sich dann eine hübsche, witzig vorgetragene Liebesgeschichte (19).

Das aus Norddeutschland überlieferte Märchen *Die Prinzessin auf dem Baum* ist unserem norwegischen Märchen *Das goldene Schloß, das in der Luft hing* nahe verwandt. Der Märchenheld, ein junger Schweinehirt, muß seine Geliebte aus der Gewalt eines Zauberers befreien. Das gelingt ihm erst, nachdem er bei einer Hexe einen schäbigen Schimmel verdient hat. Die Hexe bohrt dem Tier allerdings Löcher in die Hufe und saugt ihm durch diese Löcher das Mark aus. Aus diesem Mark backt sie einen Kuchen und schenkt ihn dem jungen Mann. Dieser merkt allerdings, was geschehen ist, und gibt dem Schimmel den Kuchen zu fressen. Jetzt erhält das Pferd seine alte Kraft zurück. Das Paar kann entfliehen (20).

Die Beispiele zeigen eindrücklich, wie wichtig es ist, wirklich alle unsere seelischen Kräfte und Fähigkeiten anzusprechen und zu nutzen. Wer sich auf seine Eselsseite verläßt, gibt bestehende Normen und Wertvorstellungen auf. Der Esel weiß das andere. Nur mit ihm gelangen wir zur Ganzheit. In andern Märchen tritt an die Stelle des Eselchens oder des mißratenen Pferdes etwa auch der Dummling (21). Weil Eselein und

Dummling anders sind als das Gewohnte, können sie auch andere, außergewöhnliche Wege finden. Aschenper – der Name verrät es – ist dem Dummling verwandt.

Die stereotype Frage des Eselchens, »Siehst du etwas«, macht Aschenper darauf aufmerksam, wirklich zu sehen, was ist, und nicht das, was man zu sehen gewohnt ist. Er muß »hinschauen« lernen. Immer wieder weicht er wacher Wahrnehmung aus. Ein Berg erscheint ihm als Wolke, ein Schloß als kleiner Stern, als Mond, als Sonne. Wir dürfen dem, was in uns ist und geschieht, nicht ausweichen. Oft kann die Hauptaufgabe einer Therapeutin, eines Therapeuten darin bestehen, hilfesuchenden Menschen hinschauen zu lehren – hinschauen auf innerseelische Vorgänge und auf Vorgänge in der Welt. Unparteiisches, nicht wertendes Wahrnehmen von inneren und äußeren Vorgängen kann schwierig sein. Um Leiden zu vermeiden, schauen wir oft gar nicht erst hin, weder auf die Welt, noch in uns hinein. Damit Schimpf und Schelte uns nicht erreichen, verschließen wir unsere Sinne. Damit Hilferufe uns nicht fordern, verschließen wir unsere Ohren. Unsere Prachtseite, der Vorzeigemensch, den wir mit unserem Namen behängen, spielt aus alter Gewohnheit mit. Unsere »dumme« Eselsseite dagegen will es anders. Siehst du etwas? Nein, es ist kein Stern, keine Wolke, nicht Mond noch Sonne – nichts von diesen romantischen Erscheinungen, an die Poetlein ihre Reimgedichte hängen. Es ist das Schloß in uns, der Lindwurm in uns, der Drache in uns, das Frauenbild in uns. Mit ihnen müssen wir uns auseinandersetzen. Hinschauen lernen, das müssen wir, und uns von unserem Eselein hintragen lassen!

Wer auf inneres Geschehen und auf äußere Ereignisse aufmerksam ist, kann auch hinschauen. Er ist empfänglich für Neues. Er erkennt wartende Möglichkeiten, andere als die gewohnten. Er rechnet nicht mehr nur mit dem Berechenbaren. Er ist auch für das nicht Kalkulierbare offen. Das schützt ihn weitgehend auch vor Depressionen.

Wie stimmt man einen Bergtroll günstig? Indem man dessen verirrtes Kind zum Trollhof bringt. Das ist tatsächlich ein guter Ratschlag. Die Trolle in uns dürfen keine »Kinder« bekommen. Und wenn schon eines da ist, soll es hübsch an der ihm zugeteilten Stelle bleiben. Offensichtlich gibt es auf unserer Seelenbühne Trollgeister. Der Troll hier haust wohl auf einem jener Seelenberge, die uns von unserer Mitte ausgrenzen. Es sind Vorposten der Riesentrolle, welche unsere Seelenschlösser unsicher machen. Wir aber müssen Regie führen auf unserer Seelenbühne und Geistern ihren Platz zuweisen, ihr Auftreten und Abtreten bestimmen.

Geister stehen für seelische Aspekte, die sich von uns abgespalten haben und selbständig geworden sind. Etwas in uns handelt, ohne daß es von unserem Bewußtsein kontrolliert wird. Vernachlässigung und Mißachtung können schuld daran sein. Oft liegt die Ursache in der Kindheit. Erziehungsmaßnahmen bei Übertretungen von Moralvorschriften lassen uns Eigenheiten, die wir mit unserer Geburt erhalten haben, so negativ beurteilen, daß wir sie vernachlässigen und schließlich nicht mehr beachten. So verlieren wir die Kontrolle über sie. In dieser Hinsicht ist Liebesentzug überaus gefährlich für die Entwicklung des Kindes. Liebesentzug ist böse. Liebesentzug hemmt die Entwicklung zum eigenständigen Menschen.

Wer Regie führt auf seiner eigenen Seelenbühne, wird reich belohnt. Er erhält Übersicht über »Requisiten« und »Schauspieler«. Die Struktur der eigenen Seele und die Personen, die sich in der Seele manifestiert haben, werden wahrnehmbar. Oft führt bereits der Entschluß zu selbständigem Entscheiden und Handeln dazu, daß uns bewußt wird, was in uns abläuft. Dann werden wir auch fähig, uns für die Eselsseiten zu entscheiden. Solche Überlegungen können gar nicht ernst genug genommen werden.

Drei Schlösser muß Aschenper besuchen, drei Trolle muß er besiegen, drei Frauen muß er befreien.

Die Bezeichnung Kupfer ist lautgeschichtlich von der Insel Zypern hergeleitet. Auf Zypern nämlich wohnte Venus, die Göttin der Schönheit. Kupfer symbolisiert Schönheit, Erotik, Zärtlichkeit.

Silber erinnert an das helle, sanfte Licht des Mondes. Es repräsentiert das weibliche Licht, steht für weibliches Erkennen. Das Licht der Nacht nimmt Einzelnes zusammen. Es wirkt synthetisch. Das Licht des Tages hebt die Dinge voneinander ab, trennt sie. Es wirkt analytisch. Weiblich bestimmtes Denken geht vom Ganzen aus. Männlich bestimmtes Denken sucht durch Zerlegen in Einzelheiten, für Einzelbereiche Verständnis zu gewinnen. Männliches Denken ist linear, logisch. Weibliches Denken ist rhythmisch und kreisend. Schrittweises Annähern und immer wieder erneutes Aufnehmen macht das zu Erkennende vertraut. Weibliches Erkennen ist Vertrautwerden.

Gold steht für die Sonne. Ihr Zeichen ist ein Kreis mit einem Punkt in der Mitte. Die goldne Sonne ist Jupiter zugeteilt, dem höchsten Gott. Da die höchste Gottheit weder männlich noch weiblich sein kann, steht das der Sonne geweihte Metall für die Vereinigung von Weiblichem und Männlichem und in diesem Sinn für Ganzheit. Von den Sonnenmenschen sagt man, sie hätten wahrhafte Träume – von Angst und Wünschen freie Träume. Deshalb dürfen Sonnenmenschen goldenen Schmuck tragen.

Die Peruaner erzählen einander gern das Märchen *Der Hirt und die Sonnenjungfrau.* In poetisch verhaltener Art schildert es die Liebe eines Sonnenmädchens zu einem Hirten, von der Sehnsucht des Göttlichen nach menschlicher Liebe, von der Sehnsucht des Menschen nach göttlicher Liebe, göttlichem Leben. In ihrer Liebe werden beide zu reinen Gestalten. Aber der Himmel duldet diese Liebe ebensowenig wie die Erde. Die Liebenden werden in Steinmonumente verwandelt. Das Märchen gehört zu den schönsten Dokumenten der Kulturgeschichte (22).

Die drei Schlösser im norwegischen Märchen repräsentieren Urformen der Liebe. Wir müssen diese Schlösser betreten, diese Formen leben: die sinnlich-erotische Liebe, die Liebe zum Mütterlichen, die Liebe, in der Männliches und Weibliches ihre Ganzheit finden. Das sind keine Reifestufen, nacheinander aufsteigend und vollkommener und vollkommener werdend. Es sind Aspekte der Liebe, die sich zusammenfinden müssen.

Von Mal zu Mal werden Aschenpers Kämpfe schwieriger. Er könnte sie nicht gewinnen, wenn ihm die Prinzessin im Kupferschloß nicht das rostige Riesenschwert schenkte. Das Schwert ist ein altes skandinavisches Symbol. Freyr, der Bruder von Freya, der Gott der Fruchtbarkeit, besitzt ein Schwert, das ganz von alleine kämpft und siegt. Auch in Mythen, Sagen und Märchen anderer früher Kulturkreise ist das Schwert Sinnbild aktiver Kraft und Symbol von Autorität, Würde, Macht, Schutz und Vernichtung. Der Kämpfer, der ein prächtiges und gutes Schwert besitzt, fühlt sich bereits dadurch überlegen.

Ganz besonders bemerkenswert ist, daß die Frau dem Mann das Schwert gibt. Die Frau gibt der Kraft und Leidenschaft, dem Machtwillen und Eroberungsdrang des Mannes Sinn und Ziel. Erst dann darf das Schwert nicht mehr rosten, darf es gebraucht werden, wenn sich der Machttrieb des Mannes mit dem Gemeinschaftstrieb der Frau zusammengefunden hat. Auch das ist eine wichtige Funktion von Liebe und Partnerschaft.

Nun ist es unmittelbar verständlich, daß Aschenper im Kupferschloß auch das kraftspendende Wasser erhält und dann das Schwert auch tatsächlich gebrauchen kann. Krug und Flasche sind Symbole für Bewahrendes und Umschließendes. Sie können auch Symbole der Gebärmutter werden. Diese Bedeutung drängt sich auch hier auf.

Im Kupferschloß trinkt Aschenper das gleiche Wasser, welches er später aus dem Brunnen im Bereich des goldenen

Schlosses schöpfen wird. Wasser symbolisiert die Urmaterie, das Ineinander und Miteinander von allem, was lebendig werden, sich individualisieren kann – das Chaos, aus dem Schöpfung entsteht und in das Lebendiges einkehrt. Dieses Mütterliche schlechthin ist Ort unserer Herkunft und unserer letzten Geborgenheit. So wird das Wasser Symbol des Toten. Was in der prima materia »schlummert«, hat sich dem Bereich entzogen, der von Lebenden erreichbar ist. Das Wasser des Todes repräsentiert diese prima materia, den Lebensgrund, das Ungeformte. Tiefenpsychologisch entspricht es dem Archetypischen, um unergründbaren, numinosen Urbereich der Seele.

Als Quelle, pulsierender Fluß und Strom ist das Wasser Symbol der Lebensenergie. Das Wasser des Lebens repräsentiert die nach lebendiger, atmender Gestalt drängenden Schöpfungskräfte und tiefenpsychologisch die gestaltenden Seelenkräfte, welche nach Anschaubarkeit und – in einer nächsten Bewußtseinsstufe – nach Begrifflichkeit streben.

Bereits als Aschenper im Kupferschloß das Urwasser trinkt, nimmt er das Mysterium des Lebens in sich auf (23). Symbolisch wird Inkarnation beschrieben, Aufnahme des göttlichen Urgesetzes in das gelebte Leben. Diese Inkarnation erst macht den Menschen wahrer Liebe fähig. In der Liebe werden Tod und Geburt, Geburt und Tod lebendige Erfahrung. Liebende finden sich fraglos, selbstverständlich ein in den Schöpfungskreis.

Trolle mit vielen Köpfen

In den nordischen Märchen wimmelt es geradezu von Troll-Ungeheuern. Immer wieder muß der Märchenheld gegen vielköpfige Trolle antreten und eine Königstochter befreien (24). In den gängigen Kommentaren lesen wir, Trolle würden für das Böse stehen. Diese Meinung teile ich auch. Ich möchte aber davor warnen, das alte Verzeichnis hervorzunehmen, in dem das Gute und das Böse schön säuberlich getrennt eingetragen sind, oder jene geradezu ungeheuerliche Wertung nachzuplappern, die zwischen guten und bösen Trieben unterscheidet. Ich darf das an einem Beispiel skizzieren:

Ich kann nicht einfach sagen: Machtausübung ist böse. Wenn ich meine Macht dazu verwende, meine Triebe im Sinne der Liebe und des Lebens zu üben, dann ist Macht gut. Wenn ich meine Macht einsetze, um bedrängten Menschen Geborgenheit zu schaffen, dann ist Macht gut. Wenn ich meine Macht nutze, um andere zu unterdrücken, Lebensmöglichkeiten zu zerstören, damit ich mich bestätigt fühle, dann ist Macht böse. Ich kann auch meine Liebe so steigern, daß der geliebte Mensch Angst haben muß, seine Eigenständigkeit und seine Eigenart zu verlieren, und deshalb »auf Distanz geht«.

Wenn wir von unserem Verständnis des Bösen ausgehen, ergibt sich, daß nicht bestimmte Menschen und nicht bestimmte Eigenheiten dieses Menschen böse sind, wohl aber, daß Menschen mit ihren Fähigkeiten böse wirken können. Daraus kann sich dann absolut Böses ergeben.

Aschenper mordet nicht. Er wendet sich gegen selbständig gewordene Aspekte seiner eigenen Seele, die verderblich wirken, weil seine Angst sie deformiert hat. Angst hindert uns daran, uns auf das Leben einzulassen. Der Troll, die Hexe, der Zauberer, der Drache halten eigene seelische Aspekte gefangen. Diese Zaubergestalten sind Bilder, zu denen sich wiederholte Angstmacher in unserem Leben manifestiert haben. Es sind immer Vertreter von traditionellen Werten, Kollektivnormen und Sinnvorstellungen. Dort, wo ich mich hätte wandeln müssen, dort, wo mich meine innere Autorität zum leider dann nicht geleisteten Aufbruch mahnte, an dieser Nahtstelle ist der Ort der Angst.

Das Märchen nennt diese Angstverursacher nicht. Es ist

kein psychologischer Ratgeber für Einzelfälle. Es zeigt Allgemeines, Grundsätzliches. Es macht uns durch die Darstellung von Trollkämpfen darauf aufmerksam, daß es oft gut ist, schnell Trennungen zu vollziehen, uns gar nicht auf lange Überlegungen einzulassen. Es genügt Aschenper, daß das Ungeheuer einen seiner Köpfe zur Tür hereinstreckt. Dann hat er genug gesehen. Er weiß, wenn das Schwert scharf und der Streich stark ist, wird es auch nicht lange weh tun. Immerhin, das »Stücklein Arbeit« macht ihn dann allerdings so müde, daß ihm die Augen zufallen und er Tag und Nacht schläft, als könne er nie mehr erwachen.

Wenn ich die Frau, die ich liebe, dem gängigen Frauenbild gegenüberstelle, dem der Reklame, der Illustrierten, der Fernsehproduzenten oder dem Frauenbild meines Vaters, dann darf ich mich ohne Bedenken nach Aschenpers Muster verhalten und die unechten, nicht zu mir gehörenden Bilder »verbrennen«, die in mir erwachten Urheber dieser Bilder mit einem Schwertstreich köpfen. Sie hindern mich daran, mich selbst zu erfüllen. Da gibt es nur den selbstverständlichen und raschen Entschluß – und alles ist »klar«. Auch nach außen muß ich mich ganz eindeutig verhalten. Die Liebe ist wichtiger als die Meinung anderer. Im Ernstfall muß ich mit Freundschaftsverlusten rechnen. Sie sind unwichtig. Ich kümmere mich nicht darum. Die Lücke wird in der Regel schon nach kurzer Zeit wertvoller wieder gefüllt.

Welchem Menschen ist nicht irgendwann einmal, ja wiederholt die Sexualität verteufelt worden – selbst, wenn sie mit verantwortender Liebe geeint war? Auf wessen Seelenbühne macht sich nicht von Zeit zu Zeit wieder der alte Verbieter groß und stark? Laß ihn seinen Kopf nicht zur Tür hereinstrecken! Hau ihm den Kopf ab! Wir wollen uns mit dem Erlauber in uns beraten, nicht mit unserem Verbieter. Dann kommen wir zu schöpferischen Entschlüssen, zu Entschlüssen auch, die von Verantwortung gegenüber dem Menschen, den wir lieben, und gegenüber uns selbst, gegenüber unserem Selbst getragen sind. Angst ist kein guter Berater. Wer Angst hat, bläst sich auf und schnaubt. Wir müssen den Angstmacher in uns köpfen, wie Aschenper den Troll. Es gibt da keinen andern Weg als den raschen Entschluß. Wenn Angst und öffentliche Meinung einmal laut geworden sind in uns, kann ein Teufelskreis beginnen, der kaum mehr zu bremsen ist. Wir wollen an Aschenper denken, an sein Lebenswasser und sein Schwert!

Manchmal ist es nicht leicht, von einem Freund, einer Freundin loszukommen, obwohl wir die Notwendigkeit einer Trennung klar sehen, obwohl wir vielleicht sogar von zuverlässigen, uns gut gesinnten Menschen in diesem Streben unterstützt werden. Wenn wir nicht den ganzen Menschen lieben, kann die Liebe dämonisch werden. Wir können gerade einer solchen Liebe verfallen. In der Regel ist es ja so, daß uns diese Liebe über eigene Minderwertigkeitsgefühle oder sogar Schuldgefühle hinweghilft. In der Leidenschaft für den anderen Menschen, von dem wir meinen, wir würden ihn lieben, werden Schuldgefühle und Gefühle der Minderwertigkeit zugedeckt. In einer solchen Beziehung füllt jedes dem anderen gegenseitig Lücken und Löcher auf. Durch eine Trennung werden diese Lücken und Löcher wieder sichtbar. Bei einer Trennung leiden beide weniger am Verlust des anderen als vielmehr an den nun wieder bloß liegenden eigenen Schwachstellen. Das kann dann so weit gehen, daß beide immer wieder zusammenfinden. Und der Prozeß beginnt jeweils wieder von neuem: Genuß der körperlichen Lust, Genuß der gegenseitigen Bestätigung in Teilbereichen, Innewerden der Schwächen im andern und gleichzeitig auch in einem selbst, Schmerz, Leiden und neue Trennung. Wäre es da nicht besser, sich an Aschenper zu erinnern und den Schmerz durch eine schnelle Trennung so kurz wie möglich zu machen und Platz zu schaffen für eine Liebe, die den ganzen Menschen meint? Liebe, die sich an Einzelaspekte hält, wirkt dämonisch (25).

Liebe ist nicht einfach der »Ort«, um Kindheitslöcher aufzufüllen. Der andere Mensch hat nicht einfach die Aufgabe, das zu geben, was in der Kindheit nicht zu bekommen war. Anerkennung zum Beispiel oder Zärtlichkeit. Liebe meint unendlich viel mehr als diese Einzelaspekte. Sie meint das Abenteuer der eigenen Individualität und der Individualität des Menschen, den wir lieben, und sie meint das Leben an sich. Das schließt Anerkennung und Zärtlichkeit ein – aber nicht als isoliertes Geschenk, sondern mit einbezogen in das unendliche Spektrum der ganzen Liebe. Aschenpers Schwertstreich verhindert den Teufelskreis dämonischer Liebe und befreit zur Möglichkeit erfüllter Liebe.

Mitten in dem Entschluß junger, liebender Menschen zu gemeinsamer Lebensgestaltung kann blitzhaft die Angst vor der Zukunft aufbrechen. Was geschieht, wenn ich plötzlich meinen Arbeitsplatz verliere oder wenn ich krank, durch einen Unfall gar invalid werde?

Ich nehme Aschenpers Schwert. Ich schlage diesem Troll den Kopf ab, gehorche, zusammen mit meiner Partnerin, meinem Partner, dem Willen und dem Gesetz der Liebe. Wenn die Liebe durch das Selbst geht – die Ganzheit des Partners, der Partnerin und die eigene Ganzheit meint – findet sie den Weg durch das Leben.

Wir müssen aufmerksam sein. Es gibt viele Trolle. Alle haben wieder andere Namen. Sie werden früh ausgebildet, sehr früh und unbewußt bereits durch das Trauma der Geburt und wenig später durch wiederholte negative Erziehungsmaßnahmen und negatives Beziehungsverhalten von Vater und Mutter. Auch eigene sexuelle Entdeckungen und Forschungen im Kindesalter können zu Angsterlebnissen führen, durch welche »Trollgestalten« erzeugt werden. Trotzdem wollen wir doch vorsichtig umgehen mit Aschenpers Heldenschwert! Ganz blind und ganz unüberlegt dürfen wir nicht dreinschlagen. Wir wollen genau hinschauen und uns vergewissern, ob es tatsächlich ein Troll ist – und auch, ob ein einziger Schwertstreich genügen kann.

Ritter Röd

Die Prinzessin im silbernen Schloß liegt in todesähnlichem Schlaf und muß mit dem Wasser des Lebens besprengt werden. Wir haben das Silber als Symbol des weiblichen Prinzips erfahren – im Denken, im Fühlen und im Handeln, aber auch als Prinzip, das sich im Ouroboros-Kreis in rhythmischen Zyklen erfüllt. Aschenper hat sich in seinen Heldenkämpfen als Mann profiliert, als beharrlich vorwärtsschreitender Kämpfer und Sieger. Da mußte das Weibliche in ihm einschlafen. Durch die Begegnung mit seinem inneren Frauenbild – mit seiner Anima – gelangt er zur eigenen Lebensquelle in sich selbst. Er findet die Kraft und das Urelement des Lebens, um Fremdes »abzuwaschen« und Erstarrtes zu beleben. Das tote Weibliche wird lebendig, darf wirken in der Seele.

Wenn ein Mensch die gegengeschlechtliche Seite in sich vernachlässigt und schließlich sterben läßt, dann stirbt er seelisch selber. Das zeigen Märchen immer wieder in erbarmungslosen Bildern. In unserem Märchen hier bleibt das Bild exakt beim Faktum. Die Prinzessin im silbernen Schloß liegt im Todesschlaf. Der Mann muß sie erlösen. Dazu braucht er offenen Zugang zum Frauenbild in seiner Seele. Wenn sich ihm dieser Zugang erschließt, fließt auch die Lebensquelle in ihm. Er ist lebendig. Ein klarer, sauber gezeichneter psychischer Lebensweg. Der König in der Seele, der Vertreter des Selbst, belohnt dafür. Wer diesen Weg gegangen ist, verfügt über mehr Aspekte seiner Seele als vorher. Er ist mehr er selbst. Er ist nun tatsächlich reich. Und er ist auch selbständig geworden – ein großer Herr: der Regisseur über die eigene Seelenbühne.

Und nun, genau jetzt, da doch alles gut sein müßte, erscheint Ritter Röd. Ritter Röd ist eine charakteristische Märchengestalt Norwegens. In der Regel tritt er erst gegen den Schluß der Märchenhandlung auf, oder doch gegen Schluß einer bestimmten Märchenszene. Er will ernten, was der Held in langen Abenteuern erreicht hat. Er trägt schmucke Kleider, gibt sich großsprecherisch als Ritter aus und scheut sich nicht vor gemeiner Gewalt. Er will den Helden an seiner Selbsterfüllung hindern und wirkt deshalb böse. Wir müssen auch ihn als innere Gestalt verstehen.

Der Ritter Röd will quasi die »Vermünzung« des Erreichten. Was der Held innerlich an sich gearbeitet, mit sich selbst erreicht hat, das soll sich nun außen belohnt machen – durch Ansehen in der Gesellschaft, Eingehen in einen höheren Stand, mehr Güter, mehr Macht zum Beispiel. Dadurch würden neue Leistungen, würde weiteres inneres Wachsen und Reifen gehemmt. Ritter Röd will ein großer Mann sein, den die anderen beneiden. Das aber wäre der Tod des Helden. In unserem Märchen geht denn Ritter Röd auch ganz besonders gemein vor. Er heiratet die älteste der drei Prinzessinnen und bringt sie dazu, Aschenper mit Todeswasser zu besprengen. Ja, der Held ist tot. Das Märchen berichtet das furchtbare Geschehen in nur wenig Zeilen.

Wir erinnern uns: Die älteste Prinzessin wohnte im kupfernen Schloß. Sie symbolisiert Schönheit, erotische Freude, den lustvollen Aspekt der Liebe. Wäre es nicht auch für Aschenper leichter, sich auf die schöne und spielerische Art der Liebe zu beschränken? Die Prinzessin im goldenen Schloß, so schön sie ist, verlangt dagegen das ganze Leben – nicht als Besitz, gewiß nicht, aber als Einsatz. Die ganze Lebensgestaltung muß neu sein. Kann dieses Einbeziehen des Weiblichen in alles, was gestaltet werden muß, in die Familie, in die Arbeit, ja sogar in die Erholungszeit, überhaupt geleistet werden? Das setzt einen großen Menschen voraus. Wird der solchermaßen gereifte, gewandelte Mann dann mit seiner neuen Art und seiner neuen Arbeit bei den anderen ankommen?

Wenn Aschenper vor diesem Schritt zurückweicht, dann ist es mit ihm geschehen. Dann ist nicht nur eine Seite in ihm tot, dann hat er verspielt, ganz. Dann ist es aus. Dann gibt es diesen Menschen mit diesem Namen nicht mehr, höchstens noch ein Massenprodukt. Der Schöpfungswille oder Schöpfungszufall – die Wortwahl ist in diesem Zusammenhang unzulänglich – ist, was dieses Einzelleben betrifft, vertan.

Warum mußte die Prinzessin im goldenen Schloß überhaupt drei Jahre lang fern bleiben? War die Zeit noch immer nicht reif für diese Liebe? Wurde sie bloß als Möglichkeit geahnt? Allerdings, ein Fetzchen Stoff, ein Fetzchen Erinnerung bleibt noch, ein Stückchen Kleid, das mitteilt, wie Liebe sein müßte, was Weibliches ist.

Nicht alles läßt sich mit einem Streich des Heldenschwertes lösen. Radikalkuren können gut sein. Wir haben Beispiele dafür gezeigt. Allheilmittel sind sie nicht. Manches, vor allem das ganz Entscheidende, braucht seine Zeit, braucht meinen Schlaf, meine Ruhe, die Regeneration meiner Kräfte. In meiner Seele geschieht manches von selbst, vorausgesetzt, ich gewähre ihr die dafür notwendige Zeit. Manchmal muß der Held in mir schlafen, damit das Kind in mir wachsen kann.

Das Kind ist schon drei Jahre alt. Mehr als drei Jahre sind es her, seit Aschenper seiner Anima begegnet ist. Drei Jahre lang ist nun das Neue in ihm vorbereitet, gewachsen, recht groß geworden. Nach drei Jahren hat sich das seelische Organ, das die Psychologie Anima nennt, weiter entwickelt, ist so erstarkt, daß es sich Aschenper im Bild der Kapitänin eines voll ausgerüsteten Kriegsschiffes zeigen kann. Er selber ist aber noch immer recht unsicher. Er greift zu alten Rollen, die ihm eingeübt worden sind, die er sich eingeübt hat: Bücklinge, Kratzfüße (Verbeugungen) und Schönrednerei nach dem Muster eines geschliffenen Ritters Röd. Diese alten Rollen sind unbrauchbar. Sie halten dem Neuen nicht stand.

Der goldene Apfel ist Sinnbild des kostbaren Selbst. Mein Ganzes, das, was das Leben mit mir meint, was die Schöpfung mit mir will, mein individueller Ausdruck des Göttlichen, das ist jetzt gemeint, nichts anderes. Der Augenblick ist da. Er ist unausweislich. Es ist der Augenblick, auf den hin mein Leben ausgerichtet ist. Es gibt jetzt nur dieses Entweder-Oder, nichts anderes. Entweder ich wähle mein Selbst, ich entscheide mich zu meinem Ganzen – oder zu nichts. Mein (symbolisches) Kind, meine Zukunft bricht in die Gegenwart ein, meint mein Ganzes. Meine Zukunft ist jetzt. Zukunft ist immer jetzt. Meine Zukunft ist (symbolisch) der »goldne Apfel«. Es gibt keine andere wirklich lebendige Zukunft.

Auch Ritter Röd lebt weiter. Ich werde mich ihm stellen müssen, von Arbeit zu Arbeit, von Stufe zu Stufe meines Reifens zum Leben. Die Personen, die sich auf meiner Seelenbühne manifestiert haben, kann ich nicht töten. Aber ich kann, ich muß ihr Wirken bestimmen. Vielleicht brauche ich tatsächlich auch einmal diesen Ritter, brauche ich Äußerliches. Ich lebe ja ebenso in der Außenwelt wie in der Innenwelt.

Warum muß dann ausgerechnet die Eselsseite in mir sterben? Der Tod des Helfers ist der Freundin, dem Freund der Märchen nicht ganz unbekannt. Das Motiv taucht da und dort auf, zum Beispiel auch am Schluß des Märchens *Die Prinzessin auf dem Baum* (26). Hier verläuft die Schlußhandlung fast parallel, nur daß dem Helden und der Prinzessin zwei Pferde entscheidend geholfen haben. Die entsprechende Stelle lautet:

»Eines Tages fielen ihm seine beiden Schimmel ein, und er ging in den Stall hinab, wo sie untergebracht waren. Da sprach der vierbeinige Schimmel zu ihm: »Mein Schwesterchen und ich haben dir geholfen, nun hilf du auch uns. Zieh dein Schwert und schlag uns das Haupt ab.« Antwortete der junge König: »Das werde ich bleiben lassen; ich habe euch viel zu lieb, und so lohnt man seinen Freunden nicht.« »Wenn du mir nicht gehorchen willst«, sprach der Schimmel, »so schaffen wir dir Unglück über Unglück auf den Hals.« Das wollte der junge König nun auch nicht haben, drum zog er das Schwert aus der Scheide und schlug damit den beiden Schimmeln die Köpfe ab. Kaum hatte er das getan, so stand ein stattlicher Prinz und eine wunderschöne Prinzessin vor ihm, die bedankten sich, daß er sie erlöst habe. Derselbe alte Jäger, der die junge Königin auf den Baum verwünscht, hatte auch sie in Pferde verwandelt; nun aber waren sie und ihr ganzes Reich von dem Zauber erlöst, und die ganzen großen Wälder, in denen der alte Jäger sein Wesen getrieben hatte, waren mit erlöst und jetzt Städte und Dörfer, Mühlen und Seen geworden, und der Prinz und die Prinzessin waren Herrscher über das ganze Land. Sie blieben noch eine Zeitlang bei ihrem Erlöser und seiner Frau, dann zogen sie in ihr eigenes Königreich...« (27).

Die Bilderreihe ist recht klar. Aschenper mußte sich auf die vernachlässigten Aspekte seiner Seele besinnen und mit diesen arbeiten. Auch auf der neuen Reifestufe dürfen diese Aspekte nicht wieder vernachlässigt werden. Sie müssen die Wandlung mitmachen. Die »dumme Eselsseite« muß bewußt und dadurch unmittelbar verfügbar werden. Das zeigt das Märchen durch die Ablösung des Tierbildes durch das Menschenbild. Der neue Helfer erhält dann auch ganz konkrete Funktionen im Riesenreich der Seele. Er heiratet seine Prinzessin und verwaltet mit ihr zusammen sein Gebiet.

Es geht tatsächlich darum, eigene Aspekte so sterben zu lassen, daß neue Geburt möglich wird. Wer sich dem Leben aussetzt, stellt sich dem Ouroboros-Kreis von Geburt und Tod und neuer Geburt. Im Blick auf diesen Kreis, im Bewußtwerden der geradezu unendlichen Generationenfolgen erschließt sich uns das Wissen um die unsterbliche Energie – und die Angst vor dem Sterben schwindet. Der Ouroboros-Kreis wirkt in unser Leben hinein und macht jeden Lebensaugenblick zur einmaligen Kostbarkeit. Die unendliche Dimension des vergänglichen Augenblicks ist seine Unwiederholbarkeit. Aus ihr erhält Leben Tiefe. Das ist seine Transzendenz. In der Erfahrung des Vergänglichen werden wir offen für das Absolute, für das weder Raum noch Zeit genügen kann.

Das Leben unseres Körpers spiegelt das ewige Leben. Unser Bewußtsein muß ewiges Bewußtsein sein. In der Erfahrung der Begrenzung bricht der Wille ein, Beschränkungen zu durchbrechen und Zugang zum Urwissen zu schaffen. Das ist ein ständig sich wiederholender seelischer Reifeprozeß.

Immer wieder müssen seelische Aspekte aus dem Schatten ins Licht treten. Je mehr Bereiche unserer Seele uns bewußt sind, desto größer und sinnvoller wird unser Leben. »Das Bestreben nach Ganzheit ist eine in uns angelegte dynamische Energie und Richtung, die jenseits unseres Verstandeswissens und auch jenseits unserer emotionalen Bewertungen eine lebendig wirksame Kraft darstellt (28). Umfassendere Bewußtheit macht vorher unbeachtete seelische Aspekte verfügbar. Das Ausklammern von Lebensinhalten – auf welcher Ebene auch immer – verunmöglicht Identität. Unsicherheit wäre die Folge. Das Selbstwertgefühl würde krank. Das gilt selbstredend auch für die Vernachlässigung der männlichen oder weiblichen Seite.

Das Märchen braucht für diesen Zusammenhang ein sprechendes Bild: Das Schloß, das in der Luft hing, steht jetzt auf der Erde, wird eigentlicher Besitz, verfügbarer Reichtum. Das ist wie mit dem Wechsel vom Paradies zum Acker, welchen das erste Menschenpaar in der alttestamentlichen Legende vollziehen muß. Meine Drachen müssen mir, so zeigt es unser Märchen, das Schloß nicht mehr aus entferntesten Räumen herholen. Meine Seele kann durch die Räume ihres Schlosses gehen, kann alle ihre Bereiche leben.

Das Leben erhält Sinn, wenn es mit allen menschlichen Erfahrungsmöglichkeiten wahrgenommen und auf allen Ebenen, in allen Bereichen gelebt wird. Das ist das Ziel – nicht das Paradies. Ich werde – wie Aschenper – kreative Gestalterin, kreativer Gestalter des Schicksals (29). Ich bin kongruent mit mir selbst. Meine weibliche und meine männliche Seite ergänzen einander nicht einfach so, sie sind ineinander integriert. Ich bin lebendig. Gerade mein Lebendigstes, das, was mich letztlich ausmacht, ist durch den Tod gegangen. Jetzt steht mir das Unbekannte offen, das weit über das gängige und auch weit über mein bisheriges Menschen- und Gottesbild hinausweist – weit und immer weiter.

Bedingungen und Stufen der Liebe

Das norwegische Märchen *Das goldene Schloß, das in der Luft hing* läßt uns nicht los. Faszinierende Bilder tragen uns durch das atemlose Geschehen, welches die Liebe meint. Aber – das haben die bisherigen Ausführungen gezeigt – wir können es erst verstehen, wenn wir uns den einzelnen, in ungewohnter Dichte einander zugeordneten Symbolen widmen. Dabei ergibt sich leider die Gefahr, daß wir über bedeutsamen Einzelheiten das Ganze aus den Augen verlieren. Wir müssen uns deshalb immer wieder die Strukturen dieser mächtigen Komposition vergegenwärtigen.

Ein junger Mensch, verachtet und verlacht von seiner Umgebung, macht sich auf, sein Glück zu suchen. Er findet es, nachdem er Welt und Kosmos durchmessen und selbst durch den Tod hindurchgegangen und seinerseits von der Frau, die ihm auf geheimnisvolle Weise von Anfang an bestimmt war, gefunden worden ist. Eine bezaubernde Liebesgeschichte, ein handlungsreiches Schauspiel. Wunderbar erscheint es uns, unwirklich ganz und gar. Aber es würde uns kaum so fesseln, wenn wir nicht spürten, nicht schon nach den ersten paar Sätzen wüßten, daß der Schauplatz dieses Spieles die Seele, daß die handelnden Personen Aspekte von uns selber sind. Aus diesem Wissen heraus erklärt sich die Spannung, die uns erfüllt.

Die Bilder dieses Märchens sind keine modernen Verfremdungseffekte, die uns zurücktreten, Distanz gewinnen und kühl überlegen lassen. Im Gegenteil! Die Märchensymbole ergreifen uns und führen uns in die Mitte der eigenen Seele, ins Zentrum unseres Lebens, dorthin, wo die Entscheidungen getroffen werden, welche die eigene Wahrheit meinen, die Existenz.

Aus drei Hauptteilen baut sich das Geschehen auf. Im ersten Teil geht es darum, die Welt der Instinkte kennenzulernen und sie zu ordnen. Aschenper macht sich das vererbte Seelengut verfügbar. Er striegelt die Hengste, so wie andere Märchenheldinnen etwa ihre goldene Haarfülle kämmen, aufstecken, zopfen, ordnen (30). Märchenheldinnen und Märchenhelden, die sich kämmen, bringen Ordnung in die Welt der Gedanken. Aschenper, der die Pferde striegelt und pflegt, bringt Ordnung in das ererbte, bis jetzt kaum gebrauchte Seelengut. Wir haben es mit unserer Geburt erhalten – von unseren Eltern, von unseren Vorfahren bis zurück zu den ersten Menschen im wilden Steppenland, bis zurück zu den Tieren. Dieses Instinktgut will uns leiten, wenn wir nicht überlegen können, in Gefahr oder Begeisterung, in der Ekstase. Aber unsere Instinkte leisten das nur, wenn wir sie beachten und üben. Pferd und Esel verkörpern solche Instinktseiten, sie leiten Aschenper, wenn er sich ihnen überläßt. Das vererbte Seelengut enthält älteste Weisheit. Die frühen Menschen und erst recht die Tiere haben ihr Wissen nicht in durchformulierter Sprache, nicht in der Form von durchdachten Abhandlungen gespeichert, wohl aber als Bilder. Es sind die archetypischen, allen Kulturen, allen Zeiten gemeinsamen Urbilder des Lebens und der Liebe, der Begeisterung und der Trauer, der Feindschaft und des Todes, des Bewährens und immer wieder neu Lebendigseins (31).

Nachdem Aschenper seiner Anima begegnet ist, seinem persönlichen weiblichen Seelenbild, erschließt sich ihm auch die übrige Welt der eigenen Seele und erschließen sich die inneren Symbolpersonen, die sich darin manifestiert haben. Er erkennt die Große Mutter. Er erfährt Kraft und Angemessenheit des Schicksals, das im Bild des Knäuels vor ihn hintritt. Er findet Freundschaft mit den eigenen helfenden Seelenkräften, die durch Rabe und Einhorn symbolisiert werden.

Die Urbereiche der Seele sind durch einen hohen Berg von anderen Seelenbereichen getrennt. Wer hat diesen Berg aufgeworfen? Was trennt von den Quellen des Lebens? Das Märchen beantwortet die Fragen nicht direkt. Aber wir erinnern uns an die Rolle, welche Aschenpers Brüder spielten. Sie lachten ihn aus, schimpften ihn Esel, sagten, er sei dumm. Vom Vater hören wir nur, daß er arm gewesen ist. Offensichtlich konnte er die Seele seines Kindes nicht »nähren«. Von der Mutter vernehmen wir gar nichts. Ohne mütterliche Wärme, Zärtlichkeit, Geborgenheit und Liebe muß Aschenper aufgewachsen sein und ohne den Ansporn durch den Mut des Vaters, durch sein Wissen, seine Gewandtheit und seine Fertigkeiten. In dieser ausgetrockneten Lebensdürre werden die Zugänge zum eigenen Herzen versperrt.

Heute, in unserer Welt sperrt uns auch noch vieles andere vom Urbereich unserer eigenen Seele aus. Es ist gut, sich das zu überlegen. Es ist wichtig, diesen persönlichen »Berg« kennenzulernen. Noch wichtiger aber ist es, meint das Märchen, sich auf die eigene Kraft zu besinnen, sie vertrauend zu fördern und wie ein schnaubendes Einhorn den Tunnel zu graben. Dieses Vertrauen und diesen Mut schenkt uns das Märchen mit seinen Bildern. Sie sind ganz anders, diese Bilder, als jene im russischen Märchen *Die Zarentochter Frosch.* Aber eigentlich meinen sie dasselbe. Die Erschließung der eigenen instinkthaften Seelentiefe, unserer symbolischen Tierseite, ist Voraussetzung für umfassende, ganze Liebe.

Im zweiten Teil des Märchens lernen wir die Urformen der Liebe kennen. Aschenper, der Mensch in uns, der am eigenen Herdfeuer sitzt und die Flammen hochbläst, der Freund in uns, unser »Zwillingsbruder«, bewegt sich nun ganz im tiefsten, unbekanntesten Seelenland. Es dehnt sich kosmisch weit aus. In abenteuerlichen Fahrten erreicht er die Schlösser »am Himmel des Herzens«. Der Ausdruck könnte poetisch-sentimental klingen. Wir müssen ihn aber ganz ernst nehmen – als Bezeichnung für das Unbegrenzte der Seele und als Ausdruck der Gewißheit, daß in uns weitläufige Schloßanlagen zum Aufenthalt vorbereitet sind. Und in jeder dieser Schloßanlagen wartet ein Bild der Liebe.

Der König in Aschenper – und auch in uns – verkörpert die von allem Väterlichen seit Urzeiten und besonders stark seit unserer Lebenszeit geprägte innere Autorität, welche will, daß wir das, was wir als inneres Bild der Liebe erfahren, in unserem Leben und auf dieser Welt Wirklichkeit werden lassen. Das muß ein Hauptauftrag, ein Hauptsinn unseres individuellen Lebens sein, innere Erfahrungen in der Welt lebendig werden zu lassen. Das ist Schöpfungssinn im eigentlichen Sinne. Aschenper muß das kupferne und das silberne Schloß auf die Erde stellen, nebeneinander, und miteinander vergleichen.

Wir erinnern uns: Das kupferne Schloß symbolisiert die Liebe, welche die Schönheit des Körpers, Erotik und Zärtlichkeit meint. Das silberne Schloß meint jene Liebe, die von Weiblichkeit und Mütterlichkeit geprägt wird. Beide Schlösser (und auch das dritte, das goldene Schloß) sind im Märchen menschenleer. Noch keine der Personen, die Aspekte von Aschenper verkörpern könnten, haben darin gewohnt. Alles ist neu. Alles ist auf eine einzige Gestalt vereinigt – auf eine Prinzessin. Sie wird, sie soll Königin werden, Partner und Dienerschaft haben – im Miteinander über alle Aspekte der eigenen, reifen Persönlichkeit verfügen.

Das goldene Schloß kann nicht auf die Erde gebracht werden – auch symbolisch im Märchen nicht. Das Ideal läßt sich nicht verwirklichen, das Göttliche nicht profanieren. Das Ideal können wir erkennen. Wir können Zeugnis von ihm ablegen, ihm unser Leben widmen. Das goldene Schloß meint die Liebe, die alles umfaßt – nicht dämonische, wohl aber ganze Liebe. Das ist das Glück, das Aschenper suchte, zu dem er von der Frau gefunden wird, der Frau, die er als Bild Zeit seines Lebens in sich getragen hat.

Gemäß diesem Märchen wird jedes Schloß – jeder Liebesbereich – von Trollen beherrscht. Jeder Liebesbereich ist »vertrollt«, verwünscht, verteufelt. Je erfüllter Liebe ist, desto vertrollter ist sie. Das ist ein schrecklicher, jämmerlicher, grauenhafter und leider auch erbarmungslos ehrlicher Befund. Märchen, echte Märchen sind in der Regel keine Kindergeschichten! Es sind Geschichten für Menschen, die unterwegs zu ihrer Reife sind.

Aschenper lernt – im Bild des Drachens – schützende, hilfreiche Seelenkräfte erkennen und pflegen. Er lernt – im Bild des Lindwurms – abspaltende, böse wirkende eigene (und wohl auch fremde) seelische Tendenzen wahrnehmen und symbolisch verbrennen. Verbrennen meint letztmögliche Wandlung, mutiges Opfern von Abgelebtem und mutige Bereitschaft zu Neuem. Und schließlich lernt Aschenper – im Bild der Scheusale – das Seelenfeindliche und Lebensfeindliche überlisten und töten.

Dieses Lernen ist gemäß unserem norwegischen Märchen

die zweite große Voraussetzung für erfüllte, alles umfassende Liebe.

Im dritten Teil des Märchens begegnet Aschenper, begegnen wir mit ihm, der Versuchung, erleiden wir Tod und neue Lebenswirklichkeit. Erst dieser dritte Teil macht das Märchen zum Kunstwerk ersten Ranges. Wir sind nie am Ziel. Wenn wir es meinen, erwacht der Ritter Röd in uns. Ritter Röd will ernten. Das Märchen aber will, die Bilder in uns wollen neues Reifen. Wer sich am Ziel meint, sich niedersetzt und genießt, ist tot. Wer sich nicht mehr verändert, erstarrt. Leben ist Wandlung – fortgesetzt, immer. Wer erstarrt, braucht die Hilfe des Menschen, der ihn liebt. Dieser liebende Mensch wird das Lebenswasser spenden, das sein Partner, seine Partnerin selber an der Quelle geschöpft hat, und zu neuen Wandlungen erlösen.

In jeder tiefen, von Liebe geprägten und getragenen Gemeinschaft kommt es zu diesem reziproken Vorgang, daß uns die Liebende, der Liebende genau mit dem aus Erstarrung, Verkrampfung, Sattheit erlöst, das wir selber erreicht haben. Das zeichnet der Märchenschluß besonders eindrücklich. Wir wollen uns das einprägen! Wenn ich erlahme, erstarre, wenn ich »was Gut's in Ruhe schmause«, wie Goethe es in seinem *Faust* formuliert (32), dann bringt mir meine Partnerin, mein Parntner genau das, was ich selber als lebensfördernd, lebensspendend in langen Prozessen »gefunden« habe, macht es mir lebendig und macht mich selber dadurch lebendig.

Auf ihrer schwierigsten Reifestufe meint Liebe gemäß diesem Märchen, sich selbst wandeln und den geliebten Menschen durch Wandlungen begleiten, ihn in seinen Wandlungen fördern – lebendig sein.

Vielleicht wäre es einfach, Ritter Röd und die Prinzessin aus dem kupfernen Schloß foltern und schließlich sterben zu lassen. Auf diese Weise würde das Märchen wahrscheinlich leidvolle Verdrängungsprozesse malen. Aber das Märchen weiß, unsere inneren Bilder wissen, daß Ritter Röd und die »kupferne Prinzessin« innere Gestalten sind, mit denen wir leben müssen, die wir in unserem Lebendigsein brauchen, die uns dienen. Gewiß, wir werden auch diese Art der Liebe brauchen. Sie wird uns beleben. Wir werden auch diesen Ritter Röd in uns brauchen. Er kann uns in dieser Welt wohl dienen – vorausgesetzt, wir wissen ihn einzusetzen auf der Bühne des Lebens, abtreten zu lassen zur rechten Zeit von der Bühne des Lebens.

Der ganze Reichtum des Lebens ist von diesem Märchen gemeint – alle fördernden seelischen Möglichkeiten, alle Möglichkeiten der Liebe.

Wirken

Schöpferisch werden auf langem Weg

Estnisches Märchen

Die Goldspinnerinnen

Ich will eine Geschichte aus der Vorzeit erzählen, als noch Felder, Wiesen und Wald von der Weisheitssprache der Vierfüßer und der Gefiederten wiederhallten. Damals lebte in einem tiefen Walde eine lahme Alte mit drei frischen Töchtern. Ihre Hütte lag im Dickicht versteckt. Die Töchter blühten wie Blumen so schön. Besonders fein war die jüngste Schwester, zierlich wie ein Bohnenschötchen. Aber in dieser Einsamkeit gab es keine anderen Betrachter als am Tage die Sonne und bei Nacht der Mond und die Augen der Sterne.

Die alte Mutter hielt die Mädchen vom Morgen bis zum Abend zur Arbeit an. Tag für Tag mußten sie am Spinnrocken sitzen und Goldflachs zu Garn spinnen. War die Kunkel abgesponnen, wurde sofort eine neue aufgesetzt, und das Garn mußte schön regelmäßig und fein sein. Das fertige Garn verwahrte die Mutter in einer geheimen Kammer, wohin die Töchter ihren Fuß nicht setzen durften. Woher der Goldflachs ins Haus gebracht wurde oder zu was für einem Gewebe die Garne versponnen wurden, erfuhren die Spinnerinnen nicht.

Zwei- oder dreimal im Sommer machte die Alte eine Reise. Die Töchter wußten nicht wohin. Sie blieb jeweilen über eine Woche weg und kam immer erst in der Nacht zurück. So erfuhren die Töchter nie, was sie mitbrachte. Bevor sie abreiste, teilte sie jedesmal für so viele Tage Arbeit aus, wie sie ausbleiben würde.

Jetzt war wieder die Zeit da, wo die Alte ihre Wanderung unternehmen wollte. Sie teilte jedem Mädchen Gespinst für sechs Tage aus und schärfte jedem einzelnen ein, die Augen nicht schweifen zu lassen und die Finger geschickt zu halten, damit der Faden in der Spule nicht reiße – sonst würde der Glanz des Goldgarns verschwinden.

Am dritten Tag nach der Abreise ereignete sich ein unerwarteter Vorfall, der den Töchtern anfangs Schrecken, dann Freude und Glück, für lange Zeit aber Kummer bereiten sollte. Der Sohn eines Königs hatte seine Begleiter beim Verfolgen des Wildes verloren und sich so weit im Walde verirrt, daß ihn weder das Gebell der Hunde noch der Klang der Hörner erreichte. Alles Rufen half nichts. Ermüdet und verdrießlich stieg der königliche Jüngling schließlich vom Pferde, um im Schatten eines Gebüsches auszuruhen. Als er endlich wieder erwachte, stand die Sonne schon niedrig. Von neuem suchte er in die Kreuz und in die Quere. Schließlich entdeckte er einen schmalen Fußpfad. Er führte zur Hütte der lahmen Alten.

Die Töchter erschraken, als sie plötzlich den fremden Mann sahen. Nach der Arbeit aber und in der Kühle des Abends befreundeten sie sich mit ihm und blieben lange beisammen. Als sich die ältesten Schwestern dann endlich schlafen gelegt hatten, saß die Jüngste noch mit dem Gaste auf der Türschwelle. Und es kam ihnen die ganze Nacht kein Schlaf in die Augen.

Während die beiden im Glanz des Mondes und der Sterne einander ihr Herz öffnen und süße Gespräche führen, wollen wir uns nach den Jägern umsehen. Unermüdlich hatten sie den Wald nach allen Seiten durchsucht. Schließlich wurden zwei Männer in die Stadt zurückgeschickt, um die traurige Botschaft zu überbringen, während die übrigen unter einer breitästigen Fichte ihr Nachtlager aufschlugen. Der König befahl sofort, am nächsten Morgen ein Regiment zu Fuß und eines zu Pferd ausrücken zu lassen, um seinen Sohn zu suchen. Erst am dritten Tag entdeckten auch sie den Pfad zur Waldhütte.

Dem Königssohn war allerdings die Zeit in Gesellschaft der Mädchen nicht lang geworden. Bevor er Abschied nahm, versprach er heimlich der jüngsten Tochter, daß er in kurzer Zeit wiederkommen und sie dann mit sich nehmen und zu seiner Gemahlin machen werde.

Nachdem der Königssohn fortgegangen war, setzte sich die jüngste Tochter wieder an den Rocken. Voller Entsetzen mußte sie sehen, daß der Faden gerissen war. Zwar knüpfte sie die Enden in Kreuzknoten wieder zusammen, aber das Goldgarn hatte seinen früheren Glanz verloren.

In derselben Nacht kam die Alte nach Hause. Als sie am Morgen in die Stube trat, erkannte sie augenblicklich, was geschehen war. Dank ihrer Schläue brachte sie alles heraus. Nun begann das alte Weib, so gräßlich zu fluchen, als wollte sie Himmel und Erde mit ihren Verwünschungen verfinstern. Zuletzt drohte sie, dem Jüngling den Hals zu brechen und sein Fleisch den wilden Tieren vorzuwerfen, wenn er sich noch einmal zeigen sollte.

Die jüngste Tochter fand den ganzen Tag keine Ruhe und konnte auch in der folgenden Nacht kein Auge zutun. Es lag ihr schwer auf der Seele, daß der Jüngling, wenn er zurückkäme, seinen Tod finden könnte. Früh am Morgen, als die Mutter und die Schwestern noch schliefen, verließ sie heimlich das Haus. Zum Glück hatte sie als Kind von der Alten die Vogelsprache gelernt. Ein Rabe saß auf einem Fichtenwipfel. Das Mädchen rief: »Lieber Lichtvogel, klügster des Vogelgeschlechts, willst du mir zu Hilfe kommen?« »Was für Hilfe brauchst du?« fragte der Rabe. »Flieg aus dem Wald hinaus übers Land«, bat das Mädchen, »bis du in eine prächtige Stadt mit einem Königssitz kommst. Suche den Königssohn und melde ihm, was für ein Unglück mir zugestoßen ist.« Darauf erzählte sie dem Raben ihre Geschichte und bat, daß der Jüngling nicht mehr zurückkommen möchte. Der Rabe versprach, den Auftrag auszuführen, sobald er jemanden fände, der seine Sprache verstünde.

Die Mutter ließ das Mädchen nicht mehr am Spinnrocken

sitzen, sondern hielt es an, das gesponnene Garn aufzuwickeln. Diese Arbeit wäre dem Mädchen leichter gewesen als die frühere, aber das dauernde Fluchen und Zanken der Mutter ließ ihr von morgens bis abends keine Ruhe.

Der Rabe hatte glücklicherweise eines Windzauberers Sohn gefunden, der im Garten des Königs arbeitete. Dieser verstand die Vogelsprache. Ihm meldete der schwarze Vogel die Botschaft und bat, sie dem Königssohn weiterzugeben. Heimlich beriet sich der Prinz mit seinen Freunden. »Sage dem Raben«, bat er darauf, »daß er eilig zurückfliege und der Jungfrau melde: ›Sei wach in der neunten Nacht, dann erscheint dein Retter‹.« Der Rabe erhielt ein Stück Fleisch und wurde gleich wieder zurückgeschickt. Die Jungfrau dankte dem schwarzen Vogel für seine Botschaft und bewahrte das Gehörte in ihrem Herzen.

In der neunten Nacht, als sich die alte Mutter und die Schwestern bereits zur Ruhe gelegt hatten, schlich die Jungfrau aus dem Hause, setzte sich unter einen Baum und wartete auf den Bräutigam, zugleich von Hoffnung und Furcht erfüllt. Endlich vernahm sie von weitem leises Pferdegetrappel. Sie ging den Kommenden entgegen, damit niemand im Hause geweckt würde. Bald erblickte sie die Kriegerschar, an deren Spitze der Königssohn selbst als Führer ritt. Er sprang vom Pferde, half ihr in den Sattel, setzte sich selbst vor sie hin, damit sie sich an ihn lehne, und dann ging es unverzüglich heimwärts. Bald zwitscherten die Vögel im ersten Licht. Hätte die Jungfrau doch auf sie geachtet, es hätte den beiden mehr genützt als die honigsüße Schmeichelrede des Königssohnes. Aber sie hörte und sah nichts anderes als den Bräutigam, der sie bat, alle Furcht aufzugeben und ganz auf den Schutz der Krieger zu vertrauen.

Zum Glück bemerkte die Mutter am Morgen die Flucht nicht gleich. Erst, als sie die Garnwinde nicht abgewickelt fand, fragte sie, wohin die jüngste Schwester gegangen sei. Darauf wußte nun niemand Antwort. Als die Mutter merkte, daß die jüngste Tochter geflohen war, holte sie eine Handvoll aus neunerlei Arten gemischter Hexenkräuter, schüttete besprochenes Salz dazu und band alles in ein Läppchen. Dann hauchte sie Flüche und Verwünschungen darauf und ließ nun das Hexenknäuel mit dem Winde davonziehen, während sie sang:

Wirbelwind verleihe Flügel!
Windesmutter! deinen Fittich!
Treibe dieses Knäuelchen vorwärts,
Daß es windesschnell dahinsaust,
Daß es todverbreitend hinfährt,
Seuchenbringend weiterfliegt!

Unterdessen war der Königssohn mit der Kriegerschar an das Ufer eines breiten Flusses gelangt, über welchen eine schmale Brücke geschlagen war, so daß die Männer nur einzeln hinüber konnten. Der Königssohn ritt eben mitten auf der Brücke, als mit dem Winde das Hexenknäuel daherflog und wie eine Bremse auf das Pferd traf. Dieses schnaubte vor Schreck, stellte sich hoch auf die Hinterbeine, und ehe noch jemand zu Hilfe kommen konnte, glitt die Jungfrau vom Sattel hinab und in den Fluß. Der Königssohn wollte ihr nachspringen, aber die Krieger hinderten ihn daran, denn der Fluß war grundlos tief.

Schrecken und tiefe Betrübnis hatten den Königssohn arg betäubt. Gegen seinen Willen führten ihn die Krieger nach Hause zurück, wo er wochenlang in stiller Kammer über das Unglück trauerte, so daß er kaum Speise noch Trank zu sich nahm. Der König ließ aus nah und fern Zauberer zusammenrufen, aber keiner konnte die Krankheit erklären, noch wußte einer ein Mittel dagegen. Da sagte eines Tages des Windzauberers Sohn: »Sendet nach Finnland, daß der uralte Zauberer komme, der versteht mehr als die Zauberer eures Landes!«

Alsbald sandte der König eine Botschaft an den alten Zauberer Finnlands, und dieser traf schon nach einer Woche auf Windesflügeln ein. Er sagte zum König: »Die Krankheit ist vom Winde angeweht. Ein böses Hexenknäuel hat die bessere Herzenshälfte des Jünglings dahingerafft. Schicket ihn oft in den Wind, damit der Wind die Sorgen in den Wald treibt.«

So kam es auch wirklich. Der Königssohn begann, sich zu erholen, zu essen und nachts zu schlafen. Schließlich teilte er den Eltern seinen Kummer mit. Der Vater wünschte, der Sohn solle wieder auf die Freite gehen und eine junge Frau nach seinem Sinne heimführen; aber der Sohn wollte nichts davon wissen.

Nach mehr als einem Jahr kam der Jüngling eines Tages zufällig zu jener Brücke, wo seine Liebste ins Wasser gestürzt war. Als er sich die Ereignisse ins Gedächtnis zurückrief, mußte er weinen. Doch dann hörte er eine unsichtbare Stimme ein melodisches Lied singen:

Durch der Mutter Fluch beschworen,
Nahm das Wasser die Unsel'ge,
Barg das Wellengrab die Kleine,
Deckte Ahtis Flut das Liebchen. (1)

Der Königssohn stieg vom Pferde und spähte nach allen Seiten. Aber, so weit sein Auge reichte, war niemand zu sehen. Auf der Wasserfläche schaukelte zwischen breiten Blättern ein Teichröschen. Er band sein Pferd an einen Baumstumpf, setzte sich auf die Brücke und lauschte. Eine Zeitlang blieb alles still, dann sang wieder die unsichtbare Stimme:

Durch der Mutter Fluch beschworen,
Nahm das Wasser die Unsel'ge,
Barg das Wellengrab die Kleine,
Deckte Ahtis Flut das Liebchen.

Der Königssohn dachte, daß die Goldspinnerinnen die geheimnisvollen Vorgänge vielleicht deuten könnten. Schnell stieg er aufs Pferd und schlug den Weg zum Walde ein. In der Nähe der Hütte hielt er an. Frühmorgens kam die älteste Schwester zur Quelle, um sich zu waschen. Der Jüngling trat näher. Er erzählte das Unglück, welches sich vor einem Jahr auf der Brücke zugetragen, und was für einen Gesang er an ebenderselben Stelle gehört hatte. Die alte Mutter war glücklicherweise gerade nicht daheim. Die beiden Jungfrauen baten den Königssohn ins Haus. Als sie die ausführliche Erzählung angehört hatten, begriffen sie schnell, daß das Unglück nur durch ein Hexenknäuel der Mutter entstanden sein konnte. Sie vermuteten deshalb auch, daß ihre Schwester nicht gestorben, sondern in ein Teichröschen verzaubert worden sei. Da sie die Rückkehr der Mutter erst in ein paar Tagen erwarteten, hatten sie Zeit, sich zu beraten.

Am Abend holte die älteste Schwester eine Handvoll sorgfältig gemischter Zauberkräuter, zerrieb sie, machte daraus mit Mehl einen Teig, buk einen Kuchen und gab ihn dem Jüngling zu essen. In der folgenden Nacht träumte der Königssohn, er würde im Wald unter den Vögeln leben und ihre Sprache verstehen. Als er das am Morgen den Jungfrauen erzählte, sagte die älteste Schwester: »Zur guten Stunde habt Ihr Euch zu uns aufgemacht. Zur guten Stunde habt Ihr den Traum gehabt. Er wird Euch auf dem Heimweg Wirklichkeit werden. Ihr könnt jetzt nämlich alles verstehen, was die klugen Vögel miteinander reden. Gebt acht, was sie verkünden. Später, wenn Eure Leidenszeit vorüber ist, denkt auch an uns arme Kinder, die wir in unserem Kerker am Rocken sitzen.«

Der Königssohn dankte den Mädchen und versprach, sie später aus ihrer Knechtschaft zu befreien. Eilig trat er die Rückreise an. Die Mädchen freuten sich, als sie sahen, daß ihnen der Faden nicht gerissen und der Goldglanz nicht verblichen war. Als die Mutter heimkam, konnte sie ihnen nichts vorwerfen.

Unterwegs sah der Königssohn eine Elster und eine Drossel auf einem hohen Föhrenwipfel sitzen. »Die Dummheit der Menschen ist groß«, sagte die Drossel. »Selbst die einfachsten Sachen wissen sie nicht zu bewältigen. Dort schwimmt in der Gestalt einer Teichrose das Pflegekind der lahmen Alten in den Wellen. Schon seit einem Jahr singt sie den Vorübergehenden ihr Leid, aber niemand erlöst sie. Vor wenigen Tagen ritt sogar ihr Bräutigam über die Brücke. Aber auch er ist nicht klüger als die anderen.« Die Elster erwiderte: »Wenn ihm nichts Besseres einfällt als das, was er von anderen Menschen vernimmt, muß das Mädchen für alle Zeit ein Blümlein bleiben.« »Die Befreiung des Mädchens wäre eine Kleinigkeit«, meinte darauf die Drossel, »wenn die Sache dem alten Zauberer von Finnland dargelegt würde. Er könnte die Jungfrau leicht aus ihrem nassen Kerker und von ihrem Blumenzwang erlösen.«

Das Gespräch machte den Jüngling nachdenklich. Beim Weiterreiten überlegte er, wo er wohl einen Boten hernehmen könnte. Da hörte er, wie eine Schwalbe zur anderen sagte: »Komm, laß uns nach Finnland ziehen, dort ist besser nisten als hier!«

»Haltet, Freunde«, rief der Königssohn in der Vogelsprache. »Bringt dem alten Zauberer in Finnland tausend Grüße von mir und bittet ihn um Auskunft, wie es wohl möglich wäre, eine in eine Teichrose verwandelte Jungfrau wieder zum Menschenbilde zu machen.« Die Schwalben versprachen, den Auftrag auszurichten, und flogen davon.

Als er ans Ufer des Flusses kam, ließ er sein Pferd verschnaufen und blieb auf der Brücke stehen. Aber nichts war zu hören als das Rauschen der Wellen und das Sausen des Windes. Unmutig setzte sich der Jüngling wieder aufs Pferd und ritt heim.

Als er eine Woche später im Garten saß, ließ sich ein großer

Adler auf einem Lindenast in der Nähe des Königssohnes nieder. »Der alte Zauberer in Finnland« so berichtete der Vogel, »sendet Euch viele Grüße und bittet, es ihm nicht zu verübeln, daß er nicht früher geantwortet hat. Es war vorher niemand zu finden, der hierher wollte. Die Jungfrau kann leicht aus ihrem Blumenzustand erlöst werden. Geht ans Ufer des Flusses, werft Eure Kleider ab und schmiert den Körper über und über mit Schlamm ein, so daß kein weißer Fleck bleibt. Dann nehmt die Nasenspitze zwischen die Finger und ruft: Aus dem Mann ein Krebs! Augenblicklich werdet ihr zum Krebs. Dann taucht in die Tiefe des Flusses, drängt euch unter die Wurzeln des Teichröschens und löst sie von Schlamm und Schilf. Hängt Euch nachher mit Euren Scheren an ein Zweiglein der Wurzel. Dann wird Euch das Wasser zusammen mit dem Blümchen an die Oberfläche heben. Treibt mit dem Strom, bis Ihr links am Ufer eine Eberesche mit beblätterten Zweigen erblickt. Nicht weit davon steht ein Stein, so hoch wie eine kleine Badestube. Bei diesem Stein müßt Ihr die Worte ausrufen: Aus der Teichrose die Jungfrau, aus dem Krebs der Mann! In demselben Augenblick wird es so geschehen.«

Kaum hatte der Adler ausgesprochen, hob er die Schwingen und flog davon. Der Jüngling sah ihm eine Weile nach und wußte nicht, was er davon halten sollte. Er hatte weder den Mut noch das Vertrauen, die Befreiung seiner Braut in dieser Art zu versuchen. Einige Tage darauf hörte er aber eine Krähe zu ihm sprechen: »Was zögerst du, den Weisungen des Adlers zu gehorchen? Noch nie hat der alte Zauberer einen falschen Bescheid geschickt.« Die Rede der Krähe machte dem Jüngling Mut. Schnell ritt er den bekannten Pfad zum Ufer des Flusses. Als er zur Brücke kam, hörte er wieder Gesang:

Durch der Mutter Fluch beschworen
Muß ich hier im Schlummer liegen,
Muß das junge Kind verwelken,

In der Wellen Schoß hinsiechen.
Feucht und kalt das tiefe Bette
Decket jetzt die zarte Jungfrau.

Der Königssohn legte seinem Pferd die Fußfessel an, warf die Kleider ab, schmierte den Körper über und über mit Schlamm ein, faßte sich dann an die Nasenspitze und sprang mit dem Ruf ins Wasser: »Aus dem Mann ein Krebs!« Einen Augenblick zischte das Wasser auf, dann war alles still wie zuvor.

Der in einen Krebs verwandelte Mann begann, die Wurzeln der Teichrose zu lösen. Die Würzelchen hafteten aber so fest im Schlamm und Schilf, daß er sieben Tage schwere Arbeit hatte. Schließlich konnte er seine Scheren an einen Wurzelzweig einhaken und sich mit dem Blümchen an die Wasseroberfläche tragen lassen. Allmählich trieben die Wellen Krebs und Teichrose flußabwärts. Es verging aber noch viel Zeit, bis links am Ufer die Eberesche mit ihrem Laub und den roten Beerenbüscheln zu sehen war. Gleich darauf kam auch der Fels in Sicht, so groß wie eine kleine Badestube. Zuversichtlich rief jetzt der Krebsmann: »Aus der Teichrose die Jungfrau, aus dem Krebs der Mann!« Und einen Augenblick später schwammen zwei Menschenhäupter auf dem Wasser und trieben sanft ans Ufer.

Da bat die Jungfrau verschämt: »Lieber Jüngling, ich habe keine Kleider anzuziehen, darum mag ich nicht aus dem Wasser steigen!« Der Jüngling meinte darauf: »Tretet nur ans Ufer unter die Eberesche. Ich halte die Augen geschlossen, bis Ihr hinauf geklettert und unter dem Laub geborgen seid. Dann eile ich zur Brücke, wo ich Pferd und Kleider zurückließ, als ich in den Fluß sprang.«

Der Königssohn fand dann allerdings weder Kleider noch Pferd. Er wußte nicht, daß er so manchen Tag unter dem Wasser gearbeitet hatte und so lange ein Krebs gewesen war. Schon fuhr aber eine prächtige, mit sechs Pferden bespannte Kutsche daher. Ein Diener und eine Zofe saßen darin. Sie hielten für ihn und die Jungfrau hübsche Kleider bereit. Der Königssohn behielt den Diener bei sich, das Mädchen schickte er mit der Kutsche und den Kleidern zu seiner Braut. Kurze Zeit später kam die hochzeitlich geschmückte Braut in der Kutsche wieder zurück. Auch er war als stattlicher Bräutigam gekleidet, und er setzte sich zu ihr.

Das Brautpaar fuhr auf dem kürzesten Weg zur Stadt und vor die Kirchentüre. In Trauerkleidern saßen König und Königin in der Kirche. Sie weinten über den Sohn, von dem sie meinten, er sei im Fluß ertrunken, weil Kleider und Pferd am Ufer gefunden worden waren. Um so mehr freuten sie sich jetzt, als sie ihren Sohn neben einer so schönen Jungfrau vor sich sahen. Der König selbst führte das Paar zum Altar. Nach der Trauung wurde gefeiert, in Saus und Braus, wohl sechs Wochen lang.

Nach dem Hochzeitsfest kam der Herbst, dann kamen Frost und Schnee, so daß das junge Paar keine Lust hatte, das Haus zu verlassen. Als aber der Frühling wiederkehrte, ging der Königssohn gerne mit seiner jungen Frau im Garten spazieren. Da hörten sie einmal, wie ihnen eine Elster von einem Baumwipfel herab zurief: »Du undankbares Geschöpf, das in den Tagen des Glücks seine hilfreichen Freunde vergessen hat. Sollen denn die armen Jungfrauen ihr Leben lang in ihrer Waldhütte sitzen und Gold spinnen? Die lahme Alte ist gar nicht die Mutter der Mädchen. Eine Zauberhexe ist sie, welche die Jungfrauen als Kinder aus fernen Landen gestohlen hat. Die Sünden der Alten sind groß. Sie verdient keine Barmherzigkeit. Gekochter Schierling wäre für sie das beste Gericht; sonst verfolgt sie das gerettete Kind sicher erneut mit einem Hexenknäuel.«

Jetzt fiel dem Königssohn alles Vergangene wieder ein, und er erzählte seiner Gattin, wie er zur Waldhütte gegangen sei, dort die Schwestern um ihren Rat gebeten, die Vogelsprache gelernt und den Jungfrauen versprochen habe, sie von ihrem Kerkerleben zu erlösen. Mit Tränen in den Augen bat die Frau, ihren Schwestern zu Hilfe zu eilen. Und in der Nacht darauf träumte sie, die Alte sei wieder einmal von zu Hause weg gereist.

Sofort ließ der Königssohn eine Kriegerschar ausrüsten und zog mit ihr zur Waldhütte. Die Mädchen waren, wie der Traum vorausgesagt hatte, allein zu Hause und kamen ihren Rettern jubelnd entgegen. Einem Kriegsmann wurde Befehl gegeben, Schierlingswurzeln zu sammeln und ein Gericht daraus zu kochen. Über Nacht blieben sie in der Waldhütte. Am andern Morgen in der Frühe machten sie sich mit den Mädchen auf den Weg, so daß sie noch am selben Abend die Stadt erreichten. Froh schlossen die Schwestern einander in die Arme.

In derselben Nacht kam die Alte nach Hause und verzehrte mit großer Gier die Speise, welche sie auf dem Tische fand, und kroch dann ins Bett. Sie ist nicht wieder aufgewacht. Als der Königssohn später einen Hauptmann mit seinen Leuten hinschickte, fand er die Alte tot. In der geheimen Kammer entdeckte er fünfzig Fuder Goldgarn. Als der Schatz weggebracht war, ließ der Hauptmann die Hütte anzünden. Bald zuckten die Flammen aus dem Dach. Da kletterte eine Katze mit glühenden Augen an der Wand herunter. Die Kriegsleute jagten ihr nach und fingen sie ein. Von einem Baumwipfel herab rief ein Vögelchen: »Heftet der Katze eine Falle an den Schwanz, dann wird alles ans Licht kommen!« Die Männer taten es.

»Peinigt mich nicht, ihr Männer«, bat nun die Katze. »Ich bin ein Mensch wie ihr, wenn ich auch jetzt durch Hexenzauber in diese Katzengestalt gebannt bin. Weit von hier war ich in einem reichen Königsschloß Haushälterin. Die Alte war erste Kammerjungfer der Königin. Aus Habgier stahlen wir die drei kleinen Töchterlein der Königin und auch einen großen Schatz. Dann entflohen wir. Alle goldenen Geräte verwandelte die Alte in Flachs. Bald fürchtete sie aber, ich würde meinen Sinn ändern und verwandelte mich in eine Katze. In der Todesstunde wurde meine Zunge gelöst, aber meine frühere Gestalt habe ich nicht wieder erhalten.« »Du hast kein besseres Ende verdient als die Alte«, sagte der Hauptmann und ließ sie ins Feuer werfen.

Wie ihre jüngste Schwester, so erhielten auch die beiden anderen Königstöchter Königssöhne zu Männern. Das in der Waldhütte gesponnene Gold war ihre reiche Mitgift. Ihr Geburtsort und ihre Eltern aber blieben leider unbekannt. Man erzählt, daß das alte Weib noch manches Fuder Goldgarn unter der Erde vergraben hatte, aber bis jetzt konnte niemand die Stelle angeben.

Goldenes Garn

Manche Bilder haben magische Kraft. Sie fesseln uns, besetzen uns. Und sie behaupten sich durch lange Zeiträume: das Kind in der Krippe, Adam und Eva im Paradies, der gute Hirte, der Engel der Liebe, der Drachentöter, der Riese und der Zwerg, die Mutter mit dem Kinde... Immer wieder, wenn solche Bilder zu süßem Kitsch verkommen wollen, werden sie überraschend neu belebt, erhalten sie wieder ihren alten, tiefen Sinn. Es sind ja Bilder, die sich im Urgrund der Seele über lange Generationsketten weitervererben, und auch Völkern ganz verschiedener, nicht selten weit voneinander entfernter geographischer Bereiche gemeinsam sind. Sie malen Kräfte, Strukturen oder Reifeprozesse der Seele.

Die drei Spinnerinnen entwerfen ein solches in diesem Sinne archetypisches Bild. Wenn wir es betrachten, steigt aus seiner Tiefe das nordische Bild der Nornen und das mittelmeerische Bild der Parzen auf (2). Auch die Weltenspinne Maya sehen wir, die gemäß den Hinduisten und Buddhisten aus der eigenen Substanz den Faden spinnt, aus dem sie das Gewebe der Welt herstellt, das Kleid der Schöpfung, zu dem wir Wirklichkeit sagen, das Wunderspinnennetz, in dem wir uns verfangen.

In seinem Werk *Psychologie und Alchemie* zeigt CARL GUSTAV JUNG die Abbildung einer Vignette in einer brahmanischen Spruchsammlung, auf der Maya ihr Netz zusammenhält, das von Ouroboros, der Urschlange, welche sich gleichzeitig vernichtet und erschafft, umfaßt wird (3).

Den Indianern behütet die große Spinne das »Gewebe der Welt« vor den Gefahren des Windes, des Regens und überhaupt der Naturkräfte. So schützt sie die Schöpfung, die sie selber geschaffen hat, vor den diesem Schöpfungswerk innewohnenden zerstörenden Kräften.

JOHANN WOLFGANG GOETHE hat der zugleich spinnenden und webenden Urkraft ein Denkmal geschaffen. In der ersten Szene des ersten Teils der Faust-Tragödie spricht der Erdgeist:

In Lebensfluten, im Tatensturm
Wall ich auf und ab,
Webe hin und her!
Geburt und Grab,
Ein ewiges Meer,
Ein wechselnd Weben,
Ein glühend Leben,
So schaff ich am sausenden Webstuhl der Zeit
Und webe der Gottheit lebendiges Kleid.

Entsprechend diesen Bildern würden die drei Goldspinnerinnen des estnischen Märchens symbolisch das Goldgarn spinnen, aus dem dann das Gewebe der Schöpfung gewirkt wird. Die goldenen Fäden stellen dann gleichzeitig auch die eigenen Lebensfäden dar, die Lebensfäden der Parzen. Ein gutes Bild: Mein eigenes Leben ist so kostbar ist wie Gold (4), und ich kann, indem ich mein Leben gestalte, die Schöpfung mitgestalten.

Auch das Ouroboros-Symbol spricht aus dem Märchen. Ganz zum Schluß hören wir, daß die alte Mutter goldene Geräte in eben jenen Flachs verwandelte, aus dem die drei Jungfrauen ihre Goldgarne gesponnen haben. Geschaffenes zerfällt, wird Urmaterial, aus dem neue Schöpfung entsteht. Das meint ja das Bild der Ouroboros-Schlange, die sich selber in den Schwanz beißt, daß Leben und Sterben, Schaffen und Zerstören einen Kreis bilden, in dem Ende und Anfang nicht unterschieden werden können (5).

Die Atmosphäre des Märchens will aber nicht zu den entworfenen und kommentierten Bildern passen. Sie bedrückt, wirkt lebensfeindlich. Die drei Jungfrauen fühlen sich in einem Kerker gefangen, ausgeschlossen vom Leben und von einem alten, despotischen Weib bedroht. Sie müssen es Mutter nennen, obwohl dieser Frau alles Gütige, schützend Behütende abzugehen scheint.

Die Situation der Jungfrauen erinnert an furchterregende Bilder, zum Beispiel auch an das Märchen von Griseldis. Es erzählt das Schicksal einer edlen, gehorsamen und demütigen Frau: Ein König will nur ein Mädchen heiraten, das ihm verspricht, immer gehorsam und immer treu zu sein. In Griseldis findet er dieses Mädchen. Sie schenkt zwei Knaben und einem Mädchen das Leben. Der König nimmt der Mutter die Kinder weg und tut so, als ob er sie töten ließe. Gleich darauf verstößt er seine Frau. Erst nach Jahren ruft er sie wieder an den Hof. Er werde sich neu vermählen, heißt es, und sie soll beim Fest die Speisen auftragen. Gehorsam, ohne Murren und Klagen befolgt die Frau alle Anweisungen des Königs, selbst dann noch, als sie erfahren muß, daß ihre eigene Tochter Braut des Königs sein werde. Von diesem Gehorsam wird dann aber der

König so gerührt, daß er Griseldis erneut zu seiner Gemahlin nimmt und Tochter und Söhne in den Saal führt.

Das Märchen der braven, alles erduldenden, fleißigen, spinnenden, gehorsamen Griseldis läßt sich bis ins elfte Jahrhundert zurückverfolgen (6). Es war so beliebt, daß es immer wieder auch von Dichtern bearbeitet wurde, im 14. Jahrhundert zum Beispiel von GIOVANNI BOCCACCIO und GEOFFREY CHAUCER, im 15. von HANS SACHS, im 17. von LOPE DE VEGA und im 20. Jahrhundert von GERHART HAUPTMANN. Wir können kaum nachvollziehen, daß eine Frau ihren eigenen Willen, ihre Weiblichkeit und Menschlichkeit so aufgeben muß, daß sie Sklavin des Ehemannes, reines Instrument männlichen Wollens werden kann. Eine solche Frau wird gezwungen, nicht nur ihre Selbstachtung aufzugeben, sie muß ihre ganze Identität verlieren, gehorchendes, gebärendes Wesen werden. Nur der Mann hat offensichtlich Anrecht auf eigenen Willen. Er verwirklicht ihn allein – unter Ausschluß der Frau. Weibliches kann so nicht gelebt und deshalb auch nicht wirkend werden.

Vom grausam prüfenden Ehemann ist der Weg zum Scheusal eines Ritters Blaubart nicht weit. Er gibt sinnlose Befehle und scheut nicht davor zurück, ungehorsame Frauen brutal zu ermorden. Im Märchen gelingt es einer Frau, dem Höllenschloß zu entkommen. Aber sie braucht die Hilfe ihrer Brüder dazu – männliche Hilfe (7). Der Frauenmörder im Märchen hat sein grauenhaftes Pendant in der Wirklichkeit. Es heißt GRILLES DE RAIS, Marschall von Frankreich. Das Scheusal lebte von 1404 bis 1440.

Die Märchen spiegeln die Welt getreu. Sie machen innerseelisches Leben in Bildern sichtbar, und sie holen Geschehen und Zustände der äußeren Welt in Bilder hinein. So werden sie zu zweifachen Spiegeln. »Mulier tacet in ecclesia! – Die Frau schweige in der Kirche!« So lautet das oft zitierte Paulus-Wort. Warum hat die Frau zu schweigen? Vielleicht, weil sie mehr weiß von Leben und Tod als die männlichen Oberen in der Kirche, im Staat, in der Arbeitsgemeinschaft, in der Familie. Vielleicht, weil sie eingeweiht ist in die Urgründe der Seele. Sie lebt näher am Unbewußten als der Mann. Deshalb wird sie ihm fremd.

Das Mittelalter unterscheidet zwischen *frouwe* und *wîp*. Die frouwe ist reines Ideal, ein in ferne, hohe Nichtwirklichkeit stilisiertes Ideal, in dessen Dienst der Ritter seine sportlichen und kriegerischen Abenteuer besteht. Durch das untadelige Leben wird die *frouwe* Vorbild, das den Ritter bestärkt, die ritterlichen Tugenden zu erfüllen:

staete	Stetigkeit
triuwe (trüwe)	Treue
milte	Mildtätigkeit
maze	Mäßigkeit
hoher muot	Zuversicht, Vertrauen

Wîp heißt die Frau des niederen Standes: rechtlos fast, ungeschützt, Lustobjekt und Arbeitstier.

Die Wirklichkeit ist anders als das literarische Bild. Auch die adlige Frau hat keinen Einfluß auf politische Entscheidungen, auf die Tätigkeit des Mannes, die Gestaltung der Arbeit, die Tageseinteilung. Sie muß den Mann und seine Gefolgsleute ziehen lassen, wohin es sie immer treibt – auf die Jagd, zu brutalen Turnierkämpfen, in den heiligen Krieg und in die unheiligen Kriege. Kaum sind die Söhne einigermaßen herangewachsen, werden sie auf einen andern Hof geschickt, um als Knappen höfisches Leben zu lernen. Auf Gutsbetrieben und Schlössern gehört das Entfernen der Kinder zum Alltag. Den Müttern der Handwerksburschen wird es wenig später kaum anders ergehen.

Im Mittelalter hat die Frau dem Mann zu gehorchen. Die Frau hat schwanger zu werden und gesunde Kinder zu gebären. Die Frau hat früh wieder auf ihre Kinder zu verzichten, die

Hausarbeit zu überwachen und selber fleißig zu sein. Gesellschaftliches Merkmal für diesen Fleiß ist das Spinnrad und der Vorrat an Gesponnenem. Das ist bei den Frauen der unteren Stände kaum anders, nur daß sie die Verpflichtung zur Arbeit noch härter drückt als ihre Schwestern in gehobener Stellung.

Dieser armen, demütig schweigenden, gehorsamen, spinnenden, geplagten Frauen hat sich das Märchen schon früh angenommen. Im Märchen von den »drei Spinnerinnen« helfen zum Beispiel drei alte Frauen einem Mädchen, daß es sich einen Königssohn »erspinnen« kann. Durch ihr garstiges Aussehen können diese aber auch erreichen, daß der Prinz seiner Frau verbietet, je wieder an einem Spinnrad zu sitzen. Die eine nämlich hat einen häßlich großen Fuß vom Antreiben des Spinnrades, die andere einen dicken Daumen vom Drehen des Fadens und die dritte eine hängende, schiefe Lippe vom Befeuchten der spinnenden Finger (8). Im Schwankmärchen *Die faule Spinnerin* erreicht eine schlaue, listen- und einfallsreiche Frau im Vertrauen auf die Dummheit ihres Mannes, daß sie nicht mehr spinnen muß (9).

Allein das Schicksal der Frau wurde durch solche Schwankmärchen kaum anders – im Gegenteil. Kirche und männliche Gesellschaft machten nun die Frau zur Hexe. Eine Hexe ist eine gefolterte und dann grausam getötete Frau, ein unschuldiges Opfer von unkontrollierten Wahnvorstellungen, die vor allem auch von der Kirche genährt wurden. Am 5. Dezember 1484, ausgerechnet in der Adventszeit, erließ Papst Innozenz VII. die Bulle *Sumis desiderantis,* durch die er den Hexenverfolgern umfassende Vollmachten übertrug und allen Gegnern der Verfolgung mit Kirchenstrafen drohte. Lange Zeit war der Glaube an Hexen verboten. Im neunten Jahrhundert belegte Kaiser Karl der Große den Hexenglauben sogar mit der Todesstrafe. Im elften Jahrhundert verlangte Bischof Burckard von Worms von Menschen, die an Hexen glaubten, eine Buße von einem Jahr. Jetzt aber, am Übergang vom Mittelalter zur Neuzeit, sanktionierte die Kirche diesen Glauben. Besonders furchtbar wirkte sich der »Hexenhammer« aus, den zwei Dominikanermönche 1487 verfassten. Er bildete in der Folge die Grundlage für die Hexenprozesse. Da lesen wir Passagen über das »Weib«, wie die beiden Mönche schreiben, die uns noch heute erschauern lassen: »Weil das Weib fleischlicher gesinnt ist als der Mann und weil es nur ein unvollkommenes Tier ist...« (10). Das ist ganz schrecklich. Furchtbar ist das. Der Mann aber gehöre, so heißt es weiter, zu einem edlen Geschlecht, aus dessen Mitte Jesu selbst hervorgegangen sei.

Die Sätze enthüllen, wie es zum Hexenwahn kommen konnte. Wenn man einzelne menschliche Aspekte als böse verwünscht, muß man diese bekämpfen, ausrotten. Aber das ist nicht möglich – was von Natur aus zum Menschen gehört, jeder Mensch in sein Leben mitbekommt, läßt sich nicht ausrotten. Da bleibt dann Leuten, die in Ideologien gefangen sind, nichts anderes übrig, als dieses vermeintlich Böse auf andere zu projizieren und dann diese Menschen auszurotten. So wurde vor allem der Sexualtrieb, so wurden magische Kräfte, Heilkunde, spirituelle Gaben und stolzes, freies Verhalten verteufelt und in der »verhexten Frau« bekämpft (11). So wurden in anderem, aber eigentlich doch ähnlichem Zusammenhang Eigenarten, die nicht den Idealvorstellungen einer Rasse entsprachen, auf eine andere Rasse oder auf Menschen mit anderer Hautfarbe oder Religionszugehörigkeit projiziert, um sie mit dieser anderen Rasse, mit diesen Menschen anderer Hautfarbe ausrotten zu können.

Die hinduistische Trimurti – wir würden von Dreifaltigkeit oder Trinität sprechen – aus Brahma, Schiwa und Wischnu versteht göttliches Wirken als schöpferisches Schaffen, gütiges, Geborgenheit erzeugendes Erhalten und dauerndes Zerstören, Auflösen, Verbrennen. Dieses dreifache Wirken bestätigt das ununterscheidbare Ineinander von Geburt – Leben – Tod und Wiedergeburt. Tod und Leben sind eins.

Der Mystiker Jakob Böhme hat in seiner kleinen Schusterwerkstatt ähnliches Wissen entwickelt. Er lebte von 1575 bis 1624. Für ihn ist Gott Licht und Finsternis zugleich. Und so wie Gott tragen auch Natur und Mensch das Zerstörerische und das Schöpferische in sich. Die Einheit der Gegensätze und die Erfahrung der Wiedergeburt prägten das mystische Denken dieses großen Menschen.

Wenn Tod und Wiedergeburt aus ununterscheidbarem göttlichen Wirken hervorgehen, werden beide aushaltbar. Endlichkeit und Zeit sind nicht mehr teuflisch, sondern eingebettet in den Kreis der Ewigkeit. Wenn symbolische Finsternis und symbolisches Licht als zwei Aspekte des Einen, des Göttlichen erfahren werden, muß das (scheinbar) Böse nicht mehr auf andere Menschen projiziert und mit ihnen ausgerottet werden.

Die Eigenschaften und Triebe des Menschen werden dann als menschlich wahrgenommen, und der Umgang mit ihnen muß gelernt werden. Das ist das zu Leistende, dieser Umgang mit Trieben und Eigenarten. Nicht nur der Umgang mit dem Macht- und Sexualtrieb, nicht nur Sinnenlust, auch Liebe, Fürsorglichkeit, Gemeinschaftspflege, wissenschaftliche Neugier müssen entdeckt und gelernt werden. Das könnte dann tatsächlich das Ende der negativen Projektionen auf andere und der Anfang der Menschlichkeit sein. Und wir würden uns – was für eine wunderbare Utopie! – einfinden in den ewigen Kreis der Schöpfung. Ich habe – wohlgemerkt! – nicht geschrieben, daß es Böses nicht gebe. Anderen und sich selbst Möglichkeiten der Ganzwerdung zu nehmen, ist böse. Wir werden im Laufe unserer Märchenbetrachtung auf diesen Zusammenhang zurückkommen.

Es gibt ein ausdrucksstarkes Bild für den Schöpfungskreislauf. Junge Menschen tragen es gerne am Finger. Die Schlange, die sich in den Schwanz beißt, das Symbol des Ouroboros, veranschaulicht das Ineinander von Leben und Tod, dauernde Wiedergeburt der Schöpfung. Wir haben davon gesprochen. Der Kreis schließt sich.

Zwei Namen müssen noch genannt werden. Fürstabt ADALBERT II. VON MEDEL A CASTELBERG stand von 1655 bis 1696 dem Kloster Disentis in Graubünden vor. Mutig und überzeugt trat er dem Hexenwahnsinn entgegen. Wäre der Einfluß des Benediktinerordens nicht so stark gewesen, der mutige Abt hätte Schlimmes erdulden müssen! Im überraschend offenen Werk *Cautio criminalis* des Jesuiten FRIEDRICH VON SPEE können wir noch heute lesen, wie unsäglich die Frauen leiden mußten, die als Hexen angeklagt, verhört, gefoltert und wieder verhört und gefoltert und schließlich hingerichtet wurden (12).

Die Leidensgeschichte der Frau ist damit nicht zu Ende erzählt. Noch im aufgeklärten achtzehnten Jahrhundert wurde die Frau geradezu selbstverständlich als minderwertiges Geschöpf dargestellt. Das zeigen sogar einzelne Stellen im Textbuch zur *Zauberflöte.* Die wunderbare Musik von WOLFGANG AMADEUS MOZART und die verschiedenen Rettungsversuche ändern leider nichts daran, daß der Operntext die Frau nicht ernst nimmt. Wie platt, ja geradezu dümmlich sind die Worte des Priesters im 15. Auftritt des ersten Aufzuges:

Ein Weib tut wenig, plaudert viel.

Und im 19. Auftritt sagt sogar Sarastro, der große, weise Sarastro, zu Pamina:

Ein Mann muß eure Herzen leiten,
Denn ohne ihn pflegt jedes Weib
Aus ihrem Wirkungskreis zu schreiten.

Im dritten Auftritt des zweiten Aufzuges legt EMANUEL SCHIKANEDER wiederum einem Priester – ausgerechnet einem Priester – die folgenden Worte in den Mund:

Bewahret euch vor Weibertücken,
Dies ist des Bundes erste Pflicht;
Manch weiser Mann ließ sich berücken,
Er fehlte und versah sich's nicht.

Sicher ist es auch kein Zufall, daß das Böse in diesem Stück auf einen Schwarzen, auf Monostratos, projiziert wird (13).

Die selbstverständliche Mißachtung der Frau, selbst wenn sie einfach lustig gemeint sein sollte, muß auch jeden natürlichen, geraden Mann beleidigen, der zusammen mit der Frau, die er liebt, und den gemeinsamen Kindern das Leben gestaltet. Jede Kirche und jede Ideologie, welche die Frau verdrängt, zum Verhüllen und Verstecken zwingt, vom Priesteramt fernhält und jede Ehe eines Priesters unmöglich macht, vergeht sich gegen das Urrecht der Menschen. Wenn Priester keine Familie gründen dürfen, wird die Ehe, werden Mutterschaft und Vaterschaft diskriminiert. Da gibt es gar nichts zu beschönigen! Wie wenn ein Mann, der natürlich lebt und Verantwortung übernimmt, weniger wertvoll wäre als ein Mann, der Sexualität verdrängt und auf verantwortungsvolle eheliche Gemeinschaft verzichtet. Immer dann und immer dort, wo Männer wissen, was »recht« ist, wird die Frau gedemütigt und verbannt. Frauenfeindlichkeit ist ein Auswuchs fehlgeleiteten Machtwillens, nichts anderes – auch dann, wenn Mann und Frau für dieselbe Arbeit unterschiedlichen Lohn erhalten!

Das estnische Märchen *Die Goldspinnerinnen* ist – leider – noch immer eine aktuelles Werk. Die Frauen, sagt es, spinnen das Lebens- und Schöpfungsgold. Aber sie sind in ihre elende Hütte verbannt und ihr Werk bleibt in geheimer Kammer verborgen. In Bilder gekleidet zeigt das Märchen Möglichkeiten der Befreiung des Weiblichen. Es bahnt Wege zur Liebe. Wir wollen ihnen nachgehen!

Begegnung

Ein junger Mann macht sich auf in das Dickicht des Herzens. Er findet viele Begleiter. Die Beziehung zu seinem Vater ist so gut, daß das Väterliche in seiner Seele zum Bild des Königs werden konnte. So vertraut der junge Mann auch darauf, daß ihm Freunde, Kameraden, ja ganze Regimenter zu Fuß und zu Pferde zur Seite stehen. Er fühlt sich gut, dieser Mann. In seinem Körper und in seiner Seele konnte viel Helfendes mit ihm groß und stark werden. Und doch, da er den schmalen Pfad zur verborgenen Hütte findet, in der sich ihm das Weibliche erschließen soll, bleibt er allein. Immer, ausnahmslos immer, wenn sich bisher unbekannte eigene seelische Bereiche öffnen, sind wir allein. Das zeigen Mythen und Märchen aller Kulturen.

Als Adam und Eva ihre Ganzheit im Bild des Baumes und des Apfels erfahren, hat sich der Schöpfer entfernt. Als das Marienkind im Märchen symbolisch die Himmelskammern aufschließt, die unbekannten Räume der eigenen Seele öffnet, ist Mutter Maria auf einer Reise (14). Und da Blaubarts Frau in das Blutgemach hineinschaut, ist der König mit dem blauen Bart in der Fremde (15). Oft müssen Märchenheldin oder Märchenheld lange und abenteuerliche Reisen auf sich nehmen, bis bisher Geheimes als Bild sichtbar werden kann. Sie finden Helferinnen und Helfer, weise Frauen oder Männer, Zauberer auch, Riesen und Zwerge, den Wind, die Sterne, den Mond, die Sonne; aber die letzte Höhle müssen sie selber durchschreiten, die letzte Türe selber öffnen, die letzte Mauer selber bezwingen. Das ist in abgewandelter Art ja auch in unserem Märchen so – mehrmals sogar.

Wer ist dieser auf sich selber gestellte Mensch? Es ist der Mensch, der alles Fremde abgelegt hat, alles Anerzogene, alles Gelernte, alles Erfahrene – alles Erworbene, das seinem Wesen, dem Kern seiner Seele, nicht entspricht. Das können wir gut verstehen. Aber das Märchenbild muß es noch anders meinen, wenn es sagt, daß die eigenen Helfer nicht mehr verfügbar sind. Die helfenden Kräfte und Eigenheiten der Seele sind ja sicher nichts Fremdes.

Im Umgang mit Kindern können wir lernen, was da gemeint sein muß. Jede Mutter, jeder Vater, jede Lehrerin und jeder Lehrer erfährt es Tag für Tag. Dankbar nimmt das Kind Erklärungen an, eifrig nutzt es alles, was umsichtig bereit gestellt worden ist – Farben, Pinsel, Papier, Kleister und Schere zum Beispiel. Eine Zeitlang läuft dann auch alles gut. Kind und Erwachsene genießen den schönen Einklang in der Arbeit. Meist recht überraschend kommt dann aber geradezu unvermeidbar jeweilen die fast trotzig tönende Erklärung des Kindes: »Nein! Selber! Ich will selber!« Die Jugendlichen sagen das nicht mehr. Sie kapseln sich plötzlich ab – in gesundem Erkennen, daß sie jetzt selber gefordert sind, daß das Entstehende jetzt ihre persönliche Prägung erhalten muß, wenn sie ihrerseits durch die Arbeit geprägt werden sollen. Sich zurückziehen und entlassen können zeichnet die gute Pädagogin, den guten Erzieher ebenso entscheidend aus wie die Fähigkeit, etwas altersgemäß und situationsgerecht erklären zu können. Und das kann gelernt werden!

Ganz ähnlich muß das Geschehen in unserer Seele sein, wenn entscheidende Entwicklungsschritte geleistet werden müssen. In psychologischer Sprache würde das heißen: »Das Selbst entläßt das Ich, damit es dem Selbst näher kommen kann.« Das tönt paradox. Und es ist auch paradox. Wir müssen damit zurecht kommen, daß seelische Vorgänge paradox sind, mindestens scheinbar paradox. Das Leben will, daß ich alle Anlagen und Eigenheiten, die mir mitgegeben wurden, entwickle. Es meint zwar meine einmalige Individualität, aber es will diese Individualität so reich und klar wie möglich. Üben und pflegen kann ich immer nur Einzelnes. Irgendwo bin ich auch meistens an der Arbeit. Je intensiver ich meine Seelenarbeit leiste, desto größer wird die Gefahr, daß ich einseitig werde – einarmig, einbeinig, einäugig oder sogar blind, kopflos und ohne Körper, ohne Hände... sagen die Märchen.

Meine Ganzheit – alles was ich sein müßte – ist in Samen und Keimen in mir angelegt. Die Seele weiß darum. Sie weiß um meine Ganzheit. Aber bewußt ist sie mir nicht. In Träumen, Bildern, Begegnungen und schöpferischen Schüben erschließt sich mir meine Ganzheit wie die Zimmer eines Hauses, wie die Räume einer Landschaft, Berge und Täler, wie die Sternbilder des Himmels (16).

Meine inneren Helfer erwachen aus dem Dickicht des Herzens, aus den Dunkelheiten der Seele, also gerade in jenen Bereichen, zu denen ich unterwegs sein muß, unbewußt oder bewußt immer unterwegs bin. Deshalb müssen sie – scheinbar – abwesend sein, wenn ich unmittelbar vor dem mir Neuen – unbewußt aber immer Anwesenden – »stehe«. Das ist jetzt nicht mehr paradox, sondern sehr folgerichtig.

Im Märchen ist jetzt auch das alte Weib nicht da. Der junge Mann begegnet dem in ihm wirkenden, kostbaren (goldenen) Weiblichen. Das Weibliche in ihm – so erfährt er es – spinnt seinen Lebensfaden, aus dem zugleich das Bild der Schöpfung mitentsteht. Dieser Lebensfaden wird sein Schicksal sein. Und zu jener Stunde, die noch niemand weiß, wird der Faden abgeschnitten werden. Die Schere liegt bereit. Mir allerdings ist es fast Gewißheit, daß meine Seele auch um diese Stunde auf geheimnisvolle Weise weiß. Und ich vertraue, daß sie es mir einmal – rechtzeitig – sagt und ich es höre, hören will.

Die drei Goldspinnerinnen repräsentieren das Weibliche in der Seele. Wir lieben diese Spinnerinnen, und wir fürchten sie. Die Frau, die das Leben und mit ihm das Sterben gebärt, fasziniert und macht Angst – auch im gelebten, im zu lebenden Leben! Ich weiß, wenn ich ihr begegne, vom ersten Augenblick an: Ich werde diese Frau lieben. Ich muß sie lieben.

Ich habe keine Wahl. Ich werde mit ihr schlafen, und wir werden eins sein – ein Leben, eine Geburt, ein Tod. Das ist das Mysterium des Weiblichen, vor allem auch des Mütterlichen. Aber ich lasse nicht zu, daß die Mutter meiner weiblichen Seele, wie die Mutter der drei Goldspinnerinnen, zu einer bösen, häßlichen Alten verkommt. Ich lasse die Verwahrlosung des Weiblichen in mir nicht zu. Ich werde nicht Blaubart und nicht Hexenfolterer werden. Ich weiß ja, daß das die Liebe ist: Leben, Tod und Geburt. Meine Liebe will mein Ja zum Leben, zum Tod und zur Erneuerung. Ich muß das leisten, ich will das leisten, ich leiste es. Ich schreite mit meiner Liebe in den Tod. Ich sitze mit meiner Liebe auf der Schwelle:

Am Rande
Manchmal auf einer Schwelle sitzen,
ausruhn vom Gehn, das nicht ankommt,
die Tür hinter dir und nicht klopfen.

Alle Geräusche wahrnehmen
und keines verursachen.
Das Leben, das dich nicht annimmt, erhören:
im Haus, auf der Straße,
das Herz der Maus und des Motors,
die Stimmen von Luft und Wasser,
die Schritte des Menschen, der Sterne,
das Seufzen von Erde und Stein.

Manchmal setzt sich das Licht zu dir
und manchmal der Schatten,
treue Geschwister.
Staub will nisten auf dir
und unbetretbarer Schnee.

Langsam unter der Zunge
wärmt sich dein letztes Wort.
CHRISTINE BUSTA (17)

Der Königssohn im Märchen sitzt nicht allein auf der Schwelle. Auch ich sitze nicht allein auf der Schwelle. Meine Liebe sitzt bei mir. Wir sind eins und eins mit allen Räumen der Nacht, eins mit den Sternen. Während wir da auf der Schwelle sitzen, erfahren wir: Der Tod ist ein Wort, so wie alles ein Wort ist. Aber über dem Wort gibt es das Bild dieser Nacht mit ihren Sternen, den Kosmos der Seele, das kosmische Leben, die Liebe, in welche das Unbegrenzte einmündet.

Zwei sitzen auf der Schwelle und sind eines, weil Liebe eines ist, nichts anderes als EINES (18).

Im Menschen, den ich liebe, tritt mir gegenüber, was mir von mir nicht bekannt ist. Der geliebte Mensch ist mein Spiegel. Weil er mich liebt, muß es ihm gleich gehen. Der geliebte Mensch wird unersetzbar, wenn ich durch ihn und in ihm auch das andere wahrnehme, das, was er in seiner Ganzheit ist. Im Zusammenschwingen eines Paares werden die Körper zu »Resonanzräumen« der Seele. Das ist wie Musik, welche Seele und Welt zum Schwingen bringt und Unendliches, die Wahrheit, das Leben erschließt. »Die Liebe zu einem bestimmten Menschen ist immer zugleich umfassende Liebe« (19). In diesem Sinne sitzen Liebende symbolisch auf der Schwelle.

Das Öffnen der Seele ereignet sich durch das Zusammenwirken ihrer weiblichen und männlichen Energien. In der Liebe geschieht das ganz besonders intensiv. Die Lebensquelle erhält Nahrung durch die Liebe, welche den Urprozeß im gelebten Leben aufrecht erhält. Die Liebenden werden eins mit dem Lebensfluß von Welt und Kosmos. In diesem (symbolischen) Fluß werden sie im weiteren Verlauf des Märchens auch dahinschwimmen.

Hexenknäuel

Mit allen seinen Helfern kehrt der Königssohn zu seinem Vater-König zurück. Die Goldspinnerinnen bleiben allein.

Der Vorgang ist schwer verständlich. Sobald wir ihn als inneres Geschehen verstehen, wird er natürlich. Dem jungen Mann hat sich das Mysterium des Weiblichen erschlossen. Ungeheures ist ihm geschehen. Er hat ein Wunder erfahren. Jetzt braucht er neue Orientierung. Er muß das Erlebte ordnen, Bestehendes mit dem Neuen verbinden. Er muß schöpferisch werden, seine Seelenwelt und seine Schau der »äußeren Welt« neu schaffen – verstehen.

Die Außenwelt, in der ich mich wahrnehme, und die Innenwelt, die in mir wirkt, drängen immer wieder nach bewußter Aneignung. Das Selbst will ins Ich eintreten, von ihm aufgenommen werden. Das muß der Ursinn der Kommunion sein: das Aufnehmen des Göttlichen in das gelebte Leben. Wer das Göttliche – im Symbol des Brotes – in sich aufnimmt, muß, so will es die Kirche, nüchtern sein. Nichts Fremdes darf in ihm sein. Darüber haben wir bereits nachgedacht. Der Königssohn will diesen Integrationsprozeß in der Nähe seiner inneren Vaterautorität leisten.

Jetzt fühlt sich die Frau allein gelassen. Sie fällt in den riesendunklen Raum der Angst. Der Faden reißt, der Goldglanz ist verloren. Die Handleser setzen Risse in den Handlinien mit Rissen im Leben gleich. Die alten Mythen zeichnen das Abschneiden des Lebensfadens – und damit wohl auch das Zerreißen – als Sterben. Hier im Bild des Märchens wird wohl eher gezeigt, wie gewaltsam das Erlebnis für die junge Frau wirken muß. Sie weiß sich hinausgestoßen aus dem Bisherigen und in ganz Neues gestellt. Gleichzeitig fühlt sie sich allein. Deshalb möchte sie am liebsten alles ungeschehen machen. Sie knüpft den Faden wieder zusammen und will, daß der Königssohn fernbleibt. So kehrt sie wieder in tiefe Unbewußtheit zurück und überläßt dem bösen Weib die alte Herrschaft.

Die starre Autorität der alten Frau läßt Lebendigkeit nicht zu. Deshalb erzeugt sie Angst. Wir haben erfahren, wie das Bild der Hexe und der Hexenwahn entstanden sind. Dieses Bild hat sich auch in der Seele der jungen Frau manifestiert. Das Mütterliche scheint böse. In diesem Sinne ist das Mutterbild der jungen Frau tatsächlich verhext, verhext durch jene Moral, die zum Hexenwahn führte, und verhext wohl auch durch das Mißverstehen der körperlichen Reifevorgänge. Beides hindert die Goldspinnerinnen und hindert noch heute junge Frauen daran, eine eigene innere Autorität aufzubauen. Sie sind abhängig vom Urteil der anderen und von der fremdbestimmten, unechten eigenen Mutterautorität. Das engt sie ein. Und jedes Einengen erzeugt Angst (20).

Jede Herrschaft schafft Moral und damit Angst. Solange Herrschaft entwickelt wird, ob vom Mann oder von der Frau, gibt es keine Erlösung. Das zeigen alle Märchen. Ich spreche hier ganz ausdrücklich von Moral, also von festgelegten Kategorien – und nicht von Ethik, dem in Freiheit geleisteten Entschluß, dem Auftrag der Seele, und damit der Liebe und dem Leben, zu gehorchen. Moral steht im Dienst einer Autorität, die sich in einem Einzelnen oder einer Gruppe und immer zugleich auch in einer Ideologie manifestiert. Die Ethik steht im Dienst der »von der Liebe genährten Seele«, die das Leben will.

Der nach einem überwältigenden Schlüsselerlebnis allein gelassene Mensch, der sich nicht auf eine autonome innere Autorität stützen kann, ist immer in Gefahr, in Unbewußtheit zu sinken. Das Neue gefährdet das Bestehende. Und das Neue läßt sich mit den bis jetzt entwickelten Bewältigungsweisen nicht verarbeiten, obwohl der Wille dazu stark ist und auch die Notwendigkeit wahrgenommen wird, das Neue – hier die Liebe – im gelebten Leben zu integrieren.

Der nur ungebildete, naive Mensch kann keine klaren Grenzen ziehen zwischen unbewußter Psyche und äußerer Welt (21). Deshalb sind Märchenbilder, welche diesen Zustand zeigen, so wichtig – und deshalb werden sie auch so oft mißverstanden: entweder als dummer Aberglaube verworfen oder mit Schilderungen wirklichen Geschehens in der äußeren Welt verwechselt.

Die verzauberte Welt des estnischen Märchens entspricht dem verhexten Unbewußten – also jenem Seelenbereich, der von fremden Gewalten beherrscht wird. Sie haben sich im Verlaufe der Geschichte ins Wahnhafte gesteigert. Und der Wahn lautet: Das Weibliche ist böse, weil Sterben böse ist und weil Liebe abhängig macht. Das Weibliche ist hexenhaft, weil die Frau dem Naturwirken nahe ist, Heil- und Giftpflanzen kennt und das Schicksal beeinflussen kann. Sie weiß um die lebenswichtigen Gaben von Sonne und Mond, Wind und Wasser und der Mutter Erde (22). Sie ist mit den Mondphasen verbunden, mit Wachstum, Blühen und Reifen, mit Verderben und Sterben. Sie offenbart sich in allem mütterlich Naturnahen, besonders dort, wo die Natur geheimnisvoll zu sprechen scheint. Die Kelten vernahmen sie in den Stimmen der Quellen, die Griechen und Römer im Flüstern der Bäume. Die estnischen Märchen erzählen in diesem Zusammenhang von der Rasenmutter. Sie ist die Gemahlin des Königs Nebelberg. Ihre Kinder sind die Feen (23).

Seit der Ablösung des Matriarchats durch das Patriarchat wurden die mythischen Mutterbilder deformiert. Bei den Brüdern GRIMM erscheint die Große Mutter als Frau Holle, in der lothringischen Variante als Holunderfrau (24) und in der englischen Fassung bereits als Hexe (25).

Im estnischen Märchen hat die böse Alte eine Katze als Helferin bei sich. Eigentlich ist es eine verzauberte Magd. Ursprünglich sind Katzen Begleiterinnen der weiblichen Urgottheiten. In der frühen Mythologie der Ägypter zum Beispiel erscheint die Katze sogar als Göttin. Bastet heißt sie und wird als Mondgöttin verehrt, als Urweibliches auch. Dazu ist die Katze ja tatsächlich fast prädestiniert. Sie ist ein Nacht- und Mondtier. Ihre Pupillen verändern sich wie der Mond in seinen Phasen. Viel Zeit verbringt sie wie halb in Trance, wie in Meditation. Sie hat weiche Pfoten und scharfe Krallen. An den Bastet-Festen wurden fröhliche Schiffsprozessionen veranstaltet, bald aber auch orgiastische Zeremonien. Schließlich wurde Bastet Gemahlin des Sonnengottes Ra und in der Spätzeit sogar die Sonne selbst oder doch die Kraft der Sonne.

Sowohl die nordische Fruchtbarkeitsgöttin Freya wie auch die mittelmeerische Diana, Göttin der Jagd und des Mondes, wurden von Katzen begleitet. In der japanischen Symbolik repräsentieren Katzen Kräfte der Transformation (26).

Parallel mit der Verhexung des Frauen- und Mutterbildes geht die Verteufelung des Katzensymbols im Sinne der dunklen, verheerenden Magie. Ähnlich ging es auch mit dem Knäuelsymbol. Im Märchen *Die Zarentochter Frosch* lernten wir das Knäuel als Ganzheitssymbol kennen. Der Lebensfaden muß zur Kugel gerundet werden, Leben und Persönlichkeit sollen ganz werden, rund. Und indem ich dann das Knäuel symbolisch wieder abrolle und ihm folge, gehorche ich in meiner Lebensführung und Lebensgestaltung der ganz gewordenen Seele. Das müßte auch die junge Frau im Märchen so tun dürfen. Nach der Begegnung mit dem Königssohn muß sie nicht mehr spinnen, sie muß jetzt das Garn aufspulen. Aber die Flucherei der Alten läßt die junge Frau Sinn und Ganzheit nicht finden. Im Gegenteil! Und die Alte verfertigt ihr Hexenknäuel selbst. Dazu braucht sie neun Hexenkräuter, besprochenes Salz, ein Läppchen und ein Zauberlied.

Neun ist ursprünglich eine heilige Zahl. In Liefland brauchen die Bauern immer neun verschiedene Kräuter, wenn sie heilende Getränke herstellen. Während neun Monaten wächst das Kindlein im Bauch der Mutter heran. Neun Tage hing Wotan oder Odin, der nordische Gott, an der Weltesche. Nachher konnte er das Geheime erkennen. Er hatte den Tod »durchlebt«. In fast allen Kulturen ist neun eine »unzerstörbare« Zahl, die Zahl der dreifachen Triade, der dreifachen Vollständigkeit also. Für die Pythagoräer ist neun die Grenze der Zahlen, weil alle anderen in ihr existieren und in ihr wiederkehren. So symbolisiert die Zahl neun Anfang und Ende. Alle neun Jahre fanden an der Orakelstätte zu Delphi die großen Opfer statt. Auch die Opfer der Germanen in Uppsala wurden alle neun Jahre durchgeführt. Sie dauerten neun Tage, und jeden Tag wurde neunmal geopfert (27).

Salz ist ursprünglich Symbol für Unsterblichkeit und Unzerstörbarkeit. Wenn Salz in Wasser gestreut wird, löst sich das Salz auf. Es wird unsichtbar. Aber es ist immer noch da, hat das Wasser durchwirkt. Durch Besprechen wird die Symbolwirkung des Salzes in das Gegenteil verkehrt. Der Spruchzauber ist sehr alt. Zaubersprüche gehören zu den ältesten literarischen Zeugnissen in deutscher Sprache. Wenn ich etwas nenne, »beim Namen rufe«, schaffe ich eine Beziehung dazu. Das Gebet schafft Beziehung zum angerufenen Heiligen. Er bittet für mich bei Gott. Der Zauberspruch erreicht, daß ich selber vernommen werde. Dazu gehört die rhythmisierte, reimende Sprache und der gesungene Vortrag. Die angerufenen Götter werden auf den Zauberer eingehen.

Anders verstanden: Der Zauberer spricht in der Sprache der Schöpfung. Er vereinigt sich dadurch mit ihr und erhält Einfluß auf sie. Das nützt auch die böse Alte aus.

Und nochmals anders verstanden, jetzt für Vorgänge in der Seele interpretiert: Der Magier wendet sich von der Alltagssprache ab. Er sucht die Sprache des Unbewußten, ähnlich wie die Poetin mit ihrem Gedicht, der Poet mit seinen Versen die Grenzen der Kausalität überschreitet, sie durchbricht und »Schwingungen des Herzens« weckt. Dadurch bereitet der Magier die Seele auf Wandlungen vor, stimmt er sie dazu ein. Die

Hexe nützt das negativ aus. Der Mißbrauch des Zauberspruchs – und damit auch der Poesie, überhaupt der künstlerischen Äußerung, wie er etwa durch Politiker und Reklameleute geübt wird – ist verderblich. Er reißt in unbewußtes Dunkel, was die Helle des Bewußtseins will.

Das Tuch auf dem Altar vertritt jenes Tuch, in das der Leichnam Christi gehüllt worden war. Der Lappen um das Hexenknäuel symbolisiert das todbringende Streben des verhexten, Wahnhaften (28).

Bis ins 15. Jahrhundert hinein war die Medizin den Frauen anvertraut. Sie kannten, wie wir bereits erfahren haben, die Heilpflanzen und Giftkräuter, sie standen den Gebärenden bei, begleiteten die Sterbenden und wußten Bescheid über Abtreibung und Empfängnisverhütung. Auch die Wachstums- und Fruchtbarkeitsrituale des Altertums wurden von Frauen vollzogen. Wie die großen Muttergottheiten waren sie Herrinnen über Tod und Leben (29). Mit dem Zurückdrängen des Weiblichen-Intuitiven wurde auch die Heilkunst der Frau dämonisiert. Als Mediziner übernahm nun der Mann die Bekämpfung der Symptome. Er kurierte den Leib. Die Seele wurde Domäne des Theologen. So zerbrach die Einheit von Körper und Seele. Die Frau wurde als Kräuterhexe verschrien. Die spätmittelalterliche und auch heute noch immer nicht bewältigte Furcht vor den magischen Kräften der Frau machte sie und macht sie noch immer zur Projektionsträgerin der sexuellen Lust, die als böse verrufen, aber doch begehrt wird, und der Todesgewißheit. Eine ganz und gar verhängnisvolle Entwicklung, die schließlich in der Vergötzung des Verstandes ausmündet. Das Märchen stellt uns mitten in diese Entwicklung hinein.

Des Windzauberers Sohn

Jede Angst hat ihren Ursprung in der Angst vor der Hingabe an das Leben. Es meint das Ineinander von Erneuerung und Abschied, Geburt und Tod. Das Einverständnis mit diesem nahtlosen Kreis können wir erst leisten, wenn wir Kindheitsparadies und Geborgenheit in der Herkunft verlassen. Das ist keine Untreue gegen Mutter und Vater. Auch sie können ja ihr Leben nur aus dem Einverständnis in den »Ouroboros-Kreis« bestehen. Der Abschied aus der Mutter- und Vaterbindung meint Freiheit zu Leben und Liebe und letztlich wohl auch verpflichtender Partnerschaft.

Wer nicht bereit ist für Abschied, ist nicht bereit für Neubeginn. Das wartende, rufende Leben bleibt ungelebt. »Ungelebtes Leben ist eine Krankheit, an der man sterben kann« (29). Die jüngste der drei Goldspinnerinnen und der Königssohn verfallen dieser Krankheit. Beide fallen in Depression. Depressionen sind die Folge von ungelebtem Leben – auch Altersdepressionen sind es. Die junge Frau, so haben wir es erfahren, wird durch den Hexenwahn an der Erfüllung des rufenden Lebens gehindert. Ihm bleibt sie auch noch nach der »Nacht auf der Schwelle« ausgeliefert. Der Königssohn dagegen ist im heilenden Bemühen seiner Umgebung und der Zauberer geborgen.

Die estnischen und finnischen Zauberer stehen wohl etwa in der Mitte zwischen den Druiden der Kelten und den sibirischen Schamanen (30). Der »gute Zauberer« verhext nicht. Er schöpft aus der Weisheit der Symbole, und diese stehen immer im Dienst des Ganzen und im Dienst der Liebe und des Lebens. Symbole sind offen. Riten und Ratschläge der guten Zauberer meinen letztlich innerseelische Zustände und Vorgänge. Erst, wenn sie auf äußere Erscheinungen angewendet werden, verkommen sie zu Aberglauben. Rationalisierte Magie wird

Aberglaube. Der einseitig rationale Mensch verwechselt Subjekt und Objekt, Symbol und Wirklichkeit. Wenn zum Beispiel in einem mythologischen Text oder in einem Märchen vom Meer die Rede ist, meint der uneingeweihte Mensch, es handle sich tatsächlich um ein bestimmtes Meer. Und er macht sich auf und sucht es und prüft die Aussage auf ihren – wie er meint – Wahrheitsgehalt. Der eingeweihte Mensch aber weiß, daß nicht ein bestimmtes Meer gemeint sein kann, sondern jener Seelenbereich, der durch das Meer symbolisiert ist. Es gibt dann auch nichts zu prüfen – wohl aber eine ganze Menge zu verstehen!

Gemäß der estnischen und finnischen Mythologie gibt es drei Arten von Zauberern: die Spruchzauberer, die Windzauberer und die Manazauberer. Über die Arbeit der Spruchzauberer sind wir bereits unterrichtet worden. Winde sind Götterboten. Als solche zeigen sie auch die Anwesenheit oder »Durchfahrt« einer Gottheit. In diesem symbolischen Sinne hängen Menschen, die mit alten Traditionen verbunden sind, Seile, Tücher und Fahnen in die Luft. Sie zeigen Winden und Gottheiten den Weg zu den Menschen und den Menschen die »Reiserichtung« der Gottheiten. Die Windzauberer kommunizieren mit den Boten der Götter. Auf der Subjektstufe muß das heißen, daß der Windzauberer die geistigen Kräfte aktivieren kann. Er macht die Sinne beweglich, öffnet das Gemüt nach allen Seiten der Winde. Wer sich dem Windzauberer und den Winden anvertraut, wird offen. Wer Fahnen oder sich selber in den Wind stellt, stellt seine Antennen auf Empfang – er ist bereit, seine Intuitionen zu vernehmen und zu befolgen.

Deshalb sind die Windzauberer mit den Vögeln vertraut. Manche Schamanen tragen Feder- und Vogelkleider. Vögel vermitteln symbolisch zwischen Erde und Himmel. Sie repräsentieren jene »Organe« der Seele, welche zwischen dem Geistigen und dem Körperlichen vermitteln und auch zwischen dem Unbewußten und Bewußten. Viele frühe Gottheiten halten Vögel als Begleiter. Zwei Raben trug Odin oder Wotan auf den Schultern. Hugin repräsentiert das Denken, Munin das Gedächtnis. Im Auftrag des Gottes durchfliegen sie die ganze Welt und berichten dann, was sie gesehen haben. Deshalb ist es wohl verständlich, daß die junge Goldspinnerin den Raben – trotz seiner dunklen Farbe – Lichtvogel und Klügsten des Vogelgeschlechts nennt.

Der Adler ist der Blitzträger von Jupiter, Zeus. In tiefster Nacht fährt er nieder und spaltet das Dunkel augenblickhaft durch sein helles Licht. So steht er für plötzliches Erkennen, für Offenbarwerden des Göttlichen. Die frühen Menschen verschiedener Kulturen waren überzeugt, daß der Adler bis zur Sonne fliegen und in sie hineinschauen könne. Deshalb verkörpert er das geistige Prinzip, das Aufsteigen des Menschen zum Himmel. So wie der Adler seine Jungen der Sonne entgegen trägt, so erlöst der große Manazauberer der Esten und Finnen die Seele zum Göttlichen. Der Manazauberer wird als alter Mann mit drei Fingern und weitem, bis auf die Schultern hängendem Hut dargestellt. Er ist der stärkste aller Zauberer. Im Estnischen heißen die Manazauberer »Mana targard«. Das Wort tark, Mehrzahl targad, bedeutet der Kluge, Weise und zugleich auch der Heil- und Zauberkundige (31). Dieser Manazauberer muß mit dem alten Zauberer Finnlands im Märchen gemeint sein. Für die Völker an der Ostsee ist Finnland die Heimat des Mythos und des Mythischen.

Drossel, Elster und Schwalbe sind allgemeine und sehr offene Vogelsymbole. Die Schwatzhaftigkeit, welche den Elstern nachgesagt wird, und der pfeilschnelle Flug der Schwalben gaben ihnen ihre Funktion im Märchengeschehen. Wer die Sprache der Vögel versteht, kann – symbolisch – mit den Göttern kommunizieren. Er ist den himmlischen Mitteilungen offen. Er hat seine intuitive Seite gut ausgebildet.

Das alles muß bedeuten, daß der Königssohn durch seine Liebe – trotz des Schocks, den er erfahren mußte – dem geistigen und intuitiven Bereich geöffnet wurde. Die Liebe macht ihn zwar noch nicht zum Eingeweihten, aber sie bringt ihn in Verbindung mit dem Göttlichen. Eigentlich würden wir deshalb erwarten, daß er nun tatsächlich aufs Pferd steigen und seine Braut heimführen kann. Das Märchen will es anders. Wer so fest in der Zange des Verhexten gefangen ist, kann nicht einfach mitgenommen werden. Es braucht geduldige, schwierige und lange Erlösungsarbeit.

Gerade auf der schmalen Brücke, welche die männliche Welt des Königssohnes mit der so eng und »schief« gewordenen weiblichen Welt der Goldspinnerinnen verbindet, erreicht die junge Frau der Hexenfluch, und sie muß ins Wasser stürzen, in Ahtis Reich, heißt es. Die junge Frau wird von den nicht gelebten, abgewehrten Emotionen eingeholt. In der finnischen Mythologie herrscht Ahti über alles Wasser. Er wird als alter, ehrwürdiger Mann dargestellt. Sein Bart ist aus Gras, sein Gewand aus Schaum (32). Symbolisch herrscht Ahti über das Reich des Unbewußten, in das die Braut des Königssohns nun noch tiefer fällt. Ahti ist Gegensymbol zum König, der positiven inneren Vaterautorität. Ahti verkörpert die Kraft der unbewußten psychischen Bereiche. Sie können uns schützen, wenn wir noch nicht reif für bestimmte Bewußtwerdungstendenzen sind, sie können uns fesseln, wenn uns seelische Inhalte bewußt werden müßten, aber aus Konstellationen, wie sie sich im Märchenbeispiel ergeben, nicht vollzogen werden können. Ahti repräsentiert »den Sog der unbewußten Tiefe«.

Blume, Fluß und Baum und Stein

Was ist richtig? Wird das Weibliche in der Seele des Königssohnes zum Teichröschen oder wird ihm alles Weibliche zur Blume oder seine Braut, die jüngste der Goldspinnerinnen? – Die Frage ist müßig. In der sichtbaren Welt können wir nur finden, was wir in der Verborgenheit der Seele in uns tragen. Wirklich zum Guten vollenden können wir nur, was in der Seele geschieht. Deshalb kann Geschehenlassen so wichtig sein. Mit unserem Bewältigungswillen haben wir uns so sehr von den Instinkten gelöst, daß wir, ohne es unmittelbar zu merken, Lebensfeindliches schaffen – fast mit jedem Atemzug. Immer, wenn wir nicht unseren Instinkten gehorchen, nehmen Seele und Welt Schaden (33).

Wenn alle Erscheinungen Ausdruck des Göttlichen sind, werden Verwandlungen selbstverständlich – und die Märchenbilder werden zu wunderbaren Offenbarungen, besonders auch die Urmärchen der Australier, der Südseevölker, der Afrikaner, der sibirischen Nomaden. Jede Naturerscheinung, jede Pflanze, jedes Tier findet seine Entsprechung in unserer Seele. Wir begegnen der Welt nicht mehr als Sachobjekt, sondern als Du-Partnerin, Du-Partner, und erfahren in der lebendigen Beziehung Identität. Das Lebendige und unsere Lebendigkeit finden sich zu tiefstem, reichstem Leben.

Das Teichröschen wächst aus dem Schlamm durch das Wasser und vollendet sich im Licht des Himmels, unter dem es sich öffnet. Es lebt in allen dem Menschen erfahrbaren Sphären: dem vorkosmischen, chthonisch chaotischen Urgrund, den der Schlamm symbolisiert, dem unbewußten, flüssigen Wasserelement und dem lichterfüllten Himmelsraum, welcher höchste geistige Bewußtheit darstellt. Die Teich- oder Seerose ist als »Lotosblume des Nordens« Symbol der vollkommensten Individualität. Der Blütenkelch gleicht der empfangenden, Leben ermöglichenden, schützend bergenden, nährenden Gebärmutter. Die Blüte spiegelt den Strahlenkranz der Sonne und vereint alle Schönheit der Welt.

In diesem vollkommenen Bild des Weiblichen verliert die Goldspinnerin alles Hexenhafte und wird ganz sie selbst. In diesem Bild muß auch der Königssohn nun Weiblichkeit erfahren. Das weibliche Bild in der Seele der Goldspinnerin und in der Seele des Bräutigams läutert sich. Eine Initiation, wie sie kaum echter gezeigt werden könnte!

Selbstwerdung geschieht immer durch Eintauchen des Ich in den Grund des Selbst. Das Ich, das, was ich bis jetzt von mir verwirklicht und gelebt habe, muß weiter und größer werden, neue Bereiche der Ganzheit erwerben, die mit der jeweils besonderen Individualität gemeint ist, auf die hin Individuelles ins Leben gerufen worden ist.

Ganz und gar mit Schlamm verschmieren muß sich der Königssohn. Er muß sich dem angleichen, was er erfahren will. Seelische Prozesse werden erleichtert, wenn sie zunächst außen symbolisch vollzogen werden. Das ist Geheimnis und Ursprung aller Zauberbräuche und frühreligiöser Riten.

Wenn die Bäume im ersten Grün stehen, geht die Schuljugend von Chur und Davos noch heute auf ein schönes Maiensäß, eine Voralp. Dort wird gespielt und gesungen. Feuer werden angezündet und allerhand Speisen daran zubereitet. Am späten Nachmittag kehren die Jugendlichen in die Stadt zurück, von den festlich gekleideten Eltern und Musikgesellschaften froh begrüßt. Die jungen Leute haben sich die Gesichter mit Erde und Asche eingeschmiert und tragen Baumzweige (früher ganz junge Bäumchen) mit. Das ist ein sicher uralter Initiationsritus. Er gleicht in entscheidenden Einzelheiten dem, was der Königssohn im Märchen besteht.

Der Krebs ist ein an Symbolen reiches Tier. Nie bewegt er sich geradlinig auf ein Ziel zu. Er umrundet es so, wie Mystiker und Meditierende das Geheimnis umkreisen, das sie erhellen möchten. Was dann aber die Scheren ergriffen haben, das läßt der Krebs nicht mehr los. Er lebt im Grenzbereich zwischen Wasser und Land – auf der Schwelle gewissermaßen. Das Land repräsentiert die Welt der Rechnungen, der vertraglich geregelten Verantwortlichkeiten, Tatsachen. Das Wasser symbolisiert unauslotbare Tiefe, Phantasie, Träume, Sehnsucht. So lebt der Krebs Männliches und Weibliches. Die Astrologen sagen, der Krebs-Mann übernehme gerne Mutterrollen. Er würde gerne pflegen und verhätscheln. In seiner Kindheit würde er Mütterliches in sein Wesen hineinnehmen (34).

Der Königssohn muß die Nase zuklemmen, wenn er sich verwandeln will. Auch wir klemmen ja die Nase gerne zu, wenn wir ins Wasser springen. Dadurch wollen wir verhüten, daß Wasser in die Nasenhöhle eindringen kann. Die Symbolbedeutung reicht aber tiefer. Wenn wir uns im Sinne einer Wandlung auf das Unbewußte einlassen, halten wir ganz bewußt den Atem an. Unser Leben muß sich auf neue Art verwirklichen, der Lebensatem wird neue Richtungen und neue Tiefe finden müssen.

Der Königssohn weiß jetzt, daß er seine Braut nicht einfach aufs Pferd setzen und wegtragen kann. Sorgfältig, geduldig nimmt er die lange Arbeit auf sich und löst die Würzelchen des Teichröschens aus dem Grund.

Gefunden
Ich ging im Walde
So für mich hin,
Und nichts zu suchen,
Das war mein Sinn.

Im Schatten sah ich
Ein Blümchen stehn,
Wie Sterne leuchtend,
Wie Äuglein schön.

Ich wollt es brechen,
Da sagt' es fein:
Soll ich zum Welken
Gebrochen sein?

Ich grub's mit allen
Würzlein aus,
Zum Garten trug ich's
Am hübschen Haus.

Und pflanzt es wieder
Am stillen Ort;
Nun zweigt es immer
Und blüht so fort.

JOHANN WOLFGANG GOETHE hat dieses Gedicht seiner Partnerin und späteren Gattin CHRISTIANE VULPIUS gewidmet (35). Im poesievollen Naturbild spricht er nicht nur seine zärtliche Verbundenheit aus, sondern die ganze Ehrfurcht vor der Frau, wie er sie besonders auch in den Bühnenspielen »Torquato Tasso« und »Iphigenie« gestaltet hat. Goethe ist der erste große deutsche Dichter, welcher die Frau nach den Verwirrungen der Hexenverfolgungen voll ernst genommen hat. Er wußte, daß die Frau unmittelbareren Zugang zur Seele hat als der Mann, und zeigte auch, daß sie den Humanismus reiner und reicher erschließt als der Mann.

Goethe hat das Blümchen mit seinen Wurzeln im Garten »am hübschen Haus« wieder eingepflanzt. Die Schülerinnen und Schüler Graubündens tragen ihre Baumzweige in die Stadt und werden, wie der Brauch es will, Wald. Der Königssohn im Märchen schwimmt mit dem Teichröschen im Fluß zu einer Esche und einem großen Steinblock. So führt uns das Märchen mitten in die nordische Ursymbolik hinein. Wir müssen deshalb recht ausführlich werden.

Die Eberesche im Märchen erinnert an den altnordischen Weltenbaum, an die Esche Yggdrasil. Ihre Zweige durchstreben alle Welten bis in die Gewölbe des Himmels. Aus drei Wurzeln wächst sie gewaltig empor. Im ersten Wurzelbereich wohnen die Asen, die alten Götter. Im zweiten leben die Frostriesen, die Urahnen der Menschen. Beim dritten Wurzelbereich halten sich die Toten auf. Dort entspringt der Urbrunnen, die Heimat von allem Wasser, der Ursprung des großen Lebensflusses. Auch die Nornen wohnen dort. Sie repräsentieren den zunehmenden, den vollen und den abnehmenden Mond. Sie bestimmen das Schicksal der Götter und der Menschen.

Auch der Zwerg Mimir lebt am Brunnen. Mimir heißt Meditation. Aus dem Urwasser schöpft er sein Wissen. Tag für Tag begießen die Nornen den Weltenbaum mit dem Schlamm und dem Wasser der ersten Quelle. Yggdrasils Stamm durchwächst das Reich der Menschen, und die Krone erreicht die Wohnung der Himmlischen.

Drei Tage hing Christus am Kreuz, um die leidende Menschheit zu erlösen. Neun Tage hing Odin am Weltenbaum und erhielt magische Kräfte. Er erhielt die Fähigkeit, sich zu verwandeln, und bekam die Runen, die Urschriftzeichen für die Sprache der Jenseitigen. Um den Preis seines Augenlichtes schenkte ihm Mimir die Sehergabe. Jetzt konnte er nach innen schauen. Als er nach neun Tagen vom selbst geworfenen Speer durchbohrt wurde, erhielt er neue Kraft und konnte als Gott auferstehen (36).

Unser Märchen vereinigt Fluß, Baum und Stein: das Fließende, sich verändernde mit Wachsendem, sich Rundendem und das unzerstörbar Ruhende, Fixierte. Lebensbaum und Fluß werden aus Totem lebendig. Das erklärt die zahllosen über den ganzen Erdkreis verbreiteten Märchen, welche das Wasser des Todes und das Wasser des Lebens zum Thema haben (37). Das Abgelebte ist Quelle von Leben und Wachstum. Die Nornen wirken dort, wo Zeitloses in den Fluß der Zeit übergeht, individuell wird.

Frau und Mann im Märchen gehen ein in das fließende Bewegungsmuster des Lebens. Sie finden ihre Identität in und mit dieser Bewegung. Der Fluß entspringt im Liebesgrund, in dem Ende und Anfang zusammenwirken. In diesem Kreislauf von Tod und Geburt schwimmen sie mit und lernen umfassendes Bezogensein. Sie erfahren Leben als Wandlung, leben im Wandelnden.

Die drei Wurzeln des Lebensbaumes entsprechen den drei Quellen der unbewußten Psyche. Sie wird gleichermaßen vom Göttlichen wie von der Geschichte (bis zurück zu den fernsten Ahnen) und vom Kollektiven genährt. Aus diesen drei Bereichen entspringt der Seelenfluß, aus dem menschliche Individualität zu Umfassendem reift.

Im Baum lebt das Paar dieses Verwurzeltsein. Der Stamm symbolisiert die Kraft des Lebens. Sie reicht aus, das ganze Menschsein zu durchdringen und in den Himmel zu streben. Eine wunderbare Gewißheit, die da die Liebenden erhalten! Die Krone spricht von dem, was in geistiger Freiheit schöpferisch gestaltet werden soll: das Werk des Lebens.

Der Steinblock repräsentiert das absolut Ruhende und das Fixierte, Bleibende. Alle Kulturen kennen das Miteinander von steinernem Altarblock und Baum. Dadurch wird das Steingrab Auferstehungsort. Das estnische Märchen führt die Liebenden in die Einheit des dreifachen Lebens von Tod, Wachstum und Wandlung.

Heimkehr in die Liebe

Nackt wie unschuldige Kinder treiben die Liebenden mit den weichen Wellen im Fluß. So unschuldig und fern der gemessenen Zeit stellt das Märchen sie dar – wie neu geboren. Die Kleider werden sie wieder zu Persönlichkeiten machen. Kleider charakterisieren Trägerin und Träger, verleihen ihnen ihre sichtbare Eigenart. Kleider schützen auch. Wir können uns in ihnen verbergen.

Im Märchen bringt eine Kutsche Kleider, Diener und Zofe. Jeder von Pferden gezogene Wagen erinnert an den Sonnenwagen. Die Pferde repräsentieren Triebhaftigkeit, Instinkte und Lebenskraft. Der Wagen ist Fahrzeug für Sonnenhaftes. Sechs Pferde sind es hier – immer zwei nebeneinander. Sechs Zacken hat der aus zwei gleichseitigen Dreiecken gebildete Stern. Das eine steht auf der Spitze. Es symbolisiert das Weibliche. Das andere ruht auf einer Seite, und die Spitze weist in die Höhe. Dieses symbolisiert das Männliche. So wird die Zahl sechs zur Symbolzahl von Harmonie und Liebe, Schönheit und Glück. Sechs Tage dauerte das Werk der Schöpfung. Jetzt ist sie auch im Märchen erreicht. Mann und Frau sind zu Menschlichkeit und Liebe gereift.

Niemand weiß, woher Kutsche, Diener, Zofe und Kleider kommen. Das Schicksal schenkt sie. Zofe und Diener repräsentieren starke, helfende Kräfte, welche die Seele den Liebenden bereit hält. Das ist der Lohn für Selbstarbeit mit dem Ziel des Miteinanders. Nun können Königssohn und Goldspinnerin in Gemeinschaft mit den Eltern in der Kirche ihre Hochzeit feiern.

Die Kirche steht hier weder für eine Architektur noch für eine Institution. Sie ist Symbol dafür, daß sich das Paar unter ein Übergeordnetes stellt, sich mit ihm sogar verbindet. Ihre reife Liebe bringt sie in unmittelbare Nähe zum Göttlichen.

Auch die Eltern sind da: Vaterkönig und Mutterkönigin im eigenen Herzen! Die inneren Autoritäten, die das Gute wollen, die zu Ganzheit und Mitte führen. Die innere Königin- und die innere Königautorität verkörpern das göttliche Prinzip in der Mitte der Seele.

Die übrigen Märchenbilder, die jetzt noch folgen, sind in früheren Betrachtungen bereits erklärt worden. Auf die Bedeutung des Feuers im Sinne der Erneuerung des Lebens durch das Opfer wurde mehrmals aufmerksam gemacht. Das Thema vom Vergessen des Helfers erhielt im Kommentar zum Märchen *Das goldene Schloß, das in der Luft hing* eine ausführliche Interpretation. Die beiden Schwestern hier stehen für verwandte, aber doch wieder andere Aspekte des Weiblichen. Auch diese dürfen nicht vernachlässigt werden, wenn die Liebe ihre Erfüllung finden soll.

Das estnische Märchen *Die Goldspinnerinnen* ist ein reiches und wunderbares literarisches Dokument. Es zeigt, wie Liebe in den Urprozeß des Lebens eingefügt ist. Alle Blockierungen dieses Prozesses sind lebensfeindlich, also böse. Die Wissenschaft kann das Phänomen der Liebe nicht erklären. Auch Mythen und Märchen können es nicht. Sie kleiden vitales, instinktives Wissen in Bilder. So stellt das Unbewußte Inhalte, die ihre Verwirklichung finden müssen, in die wahrnehmbare Realität.

In der Liebe arbeiten Frau und Mann miteinander, damit jedes ganz werden und jedes das andere in seinem Weg zur Ganzheit annehmen und begleiten kann. Tabus, künstliche Moral, Einengungen auf bestimmte Muster, Angst vor dem Sterben und vor der Notwendigkeit zur Erneuerung lähmen den Prozeß der Liebe. Aber die heilenden Kräfte der Seele arbeiten im Dienst des Lebens. Alles vermögen diese Kräfte nicht. Doch die Liebe nährt sie. Darauf dürfen wir gemäß den Märchen vertrauen.

Mit sorgfältiger Ausführlichkeit entwickelt das Märchen die

Bedingungen, die erfüllt sein müssen, damit Liebe sich ereignen kann. Weglos durch die struppige Wildnis des eigenen Herzens streifend, findet der junge Mann schließlich – fast traumwandlerisch – den schmalen Pfad, der zu den Goldspinnerinnen führt. Drei – genau genommen eigentlich vier – Frauengestalten verkörpern das goldwirkende Weibliche. Die chinesischen Symbolträger weisen das Gold den Yang-Kräften, also dem Männlichen zu. Auch in unserer Welt repräsentiert Gold das Strahlende der Sonne. Und die Sonne symbolisiert höchstes männliches, geistiges Wirken. Deutlicher könnte das Märchenbild nicht sein. Der durch Geschichte und gesellschaftliche Konvention geprägte Königssohn nimmt wahr, daß gerade das Weibliche, die Frau, das aus sich heraus Leuchtende schafft, die Eigenschaften der Heiligkeit, unzerstörbare Weisheit, schöpferisches, reiches Leben – ich folge den Symbollexika –, das kostbare göttliche Selbst.

Das Wissen, das sich hier in Bildern mitteilt, ist uraltes, bis in die Frühzeit der Kulturgeschichte zurückreichendes, über den Dualismus patriarchaler Jahrtausende weitergegebenes Wissen, das sich weder um kirchliche Dogmen, noch um philosophische Entwicklungen kümmert. Die Frau als erster und letzter Reichtum des Lebens.

Aber das ist nicht die einzige Bedingung, um die dieses Märchen weiß. Mit geradezu verführerischen Bildern wird die Frau aus ihrer elenden, verhexten Hütte hinausgelockt in das Leben. Sie erfährt das Wunder der »Schwelle« als Mysterium der Liebe. Das Symbol der Schwelle meint nicht einfach den Übergang zu Neuem, also Unbekanntem und deshalb Gefährlichem, Angstmachendem. Es meint den ganz schmalen, fadendünnen kammartigen Übergangsbereich zwischen Vergangenheit und Zukunft, zwischen der verhältnismäßigen Geborgenheit im Bisherigen und der freien Weite des Kommenden. Dieses In-beidem-Sein meint die Schwelle, in irdischer Beschränkung und kosmischer Weite, im Begrenzenden des Ich und im Unendlichen des Selbst. So meldet sich Liebe an, als Möglichkeit des Zugleich. Janus vermag dieses Zugleich, der antike Gott mit den zwei Gesichtern, dem nach rückwärts- und dem nach vorn schauenden. Ihm stehen alle Türen offen, wie sie den Liebenden offen sind, die Türen zu den Kammern ihrer Seelen und zu den »Kammern« der Welt. Liebe macht groß. In ihrem Offensein zerfallen alle Dimensionen.

Wer kann das aushalten? Wenn die Türen offen sind, wird Ahti mächtig. Wer zum erstenmal Liebe in ihrer vollen Erschütterung erfährt, wird von den richtungs-, ordnungslosen Tiefenbereichen angezogen. Der zum erstenmal von der Liebe überfallene Mensch erfährt sich als dem Chaos ausgeliefert. Die Großartigkeit des Regellosen verzaubert ihn. Das Märchen zeigt das in zwei Varianten. Die Frau wird von der Vergangenheit, vor allem auch von ihrer verhexten Kindheit, wieder eingeholt. Das Hexenknäuel zwingt sie in Unbewußtheit zurück. Ihr geschieht Heilung, indem sie sich geduldig seelischem Wachstum überläßt. Der Königssohn versinkt in das schwarze Loch tiefer Depression. Seine Orientierungslosigkeit führt ihn zu stummer Trauer. Ihn heilt – symbolisch – der Wind. Da er sich geistigem Wirken aussetzt, erwacht er zu neuer Aktivität.

Die Märchenhandlung muß sich beschränken. Der Therapeutin, dem Therapeuten und wohl fast jedem wachen Erwachsenen begegnen die verschiedensten Formen von Ahtis Fluch. Da ist die junge Malerin, deren Arbeiten fast mit einem Schlag völlig chaotisch werden. Formen, Rhythmen und Farben fallen in schlammiges Dunkel zusammen. Da ist der fünfzigjährige Wissenschaftler, der im Überfall der Liebe jeden Bezug zur Realität verliert – fast nicht mehr nachvollziehbar. Er läßt sich zu Eheschließung in fernem Kontinent überreden und merkt nicht, daß er in die Schlingen einer gesuchten Betrügerin geraten ist, die in wenigen Monaten den ganzen, gar nicht bescheidenen Besitz ihres neuen Mannes verschleudern wird. Da ist dieser sechzigjährige Geschäftsmann, der plötzlich jede Verantwortung für seine Frau und die Familie verliert und sich nicht einmal mehr Rechenschaft darüber zu geben vermag, wenn er das Geschäft verkommen läßt, seine Frau sadistisch quält und den Söhnen die für den Abschluß ihrer Studien notwendigen Mittel vorenthält.

Uneingeschränkt von der Liebe überwältigte Menschen können chaotisch, verheerend wirken – unabhängig von Alter und Geschlecht. Tatsache ist aber, daß die jetzt offenstehenden, ganz verschiedenen Bewußtseinsräume der Seele wahrgenommen werden (38). Dieses Wahrnehmen ist gemeint. Die Frau lernt es im Märchen, indem sie blumenhaft wächst und aufblüht, wie eine Seerose, wie eine Lotosblüte. Die Goldspinnerin überläßt sich – so scheint es – den wachstumsfördernden, Reife wollenden Kräften ihrer Seele. Der Königssohn aber muß hinabtauchen bis zu den Wurzeln. Hinabtauchend lernt er das Verwachsensein des weiblichen Lebens mit Bereichen »unter dem Wasser«, im unauslotbaren Lebensgrund. Die mit den Quellen allen Lebens verwurzelte Weiblichkeit erlebt jetzt der Mann, lernt der Mann. Erst dadurch wird er der Liebe fähig. Neue Gefühle werden lebendig.

Reife heißt Verwurzeltsein, heißt dadurch Zugang finden zu den fernsten Herkunftsbereichen menschlicher Existenz. Zugleich meint reif sein auch, daß die verschiedenen Bewußtseinsräume zugänglich sind. In diesem Sinne gereift, können sich Liebende auf den Strom des Schicksals einlassen, lebendig sein darin, den eigenen Pulsschlag mit den Rhythmen des schöpferisch gemeinten Lebens einen. Kein Märchen könnte das schlichter und reiner zeichnen! Nackt, ganz sich selber sein und dem Strömen der eigenen Schöpferkräfte gehorchen, das meint das Bild des Schicksalsflusses im Märchen.

Auf dem Grab von Aschenputtels Mutter wächst der Baum, der dem bedrängten Mädchen wunderbare Kleider schenkt.

Am Ufer des Schicksalsflusses, Lebensflusses schenkt der Urbaum im Märchen von den Goldspinnerinnen den Liebenden Kleider. Das macht sie zu individuellen Persönlichkeiten, einmaligen und unwiederholbaren. Sie werden es vor dem Symbol des Steines, eigentlich des Steinaltars, welcher, wie wir erfahren haben, das Dauerhafte, Unsterbliche, Ewige repräsentiert. Erst jetzt dürfen sie heiraten, bilden sie ein Paar, erleben sie sich als von Übergeordnetem angenommen.

Wie Unendlichkeit weit entfernt ist diese geradezu vollkommene Bilderschau des Lebens von dem, was allerorten so über Liebe herumgereicht wird. Das Goldspinnerinnen-Märchen ist allerdings nicht so ganz isoliert, wie es scheinen möchte. HEINRICH VON WLISLOCKI überliefert eine nah verwandte Parallele, ein Märchen der siebenbürgischen Wanderzigeuner (39). Nachfolgend ist es erzählt und soll unsere Betrachtungen abschließen.

Eine Märchenvariante zu den »Goldspinnerinnen«

Die hilfreichen Nivashi-Töchter

Den Mythologien und Märchen der Zigeuner zufolge haben die Nivashi rotes Haar, rote, lange Bärte und Pferdefüße. Die Nivashi verhalten sich den Menschen gegenüber sehr grausam. Ganz anders zeigen sich dagegen ihre Töchter. Sie sind überwirklich schön und haben langes, seidenglänzendes Haar. Den Menschen helfen sie aus Bedrängnis. Irdischen Männern können sie sogar treue, liebevolle Gefährtinnen werden.

Es war einmal ein junger Zigeuner, den hieß man Petru (Peter). Er war ein fleißiger, sparsamer Bursche, der den ganzen Tag über im Dorfe arbeitete und Abends sich nicht einmal einen Schluck Branntwein gönnte; er sparte aber deshalb, weil er die Stieftochter einer alten Frau, die am Ende des Dorfes wohnte, zu heiraten gedachte. Seine Stammgenossen warnten ihn und sprachen: »Heirate du ein Mädchen aus deinem Stamme, und laß dich nicht ein mit der Dorfsbrut! Du bist ein Zigeuner und sollst eine Zigeunerin zum Weibe nehmen!« Petru kehrte sich nicht an die Worte seiner Genossen, sondern ging jeden Abend in die Hütte der alten Frau, und wenn dieselbe schlief, so unterhielt er sich mit der Maid.

Die alte Frau wußte gar wohl, daß ihre Stieftochter den Petru lieb habe, aber sie tat, als sehe und höre sie nichts und ließ der Maid ihren Willen. Da kam der Herbst ins Land, und als sich der Winter näherte, da zog der Zigeunerstamm weit weg in eine andere Gegend, wo seine Winterquartiere sich befanden. Petru blieb im Dorfe zurück und wollte erst die Maid heiraten und dann mit ihr zugleich zum Stamme ziehen. Er ging also zur Stiefmutter seiner Geliebten hin und bat diese, sie möge ihm ihre Tochter zur Frau geben.

Da kam er aber gut an! Die alte Frau sprach: »Wo denkst du hin? Ich soll einem Zigeuner meine Tochter geben, damit du sie zu deinem Stamme hinführest und ich hier in der Hütte allein zurück bleibe: Geh' zurück zu deinem Stamm und heirate eine Zigeunerin! Eine weiße Maid paßt nicht für einen schwarzen Mann!« Der arme Petru entfernte sich nun aus der Hütte. Als es Abend wurde, kehrte er dahin zurück und erzählte seiner Geliebten, was ihm die Stiefmutter gesagt habe. Da beschloß das junge Paar zu fliehen; Petru wollte heimlich die Geliebte zu seinem Stamme bringen und dann heiraten. Sie machten sich also auf den Weg und flohen aus dem Dorfe. Die alte Frau aber war eine böse Hexe, die sich auf allerlei Kunststücke verstand. Sie hatte einen roten Hahn, der wie ein Mensch sprechen konnte und der Alten alles mitteilte, was sie zu wissen brauchte. Kaum war die Maid mit dem Petru zum Dorfe hinaus, da schrie schon dreimal der rote Hahn:

»Kukuriku!
Unsre Jungfer geht mit dem Petru!
Sie geht dort am Dorfend durch die Au!
Bald wird sie Petrus Frau!«

Als dies die alte Frau hörte, sprang sie von ihrem Lager auf und sprach: »Ja, ja! Ich will ihnen schon geben!« Hierauf nahm sie aus einem Schranke ihr Zaubergarn hervor und sprach dann also:

»Rolle, rolle, du mein Knäul!
Rolle, rolle, eil du, eil!
Eile meiner Tochter nach.
Stürz sie in den nächsten Bach!«

Und das Zaubergarn rollte zur Hütte hinaus, zum Dorfe hinaus; hinaus auf das Feld, und als Petru mit seiner Geliebten gerade über eine Brücke schritt, die über einen tiefen Fluß führte, da war auch schon das Zaubergarn da, und als die Maid über den Brückenrand ins Wasser spie, da rollte der Knäul unter ihre Füße, und sie stürzte ins kalte Wasser hinab. Petru blickte verzweifelt in den Fluß hinab, aber er sah von seiner Geliebten keine Spur mehr. Er lief ins Dorf zurück und ging in die Hütte der alten Frau, der er nun weinend erzählte, daß ihre Tochter in den Fluß gefallen sei. Die alte Frau versetzte: »Ja, sie ist jetzt die Wasserrose, die du unter der Brücke sehen wirst! Wenn du bei ihr sein willst, so springe ihr nach!« Hierauf jagte sie den Petru zur Hütte hinaus.

Am nächsten Morgen sah Petru eine schöne Wasserrose unter der Brücke blühen. Niemand konnte sie pflücken, denn wenn sich ihr etwas näherte, verschwand sie sogleich unter dem Wasser und kam erst dann wieder zum Vorschein, wenn ringsum alles ruhig war. Dem armen Petru verging die Zeit sehr langsam. Tagelang saß er auf der Brücke und blickte hinab ins Wasser, wo die schöne Wasserrose blühte. Einmal saß er auch spät in der Nacht auf der Brücke und weinte. Da hörte er auf einmal einen Gesang, und als er von der Brücke hinab ins Wasser blickte, da sah er drei Nivashi-Töchter, die auf dem Wasser tanzten. Lange sah er ihrem Tanze zu, und als sie rasteten, da hörte er eine Nivashi-Tochter zu ihren Schwestern sagen: »Wenn dieser arme Junge uns Äpfel und Eier ins Wasser werfen würde, dann möchten wir die Wasserrose in seine Geliebte zurückverwandeln!«

Petru hörte diese Worte, und in der nächsten Nacht da befand er sich mit einem großen Korb voller Eier und Äpfel auf der Brücke, und als die Nivashi-Töchter kamen, da schüttete er den Korb ins Wasser. Wie freuten sich die Nivashi-Töchter, als sie die vielen Äpfel und Eier aus dem Wasser herausfingen! Nachdem sie dieselben verzehrt hatten, traten sie an die Wasserrose heran und küßten sie. Da sprang aus dem Wasser Petrus Geliebte hervor und wurde von den Nivashi-Töchtern auf die Brücke getragen. Petru zog nun mit seiner Geliebten in eine Stadt, wo er als großer Herr mit seiner schönen Frau in Glück und Freude lebte, denn die Nivashi-Töchter hatten sie beide reichlich beschenkt und ihnen viel Gold und Silber gegeben; die alte Hexe aber lockten sie zum Flusse und ertränkten sie im Wasser.

Geborgenheit

Durch Wandlungen heimfinden in die Liebe

Russisches Volksmärchen

Iwanuschkas Frau

Es lebten einmal drei Brüder. Zwei waren schon verheiratet und selbständig, der dritte, Iwanuschka, war noch ledig und kümmerte sich um seinen Vater und seine Mutter. Oft lachten ihn die Brüder aus: »Was sitzt du mit den Alten auf dem Ofen? Du bist wohl krank, daß du dir kein Weib nimmst?« Iwanuschka antwortete ihnen: »Zwei Hausfrauen an einem Herd ist schlecht. Die Mutter soll ihre Ruhe haben.«

So lebten die Alten mit ihrem Jüngsten glücklich, bis die beiden am selben Tag starben. Iwanuschka ging zu seinen Brüdern und sagte: »Wir müssen für unsere Eltern drei Nächte lang in der Kirche eine Totenandacht halten.« »Du hast doch keine Frau, die es dir übel nimmt, wenn du dich nachts herumtreibst«, erwiderten die Brüder. »Mach du das allein!«

Drei Nächte verbrachte der jüngste Sohn in der Kirche und betete für seine Eltern, daß sie in den Himmel kämen. Als die dritte Nacht fast vorbei war, schlief er ein und sah im Traum, wie ein Engel die Seelen seines Vaters und seiner Mutter nahm und sie emportrug. Als er die Augen aufschlug, meinte er, noch die Stimme des Vaters zu hören: »Du warst uns ein guter Sohn und hast unseretwegen auf manche Freude verzichten müssen. Wenn wir wieder einmal zusammen leben könnten, würden wir uns auf deine Frau freuen, wer auch immer sie sein möchte!«

Bald darauf besuchte Iwanuschka seine Brüder abermals und bat sie: »Brüder! Ich möchte heiraten! Werbt bitte als die Älteren in der Familie um eine Braut für mich!« Die Brüder weigerten sich: »Für deine Hochzeit haben wir zur Zeit kein

Geld. Du hast ja lang genug ohne Frau gelebt, du kannst noch etwas warten!«

Beleidigt verabschiedete sich Iwanuschka. Er dachte bei sich: »Sei's drum, dann werde ich eben das erste beste Mädchen nehmen, das bereit ist, mich auch ohne Brautwerber zu heiraten!«

Während er so nachdachte, trugen ihn seine Beine zu dem kleinen Waldsee, an dem er häufig spazieren ging, wenn es ihm nicht froh zumute war. Als er ans Ufer kam, sah er ein Mädchen im Wasser schwimmen. Er trat näher und fragte: »Wer bist du?« Sie antwortete: »Ich bin eine Wasserfrau.« »Willst du mich heiraten?« fragte er ohne viel Umstände. »Wie kann ich das? Du hast doch reiche Brüder, und ich habe nichts, nicht einmal ein Kleid!« meinte sie. »Nun, warte hier auf mich!« antwortete er.

Iwanuschka eilte nach Hause, holte das Hochzeitskleid seiner Mutter aus der alten Truhe und brachte es der Wasserfrau. Als sie aus dem Wasser stieg und es anzog, rief Iwanuschka hingerissen: »Eine Schönheit wie dich gibt es nicht noch einmal!«

Er führte sie ins Dorf. »Wer uns auf dem Weg zur Kirche begegnen wird, den werden wir als Trauzeugen nehmen!« sagte Iwanuschka. Doch die Straße war leer. Erst vor dem Kircheneingang trafen sie zwei Menschen – zwei bettelnde Pilger. »Wollt ihr unsere Trauzeugen sein?« fragte Iwanuschka. Die Pilger antworteten: »Gern tun wir das!«

So hat Iwanuschka die Wasserfrau geheiratet. Doch als die beiden Brüder sie sahen, wurden sei neidisch auf Iwanuschka. Immer wieder schauten sie über den Zaun in Iwanuschkas Hof hinein und sahen, wie fleißig und ordentlich die Schöne war. Von früh bis spät hantierte sie im Haushalt und sang dazu wie eine Lerche, so daß die Menschen sich vor Iwanuschkas schäbigem Häuschen versammelten und stundenlang zuhörten.

Nach einiger Zeit gingen die beiden Brüder einmal an den Waldsee, um zu angeln. Wie sie da so am Wasser in einem Versteck saßen, sahen sie plötzlich Iwanuschkas Frau kommen. Am Ufer zog sie ihr Kleid aus und glitt in den See. Im Wasser preßte sie die Beine aneinander, und sie wuchsen zu einem Fischschwanz zusammen. »Hast du das gesehen?« flüsterte ein Bruder dem anderen zu. »Eine Wasserfrau ist sie also!« »Habe ich es doch von Anfang an gewußt: Hier geht es nicht mit rechten Dingen zu!« regte sich der andere auf. »Wollen wir ihr das Kleid nehmen! Mal schauen, was dann geschieht!«

Sie schlichen sich heran und stahlen das Kleid. Als die Wasserfrau zurück ans Ufer kam, bemerkte sie den Verlust. Verzweifelt suchte sie ihr Gewand, doch vergebens! Kläglich schrie sie auf, verwandelte sich in eine graue Wildgans und flog in die Lüfte.

Den Brüdern war es recht. Sie gingen zu Iwanuschka, gaben ihm das Kleid und sagten: »Deine Hexe kommt wohl nicht mehr zurück! Sie läßt dich schön grüßen und flog in der Gestalt einer grauen Wildgans weg!«

Lange weinte Iwanuschka. Doch auf einmal glaubte er, die Stimme seiner Mutter zu hören: »Die Tränen helfen deinem Kummer nicht! Geh und suche deine Frau!« Iwanuschka trocknete seine Tränen und machte sich auf den Weg.

Wie lange er unterwegs war, weiß keiner zu sagen. Das Brot war ihm längst ausgegangen, da erreichte er eine kleine Waldhütte. Er trat hinein und sah auf dem Ofen einen buckligen Greis mit einem langen Bart sitzen, der bis zum Boden hinunterhing. Eine umgekippte Holzbank lag auf den dünnen Strähnen. Wie der Alte sich auch Mühe gab, seinen Bart freizubekommen, es gelang ihm nicht. Die Tränen rollten ihm aus den Augen und fielen hinab auf den Lehmboden, der sich davon in eine klebrige Masse verwandelte und den Bart nur noch fester hielt.

Iwanuschka hob die Bank, säuberte die Bartfransen von Lehm und Kot und gab sie dem Greis in die Hand. Er sagte: »Ich suche meine Frau, die mir als graue Wildgans weggeflogen ist. Weißt du vielleicht, wo ich sie finde?« Der Alte antwortete: »Das ist die Tochter meiner Schwester. Die Menschen haben sie beleidigt, sie ist ihnen sehr böse! Sieh zu, daß du da heil herauskommst!« Mit diesen Worten reichte er Iwanuschka einen Schlüssel. »Wenn du zum Haus meiner Schwester kommst, steck den Schlüssel nicht in das Schlüsselloch, sondern wirf ihn aufs Dach. Dann öffnet sich die Türe von allein, und meine Schwester wird verstehen, daß ich dich zu ihr geschickt habe. Sie wird dir helfen.«

Iwanuschka fand das Haus, in dem die Schwester des Greises lebte, und warf den Schlüssel auf das Dach. Die Türe öffnete sich von selbst. Als er eintrat, sagte die Alte: »Ich weiß, was du suchst!« Sie packte ihn plötzlich am Kragen und schüttelte ihn kräftig. Gleich wurde er ganz klein und verwandelte sich in eine Nadel. Die Alte steckte sie ins Moos, mit dem die Wände abgedichtet waren. Iwanuschka guckte daraus heraus und sah, wie neun graue Wildgänse über die Schwelle watschelten. In der Stube schüttelten sie ihr Gefieder ab und wurden zu schönen Mädchen. Auch Iwanuschkas Frau war darunter. Sie schnüffelte und fragte: »Hast du einen Menschen versteckt? Ich werde ihn schnell finden, und er wird es bereuen, hierher gekommen zu sein!«

»Nein«, sagte die Alte. »Du tust ihm nichts! Nicht er hat dich beleidigt. Er liebt dich und hat dich gesucht. Du bist ja seine Frau.«

Iwanuschkas Frau überlegte und sagte: »Gut, ich tu ihm nichts. Mal sehen! Vielleicht nehme ich ihn wieder zum Mann.«

Als sie ins Bett ging, legte die Alte die Nadel auf ihr Kissen. Iwanuschka wollte sie küssen, doch er kratzte nur ihre Wange. »Schlaf ein!« befahl seine Frau. Er schlief. Vorsichtig nahm sie die Nadel, warf sie in den Ofen und verbrannte sie. Dann sammelte die Frau die Asche in ein feines Tuch, schüttelte es einmal, und schon wurde er wieder zu einem Mann, nur schöner, als er je gewesen war.

»Wie hast du geschlafen?« fragte sie Iwanuschka. »Ach«, antwortete er, »merkwürdige Träume hatte ich. Man hat mich in eine Nadel verwandelt und in einem Ofen verbrannt. Das hat mir aber gar nicht weh getan, nur schön war es!«

Die Wasserfrau gab ihm einen Geldbeutel und sagte: »Geh du zu Fuß nach Hause, ich fliege dir nach! Nur paß auf, denn für dieses Geld darfst du nichts außer Brot kaufen! Sonst verlierst du mich!«

Iwanuschka ging allein nach Hause. Immer wieder kaufte er sich etwas Brot. Das Geld im Beutel wurde aber nicht weniger. Endlich erreichte er sein Heimatdorf. Als die Brüder ihn allein kommen sahen, freuten sie sich. »Deine Hexe hast du wohl nicht gefunden?« Doch Iwanuschka antwortete nicht.

Als der Sonntag kam, ging Iwanuschka in die Kirche. Da sah er auf den Stufen die zwei Bettler sitzen, die als Trauzeugen bei seiner Hochzeit gewesen waren. Sie weinten bitterlich. »Was ist mit euch los?« fragte Iwanuschka. »Ach«, antworteten die Pilger, »wir haben keine Kraft mehr zu gehen. Ein Engel Gottes hat uns im Traum besucht und versprochen, daß es in diesem Dorf einen guten Menschen geben werde, der uns ein Haus kauft. Doch schon bald kommt der Winter, und wir haben diesen guten Mann nicht gefunden.«

Iwanuschka dauerten die Alten. »Ich habe doch so viel Geld!« dachte er bei sich. »Es würde für das Haus reichen, und für Brot würde auch noch etwas übrig bleiben. Wenn meine Frau ein gutes Herz hat, wird sie mich verstehen, versteht sie mich aber nicht, dann brauche ich auch keine solche Frau.«

»Kommt! Ich kaufe euch ein Haus!« sagte er zu den Bettlern, und wie er das sagte, verschwanden die Pilger plötzlich und auch die Kirche und das ganze Dorf. Iwanuschka stand allein mitten auf freiem Feld.

Da sah er seine Frau mit den beiden Pilgern ihm entgegen kommen. Als sie zu ihm herantraten, erkannte er in den beiden seinen Vater und seine Mutter. »Du hast deine Prüfung bestanden«, sagte seine Frau. »Jetzt werden wir alles von Anfang an beginnen können!«

Sie nahm ihr feines Tuch heraus, schüttelte es, und auf den Boden fielen die Kirche, die Häuser, Iwanuschkas ganzes Dorf. Bloß die Häuser der beiden Brüder fehlten. An der Stelle seiner Hütte aber erhob sich ein schönes Bojarenhaus mit geschnitzten Fensterläden, und auf das Tor war eine graue Gans gemalt.

Der große Bruch

Iwanuschka, der liebe, kleine Iwan in unserem Märchen, lebt in einem abgeschiedenen Dorf. Eins ist er geworden mit den Wäldern, den Bären und Wölfen, dem Winterschnee, den Frühlingsvögeln, dem Fluß, dem See, der hölzernen Kirche, dem Himmel und den Märchen. Ich weiß nicht, ob Iwanuschka lesen kann, ob er genau trennt zwischen seinen Brüdern und sich selbst, zwischen der Frau, die er liebt, und der Frau, die Gott ihm bei seiner Geburt als Bild ins Herz gelegt hat, wie eine Ikone, so heilig und fern und schön.

Ganz eins mit seinen Eltern lebt Iwanuschka. Offensichtlich kann er sich nicht über sie beklagen. Er ist ihnen so dankbar für ihre Liebe, daß er sogar darauf verzichtet, sich eine Frau zu nehmen. Er weiß, sie könnte die Harmonie des Hauses stören, besonders das Einverständnis mit seiner Mutter. »Zwei Frauen an einem Herd ist schlecht«, sagt er.

Der Herd ist Symbol für das, was in mir selber brennt, für den Ort, wo die Nahrung der Seele zubereitet wird, für jene unsichtbare, nicht definierbare Stelle, aus der heraus ich lebe, von der heraus ich meine Wärme und meine Eigenart erfahre. Es gibt verschiedene Namen und Zeichen dafür, in der Kunst und in der Psychologie. Aber wir wollen ihr keinen Namen geben. Es kann ja auch keine bestimmte Stelle sein. Dieser Ort ist überall in mir und immer da. Immer, wenn ich spüre, daß ich lebendig bin, daß ich gemeint bin, dieses Leben, das meinen Namen trägt, immer dann weiß ich, daß ich diesen Herd, diese Wärme, diese Geborgenheit in mir habe, aus ihr lebe.

Eigentlich ist es schade, daß Iwanuschka nicht selbst an diesem Herd tätig ist. Er überlaßt die so wichtige Arbeit an sich selbst seiner Mutter. Auch Mütter oder Väter, auch ganz alte Leute, deren Eltern schon lang gestorben sind, können die Arbeit am eigenen Seelenherd noch immer der Mutter oder dem Vater oder anderen starken Persönlichkeiten überlassen, die in ihrem Leben wirksam geworden sind, auch eingebildeten Autoritäten, auch Ideologien oder dem, was sie sich unter Gott vorstellen, obwohl sie doch wissen müßten, daß Gott unvorstellbar ist, jede Vorstellung übersteigt.

Wir Menschen müssen so lange Kind und abhängig sein, daß wir, wenn wir geliebt werden und leben wollen, aus lauter Gewohnheit in uns Personen schaffen, die uns leiten. Mit diesen inneren Personen schaffen wir dann auch einen ganzen Kodex von Erlaubtem und Verbotenem, Erwünschtem und Unerwünschtem.

Auch Iwanuschka hat noch andere Personen als Vater und Mutter, die auf seiner Seelenbühne handeln: seine beiden Brüder. Sie zeigen einen ganz anderen Charakter als seine Eltern und auch als er selbst. Sie sind recht selbständig. Wo Iwanuschka, ohne zu überlegen, folgt, spotten die Brüder. Sie haben die Mutter von ihrem Seelenherd verdrängt. Wenn Iwanuschka auf seine Brüder hört, wird er unruhig. Unsicher beginnt er, sich schüchtern Fragen zu stellen. Das dauert so lang, bis die beiden Elterngestalten sterben, bis sie von der Seelenbühne des jungen Mannes abtreten müssen.

Iwanuschka wird von fremden Stimmen in ihm bestimmt. Nachdem die Stimmen von Mutter und Vater schweigen, hätte er die wunderbare Möglichkeit, selbst Regie zu führen auf seiner Seelenbühne, das Feuer in seinem inneren Herd selbst zu unterhalten, die Nahrung seiner Seele selbst zuzubereiten. Aber noch immer ist er nicht fähig dazu. Kaum hat er diese inneren Autoritäten entmachtet, wird er traurig über den Verlust und baut sie sich in seiner ungeschickten Trauer wieder auf.

Die Seele möchte es anders. Trauerarbeit ist anders. Sie dauert auch nicht bloß drei Nächte (1). Wer spürt, daß Autoritäten, die er in seinem Inneren aufgebaut hat, wer erfahren muß, daß die Leitlinien, die er in seinem bisherigen Leben erarbeitet hat, die ihm von Vater und Mutter, von Autoritäten, Gesellschaftsstrukturen und Ideologien aufgebaut worden sind, wer spürt, daß diese Autoritäten und Leitlinien neuen, eigenen weichen müssen, sieht sich einer großen, oft jahrelangen Arbeit gegenüber, in der dunkle und helle Zeiten, Zeiten der Depressionen und Begeisterungen einander ablösen. In diesem Sinne Trauerarbeit leisten heißt wachsam sein, heißt aufmerksam sein in alle Richtungen, heißt Experimente wagen, erproben, was mir hilft, was mich hemmt, und heißt auch geduldig warten, bis das in mir gewachsen ist, das tatsächlich meinen Namen trägt, mein eigenes »Kind« ist. Trauerarbeit leisten heißt etwas mehr als bisher das erstreben, was ich bin. Das ist das geheimnisvolle, aber eigentlich offenbare Paradoxon des Lebens, daß ich das werden muß, was ich bin.

Schließlich gibt Iwanuschka die untaugliche Trauerarbeit, welche die Gesellschaft eingerichtet hat, auf und wendet sich an seine freieren Brüder. Doch sie wehren sich. Wenn diese inneren Gestalten nun zu neuen Leitbildern entwickelt würden, müßten sie genau das verlieren, was sie verkörpern: Widerspruch im Dienste der Freiheit. Der verwaiste Herd braucht eine andere Gestalt, eine, die Iwanuschka näher stehen muß als die eigenen Brüder.

Verstehen wir sie für einen Augenblick als »äußere Gestalten«, als tatsächliche Geschwister! Oft ist die Ablösung von Bruder oder Schwester noch schwerer zu leisten als die von Vater und Mutter. Gerade wenn die Beziehung zu den Eltern innig, echt und gut ist, kann es sein, daß Geschwister die Rolle übernehmen müssen, die es möglich macht, Ablösungsvorgänge einzuüben. Diese Vorgänge sind ebenso wichtig wie jene der Annäherung und Liebe. Der erwachsene, der reife Mensch muß Abschied lernen, Abschied nehmen fast auf Schritt und Tritt – und immer angesichts des Todes.

Durch das Vaterbild hindurch meldet sich die andere Vaterstimme, die Stimme des Vaters, der im Himmel ist – die eigentliche Vaterautorität, das Urväterliche. Und dieses über dem persönlichen Vaterbild stehende Urbild verweist Iwanuschka auf sich selbst. Die Frau, die er selber wählen wird, wird auch die sein, die vom übergeordneten Prinzip angenommen wird, in dieses Prinzip hinein gehört. Wir müssen uns das so klar wie möglich machen! Mein Vaterbild ist stark vom eigenen Vater geprägt und dann auch von starken männlichen Persönlichkeiten mitbestimmt, die auf mich gewirkt haben. Das Urbild des Vaters aber, der »Vatergott« in mir, ist das Leitbild, das mich zu erfülltem Leben führen will, dorthin, wo ich wahrhaftig ich selbst bin und mein Leben seinen Sinn findet.

Je weniger fremdbestimmt die Wahl der Partnerin, des Partners geschieht, desto entsprechender, wirksamer, desto erfüllender wird Gemeinschaft gestaltet werden können. Das tönt so banal richtig, daß wir meinen könnten, es brauche keine Märchenbilder und schon gar keine Märchenkommentare dazu.

Gewiß, gewiß! Wenn nur Partnerwahl so echt und so gar nicht fremdbestimmt geleistet würde – im alten Rußland nicht und heute auch nicht! Wer's nicht glaubt, der überlege doch bloß, wie Trauerfeiern ablaufen. Landauf, landab heiratet man in den gleichen Kleidern, befolgt man dieselben Regeln. Und die Bräute haben die gleichen Frisuren. Auch die Tischreden gleichen einander aufs Komma. Eigenwillige Partnerinnen und Partner sind selten gefragt. Sie sind ja auch unbequem. Sie verlangen durch ihre bloße Gegenwart, daß auch ich anders bin als das, was die Gesellschaft erwartet. Ja, und dann müßte ich hineinhören in meine Mitte und an mir arbeiten.

Wir dürfen die Verantwortung für unser Leben niemand anderem aufbürden als uns selbst! Dieses »Selbst« manifestiert sich in den Märchen im Symbol des Königs, des Zaren, des himmlischen Vaters, des Urvaters.

Die Wasserfrau

Brautwerbung, wie sie unser Märchen beschreibt, ist im alten Rußland ein Ritus, ein obligatorisch gewordener Brauch, eingeordnet in das Gefüge von Kirche und Staat, wie die drei Nächte dauernden Totenandachten. Sie sichern unsichere Menschen vor der Angst vor dem Tod und vor der Angst vor der Liebe. Gerade deshalb sind diese Riten aber untauglich. Ich muß durch meine Angst hindurch. Wenn mir Begräbniszeremonien Trauerarbeit abnehmen wollen, muß ich auf sie verzichten. Ich muß den Tod wahrnehmen, ihn »anschauen«. Die Wirklichkeit des Todes ist Daueraufgabe des Lebens – seine Wirklichkeit, nichts anderes, dieser wartende Abschied. Ich erhalte meine letztmögliche Identität erst, wenn ich mich ohne Ausflüchte dem Tod stelle. Ich muß den Tod nicht überwinden – wie sollte das auch möglich sein! Die Angst vor dem Tod muß ich verarbeiten. Und das ist eine neue Geburt.

Wenn mir überlieferte Bräuche meine Arbeit an der Liebe abnehmen wollen, dann muß ich auf den Vollzug dieser Bräuche verzichten. Ich muß durch die Angst vor der Liebe hindurch. Liebe setzt mich aus. Liebe macht mich hilflos und nackt. Liebe macht mich zum Menschen, der ich bin.

Das in Iwanuschka wie in jedem Menschen lebendige Gesetz

des Reifens will, daß sich nicht seine Brüder auf Brautwerbung aufmachen, sondern er selbst. Und genau, da er das erkennt und sich von überlieferten, festgefahrenen, in Riten erstarrten Bräuchen befreit, weiß er auch, daß er nicht suchen, sondern finden muß.

Nicht suchen, sondern finden – ist das nicht Haarspalterei? Der Sucher verläßt sich auf Beobachtungsgabe und die Kombination seines Verstandes, auf sein Gedächtnis auch und seine Sinne. Der Finder weiß, daß das, was Not tut, da ist. Darauf vertraut er. Dieses Vertrauen öffnet ihn und läßt ihn finden. Das verlorene Taschenmesser werde ich suchen. Die Partnerin, den Partner finde ich.

Iwanuschka findet seine Frau in jenem kleinen Waldsee, »an dem er häufig spazieren ging, wenn es ihm nicht froh zumute war«. Geübten Märchenleserinnen und Märchenlesern wird dieser Waldsee manche Erinnerungen wecken, zum Beispiel auch an den Brunnen in der Waldlichtung, an dem die Königstochter mit der goldenen Kugel spielte (2). Sie begegnete dort dem kleinen, garstig-schleimigen Frosch, der sich dann aber tatsächlich als Königssohn entpuppte.

Wer den Bildern des Märchens vom Froschkönig vertraut, wer sich den Bildern paralleler Märchen anvertraut, erfährt, daß Erzählerin und Erzähler mit der Brunnentiefe jene Bereiche der Seele malen, die der Königstochter unvertraut sind. In dieser feuchten, dunklen Ferne hat sich das Bild des Mannes in der Maske des Frosches »abgelagert« und die Prinzessin vor Begegnungen mit Männlichem geschützt. Wer hat ihr die Angst vor dem anderen Geschlecht in die Seele eingepflanzt?

Die Tiefe des ruhenden Wassers, des Brunnens, des Teiches, des Sees, des Meeres ist immer Bild für das Unbekannte in mir, das ans Licht will. Ich muß hinabtauchen und hinschauen. Ich muß kennenlernen, was mir unbekannt ist in mir. Dann werde ich reich. Dann bin ich ein bißchen mehr, was ich bin.

Viele Menschen haben Angst vor ihren Träumen. Sie trainieren sich so, daß sie sofort erwachen, wenn ihre Träume dunkel und bedrohlich werden. Diese selben Menschen haben Angst vor der Psychologie und verschreien sie als Hexenwerk, als unwissenschaftlich, falsch, unlogisch, verderblich. Logik ist ein Wort für das, was Einzelheiten sinnvoll miteinander verbindet und zum Ganzen rundet. Sobald wir Traum- und Märchenbilder als Mitteilungen der Seele verstehen, verbinden, reihen sie sich zum Ganzen und sind in diesem Sinne logisch. Sobald wir den Frosch als Bild des Männlichen in der Seele des jungen Mädchens verstehen, rundet sich das Märchen vom Froschkönig zu einem Ganzen. Und das Traumtier, das uns Angst machte, wird Verheißung. Der Traum wird Erlösungswerk.

Sobald wir die Wasserfrau als ein Bild wahrnehmen, das im unbewußten Innenbereich von Iwanuschka lebt, wird dieses russische Märchen zu einer wunderbaren Geschichte. Im Engadin und in Südtirol, aber auch im schwäbischen Bereich und im Norden, gegen das Meer zu, ja eigentlich überall, wo Menschen mit den Bildern der Seele so vertraut sind, daß sie ebenso mit ihnen leben wie mit den Bildern, die ihnen in der äußeren Welt begegnen, schmücken sie ihre Häuser mit inneren Bildern. Und da taucht denn auch oft das Motiv der Wasserfrau immer wieder auf – in welchem Kulturbereich es auch sei.

Die Wasserfrau ist auch ein beliebtes Sagen- und Märchenmotiv. Ganz besonders ausdrucksvoll hat es EDUARD MÖRIKE, dieser liebenswürdige, schwäbische Dichter am Übergang von der Romantik zum Realismus, in seine *Historie von der schönen Lau* aufgenommen (3). Der Wassermann, der weise König unten im blauen Meer, verbannt seine Wasserfrau in den Blautopf, in die geheimnisvoll an- und abschwellende Wasserquelle bei Blaubeuren. Dort, in der Nähe der Menschen, soll sie das Lachen lernen. Erst wenn sie dreimal unwillkürlich und herzlich gelacht hat, wird sich der Wunsch von Wassermann und

Wasserfrau erfüllen, und es werden ihnen Kinder geschenkt werden.

Bei den Menschen lernt Mörikes Nixe den Umgang mit Arbeitsgeräten und die Verrichtungen, welche das Leben in dieser Welt möglich machen. Sie lernt aber auch ganz verschiedene Lebensarten kennen, Tollpatschigkeit und Sturheit, derbe, gesunde Sinnlichkeit und stille Frömmigkeit. Und da sie das alles kennengelernt hat, kann sie endlich lachen. Wer herzlich lacht, dem runden sich die scheinbar widersprüchlichen Einzelheiten des Lebens zum Ganzen. Er versteht den lieben Humor, der in die Lebensäußerungen des Alltags eingebettet ist.

Eduard Mörike war in Gefahr, in seine innere Welt zu versinken. Märchen und Träume waren ihm wirklicher als das, was die Leute so schlechthin Leben nennen. Da er sich erzählend, gestaltend seiner Phantasie überließ, entstand die Gestalt der schönen Lau, der Wasserfrau, und er lernte mit ihr, mit der von ihm selbst geschaffenen Figur, das Leben führen, das an seinem geographischen und biographischen Ort geleistet werden mußte. Meine Phantasie ist meine Lehrmeisterin. Sie wohnt in der Seele und dient ihr so, daß ich leben lerne.

Iwanuschka steht nicht dort, wo Eduard Mörike gestanden hat. Iwanuschka hat sich soeben vom Autoritätsbereich seiner inneren Elterngestalten abgelöst und muß nun – auch durch das Verhalten der sich verweigernden inneren Brüdergestalten – sich selber kennenlernen. Dem Unbekannten in ihm, seiner Tiefe, in der das Bild der Frau wohnt, muß er nun endlich begegnen.

Die Frau im Bilde der Nixe: lange Haare, große, schimmernde Augen, volle Lippen, weiche, umfangende Wasserarme, runde Brüste, runde Hüften – und zusammengewachsene Beine. Eine verführerische Frau, die sich nicht verführen läßt! Genau so muß es Iwanuschkas Mutter gemalt haben. Das Bild paßt zum Brautkleid der Mutter.

Die schöne Frau, die sich nicht verführen läßt. Die schöne Frau, die man nicht verführen darf. Die Frau mit dem Fischschwanz, mit zusammengewachsenen Beinen. Die Frau in der feuchten, blauen, unbewußten Tiefe dieses muttersüchtigen jungen Mannes. Noch immer ist er und sein Frauenbild unerlöst, nicht selbst –, sondern fremdbestimmt.

Die Wildgansfrau

Woraus ist der Stoff der Welt? Die Wildgans weiß es. Wie ist aus dem unausmeßbaren Urei Himmel geworden und Wasser und Land? Die Wildgans weiß es. Sie war dabei. Wer hat den großen Gott verraten, als er den unendlichen Sumpf über das Wasser hob und den ersten Hügel schuf, auf dem jetzt der große Tempel steht? Die Wildgans erzählt es – aber niemand versteht ihre Sprache. Vielleicht ist es auch gar nicht Gott gewesen, sondern die wilde Frau mit dem unendlichen Becken, die Große Mutter. Auch das soll die Wildgans gesagt haben. Priesterinnen und Priester behaupten, sie würden die Sprache der Wildgänse verstehen.

Wildgänse sind heilige Vögel, heiliger als Wassermänner und Wasserfrauen, die eher niedrige Gottheiten verkörpern. Die Wildgänse wohnen zwischen den Wolken, manche höher noch als die Wolken. Sie schauen den Göttinnen und Göttern zu, die am Werk ihrer Schöpfung sind. Wildgänse haben teil am Entstehen und Vergehen der Welten (4).

Wildgänse sind schön. Ihre Federn zeigen das angenehmste Grau, das es gibt. Ein Stahlgrau, aber aus Luft. Der Hals der Wildgänse erinnert daran, wie ich gestreichelt werden wollte, als ich klein war, seit ich groß bin.

Im Frühjahr, wenn der Schnee in den russischen Wäldern

zum Meer wird, zeichnen die Wildgänse Dreiecke in die Luft und folgen dem großen Fluß. Man sagt, sie ziehen weg in fernes Land. Man sagt, sie kommen zurück. Wildgänse kommen immer bloß zu Besuch; aber sie sind auch immer da. Die Wildgänse rufen mich. Sie möchten, daß ich Flieger werde. Sie möchten, daß meine Arme Flügel werden. Sie möchten mich in ihre Flügel betten und mit mir in den Sand taumeln. Das möchten die Wildgänse.

Stellen wir uns vor, wir sitzen da in der Stube, und Wildgänse kommen herein! Eigentlich watscheln sie. Wildgänse tragen mit ihren breiten Beinen den Körper so, wie meine Großmutter ihr breites Becken mit dünnen Beinen getragen hat. Vielleicht sind Wildgänse ordinär. Sie gleichen Waschfrauen, die mehr von der Liebe wissen als kleine Knaben, die zum erstenmal wahrnehmen, daß Frauen Brüste haben und Bäuche, daß Frauen lachen und dieses Lachen schön ist, so schön wie ein Garten mit dunklen Blumen.

Iwanuschkas Brüder bleiben unzuverlässig und hinterlistig. Sie stehlen der Wasserfrau das Kleid, welches das Brautkleid von Iwanuschkas Mutter war. Die Brüder verraten Iwanuschka, daß die Wasserfrau eine Wasserfrau ist, eine, der die Beine zusammenwachsen, wenn sie ins Wasser taucht. Eigentlich sind die zwei Brüder gut. Sie nehmen Iwanuschkas Kopf, drehen ihn hin, sagen: »Mach die Augen auf, Iwanuschka! Schau endlich hin, was für ein Frauenbild du in dir trägst, was für ein Hexenbild!«

Die Brüder, die sich auf der Seelenbühne von Iwanuschka etabliert haben, sind Symbol für jene Organe unserer Seele, die nicht dulden, daß wir Menschen und Dingen in uns, dem Wirkenden in uns, dem Bewirkenden, Masken überstülpen, daß wir gerade das Wertvolle in uns bemalen, damit wir es nicht wahrnehmen müssen, da wir meinen, ihm nicht standhalten zu können.

Wenn ich sage, darauf lasse ich mich nicht ein, ich weiß

nicht, was da alles zutage kommen wird; wenn ich sage, Märchen sind Kindergeschichten, ich lese keine Märchen, die betreffen mich nicht. Wenn ich sage, obwohl ich in Not bin, nein, in eine Therapie gehe ich nicht. Wer weiß, was da alles auftaucht aus meinem Dunkel – wenn ich all das sage, dann kann ich mich – genau genommen – nicht fürchten vor mir. Wie sollte das auch möglich sein! Im Gegenteil: Ich habe Angst vor dem, was dann von mir verlangt würde.

Werde ich der Frau standhalten in mir, wenn ich sehe, wie sie ist, was sie will? Werde ich dem Mann standhalten in mir, wenn ich erkenne, was er ist? Ich bin ja nicht einfach Frau, ich bin nicht einfach Mann. Meine Seele ist Mann und Frau, Frau und Mann. Aber ich habe das Andersgeschlechtige in mir unterdrückt, ich habe die Augen vor ihm zugemacht. Und jetzt, da ich spüre, daß ich ganz werden soll, kenne ich mich nicht aus. Ich erwache; aber ich verdrehe die Dinge.

Iwanuschkas Frauenbild, wie es die Mutter ihm gemalt hat, ist unbrauchbar geworden. Es muß revidiert werden. Er sagt sich: Vielleicht, nein, ganz bestimmt ist die Frau in mir keine Wasserfrau. Vielleicht ist sie eine Wildgans. Mit dem Wildgansbild steigen Erinnerung aus der frühesten Menschheitsgeschichte aus dem Seelengrund auf, frühreligiöse Bilder, die allen Urkulturen heimisch sind. Am Anfang dieses Kapitels haben wir sie so zu gestalten versucht, wie sie, dumpf und undifferenziert, aus innerem Bilderschatz von Iwanuschka, von jedem Mann, von Zeit zu Zeit während der Pubertät auftauchen können.

Das Bild der Wasserfrau hat ihre Heimat in unbewußten Schichten der Seele. Die Wildgans, dieses Vogelwesen, gehört den unbewältigten Bereichen des Geistes an. Das Frauenbild, das dem Fischhaften, Tierhaften verhaftet war, wird durch ein Frauenbild ersetzt, das dem der Priesterin, der Heiligen nahe steht, einem Wesen auch, das dem eigentlich Mütterlichen allerdings näher kommt als die Nixe mit den zusammengewachsenen Beinen. In allen Mythologien weiß die Wildgans um das Vegetative, um das Rhythmische von Werden und Vergehen und wieder Werden, von Zeugung, Geburt und Tod und neuer Zeugung.

Für die Hindus ist die Wildgans sogar Symbol für den höchsten transzendenten und immanenten Grund alles Seins, Symbol für den überwundenen Subjekt-Objekt-Gegensatz und gleichzeitig auch für die Hinfälligkeit der Trennung zwischen Leben und Tod (5). Für viele Inder ist die Wildgans sogar Symbol für das Selbst. Auf Indisch heißt Wildgans Hamsa, das Selbst Atman. Ein vollendeter Heiliger erhält den Zunamen Paramahamsa. Das heißt höchste, erhabenste Wildgans (6). Der Kulturkreis der Inder und der Hindus ist zwar recht weit vom Kulturkreis unseres russischen Märchens entfernt, aber der weitere Verlauf der Handlung und auch dieses Kommentars zeigen, daß sich in diesen Bildern archetypisches Wissen, allgemeines Urwissen ausdrückt (7).

Iwanuschka ahnt, daß auch dieses Wildgansbild nicht halten kann. »Geh und such deine Frau!« sagt die Stimme seiner Mutter. Das kann jetzt nicht mehr die Stimme der Mutter mit dem abgelegten, abgelebten Brautkleid sein, dem Brautkleid aus der alten Truhe. Das ist die andere Mutter, die Urmutter, das Urmütterliche in ihm. Die Große Mutter erwacht. Endlich ist Iwanuschka auf dem Weg zu sich selbst und zur gesunden, lebendigen Frau in ihm selbst. Und wir atmen auf.

Der Alte in der Waldhütte

Iwanschukas Brüder sind verkannte Helfergestalten auf seiner Seelenbühne. Helfergestalten sind Symbolde seelischer Organe, deren Funktion das Heilen ist. Das haben wir bereits angedeutet. Teils sind diese Organe mit uns gewachsen – wie körperliche Organe und wie Alterskameraden. Teils haben wir sie – bildlich gesprochen – überfüttert, überzüchtet, übertrainiert, und sie sind Riesen geworden, die wir nun überlisten müssen, damit sie, wie es ja ihre ursprüngliche Funktion ist, wieder unsere Diener sein können, unsere Helfer eben. Teils haben wir sie aber auch vernachlässigt und in irgend einer Art »deformiert«. Dann wird es Arbeit brauchen, viel Arbeit, bis sie uns in ihrer ursprünglichen Kraft und Weisheit wieder zur Verfügung stehen. Es gibt kaum ein Märchen, in dem nicht an entscheidender Stelle Helferinnen und Helfer aus dem Dickicht des Waldes, aus dem noch kaum begangenen Bereich unserer Seele, unvermittelt auftauchen.

Wer sich auf den Weg macht, muß offen werden für Unbekanntes. Er muß sich symbolisch auf das Dickicht einlassen. Offenheit führt ins Weglose. Erst im Ungebahnten ist Raum für Intuitionen, bereiten sich Visionen vor. Wer vom Weg abkommt, gerade der wird lebendig. Wege und anerkannte Systeme schützen mich vor der Angst. Sie sichern mir oder anderen Macht. Den Verzicht auf Anerkanntes, Gewohntes, auf Sicherheit und Macht – diesen Verzicht zeichnet das Märchen als Hineinwagen ins Dickicht. Das immer wieder mißverstandene Bild des Märchenwaldes symbolisiert jenes Ungeordnete, das ich bestehen muß, wenn ich liebe und wenn ich mich selber finden will, wenn ich bereit bin, Sterben als Aspekt des Lebens zu erfahren.

Märchen entwerfen kühne Bilder. Sie kehren die gesellschaftlichen Werte in ihr Gegenteil um. Aufmerksame Märchenleserinnen und Märchenleser werden zu unbequemen Leuten. Sie treffen ihre Entscheidungen nicht nach gängigen Regeln. Sie überprüfen Regeln, Konventionen und Gesetze an der jeweils besonderen, immer wieder neuen Lebenssituation. Ihr Verhalten ist nicht moralisch – es ist ethisch. Reife Menschen achten, ehren, lieben solche Leute. Unreife Menschen können sie nicht verstehen. Mächtige Menschen halten sie fern, suchen sie »unschädlich« zu machen, lassen sie durch ein Gericht verurteilen und einsperren, ja töten. Das ist der Preis, den ethisches Verhalten kosten kann. Christus war kein Moralist. Er war Ethiker. Das zeigen besonders jene Gleichnisse, in denen Menschen gerühmt werden, welche Gesetze im Namen des Lebens, des Humanismus, übertreten.

Wer innere Bilder finden will, kann sich nicht auf Lehrbücher und allerlei Ratschläge verlassen. Wer den Weg nach innen wählt, muß sich auf Einsamkeit einlassen. Ich bin unverwechselbar, nicht wiederholbar, der Mensch, den es nur einmal gibt, in Tausenden von Jahren nur einmal. Haben wir den Mut zu dieser Einmaligkeit? Zeitschriften und Parteien, Rundfunk und TV, Schlager und Reklame wenden sich nicht an solche Einmaligkeit. Lärmend und gekonnt wollen sie uns zu Mitläufern, Mitschreiern machen. Dann kann man uns verkaufen, was Mode ist, selbst sogenannte Kunstwerke, die Mode sind, selbst Weltanschauungen, die Mode sind. Irgendeine Ideologie ist immer Mode.

Aber ich bin kein Kleid von der Stange. Ich bin nicht nach einem Muster gestrickt. Ich bin ein Einzelfall. Deshalb kann es für den Weg zu mir kaum Wegweiser geben. Höchstens Menschen, die unterwegs sind wie ich, können mir helfen. Den Weg zu mir kennen sie zwar auch nicht, aber sie können mein Unterwegssein verstehen, mir Kraft geben, mir vielleicht sogar Liebe schenken. Das könnte Aufgabe der Liebe sein, daß ich nicht weiß, wohin der Partner, die Partnerin geht, aber daß ich ihm, daß ich ihr Mut mache für dieses Unterwegssein, weil ich den Menschen ahne, der mit dem Freund, der Freundin, dem Partner, der Partnerin gemeint ist. Was könnte es Verheißungsvolleres geben als den abenteuerlichen Weg zu diesem Menschen?

Auch die Seele hat solche Mutmacher bereit. Für Iwanuschka ist es zunächst ein buckliger Greis mit langem Bart. Er sitzt auf dem Ofen. Wir haben erfahren, was das für ein Ofen sein könnte. Er wärmt den Greis an dem Ort, an dem sich auch Iwanuschka hätte wärmen sollen. Alle symbolischen Öfen und Herde stehen in der Mitte der Seele (8).

Der Bart ist Doppelsymbol. Er steht zunächst für männliche Kraft und Willensstärke. Dieser Bart ist nun freilich strähnig und dünn. Das kann nicht weiter erstaunen. Von Männlichkeit im Sinn von Kraft und unbeugsamen Willen war bis jetzt recht wenig zu spüren. Der Bart symbolisiert auch ablaufende Zeit. Offensichtlich hat Iwanuschka schon viel, sehr viel Zeit abseits von seiner Mitte dahinrinnen lassen.

Die Holzbank beim Ofen wäre wohl für Iwanuschka bestimmt gewesen. Dort hätte er sitzen, sich wärmen und der Weisheit seines Lehrers lauschen und vertrauen sollen. Der innere Helfer verteilt keine Masken.

In nordischen Märchen ist es oft Aschenper, der sich auf den Weg machen muß (9). Peter, der hinter dem Ofen sitzt, sich dem Herdfeuer widmet, Asche und Feuer scheidet, ist in seiner eigenen Mitte tätig. Deshalb wird er von den in der äußeren Welt Tätigen verlacht. Aber gerade der verachtete Aschenpeter verfügt über Kraft und Mut, die ihn bestehen lassen, was das Leben von ihm fordert. Das Bild ist nach dem, was wir bis jetzt erfahren haben, sehr klar und sehr wunderbar. Beim Alten in der Waldhütte muß Iwanuschka Aschenpeter werden. Er muß die Bank aufstellen und darauf sitzen und sich vergegenwärtigen, daß auch er – symbolisch – einen Bart hat.

Das sind schöne Bilder. Wie können sie dem Menschen helfen, der zwar unterwegs, aber ratlos ist und die Wärme aus seinem Innern nicht spüren kann? Manchmal kann schon helfen, wenn wir die innere Fläche der einen Hand auf den Rücken, die andere auf derselben Höhe auf den Bauch legen und spüren, wie schnell da ein warmer Strom entsteht. Manchmal kann es eine Hilfe sein, eine Kerze, ein Feuer zu entfachen, dem Licht, dem Feuer gegenüberzusitzen und sich laut zu sagen, ich habe diese Flamme, ich habe dieses Feuer in mir. Laut und klar muß ich das sagen. Und es macht nichts, wenn mich jemand hört. Das sind erlösende Symbolhandlungen.

Vielleicht habe ich Angst, daß die Kerze verbrennt, daß das Feuer erlischt und dann keine Kerze und kein Holz mehr da ist. Die Angst vor dem Tod! Ich stelle sie dem Wissen gegenüber, daß ich gerade jetzt Licht und Flamme bin und mir der Preis bekannt ist seit meiner Geburt (10). Als ich geboren wurde, muß ich diesen Schock erlebt haben. Das muß ein gewaltiges Ausstoßen gewesen sein, was mir geschah. Ein Sterben! Wohin bin ich gestorben? In die Arme der Mutter bin ich gestorben. Wenn ich brenne, wenn ich leuchte, brenne, leuchte ich in die Arme der Mutter hinein. Es gibt kein treffenderes Bild. Die Vernunftsprache reicht nie an die Bildersprache heran. Hineinsterben in die Arme der Mutter, das Bild macht mir Mut, Feuer und Lust zu sein. Und ich nehme die Bank und setze mich zum Alten an den Ofen.

Wunderbare Bilder sind das, wunderbare Märchenbilder. Ohne sie könnte ich nicht leben, so alt ich bin: Mein Herz ist ein Haus. Ein Ofen steht darin. Eine Bank ist da und ein Greis. Er weint. Er hat mich gern, so weit ich auch gehen muß.

Eigentlich ist das ein Gedicht!

Und alles geschieht im eigenen Herzen. Wir dürfen nicht dem Irrtum verfallen, daß da irgend etwas außerhalb von uns gemeint sei. Das eigene Herz ist gemeint. Das Märchen spricht von den Geschenken, die das Herz erhalten hat, von den Geschenken, die es uns bereit hält.

Der Schlüssel auf dem Dach

»Wirf den Schlüssel aufs Dach!« – auch das könnte der Anfang eines Gedichtes sein. Aber das Mädchen führt uns nicht in lyrische Räume, sondern zu einer Zauberfrau. Wie sie wohl aussieht? Iwanuschka bleibt nicht Zeit, sie zu betrachten.

Wenn der bucklige Alte männliche Weisheit symbolisiert, dann muß seine Schwester weibliche Weisheit symbolisieren. Die Tochter ist ihre Erbin. Man sage nicht, es gebe keinen Unterschied zwischen männlicher und weiblicher Weisheit! Die Erlebnisbasis der weisen Frau und des weisen Mannes ist grundsätzlich anders und muß zur Zeit, da diese Märchenbilder erfunden wurden, noch entscheidender anders gewesen sein. Der Mann zeugt, die Frau empfängt, wird schwanger und gebärt. Der Mann kämpft, die Frau schützt. Der Mann erwirbt, die Frau bewahrt. Die Frau steht am Herd, der Mann im Feld und auf dem Acker. Entsprechend verhält sich auch der Greis. Er schickt Iwanuschka auf Wanderschaft. Die weise Frau dagegen nimmt ihn auf. Der Greis braucht eine Erklärung, die Frau braucht keine. Manchmal scheint mir, wir scheitern immer wieder durch unsere Erklärungen. Wir schmieden unsere Gedankenketten aus Ursachen und Folgen. Wir konstruieren Begriffssysteme, Koordinatennetze, Tabellen, Grafiken, Formeln – und das Leben geht an ihnen vorbei. Das Leben wählt die offenen Türen. Unsere Schlüssel taugen nicht für das Unmittelbare.

Eigentlich muß ja dieser Raum, in dem die Zauberin wirkt, wiederum ein Innenraum von Iwanuschka sein. Eine verborgene Kammer, in der Verwandlung geschieht. Vielleicht müßte auch ich mich öfters in diese Kammer bemühen. Gibt es nicht eine ganze Zahl Märchen, in denen von einem Mädchen, einer Frau, einem Mann erzählt wird, der, dem es verboten ist, die Türe zu einem bestimmten Zimmer zu öffnen? Und wenn dann die Heldin, der Held das Verbot übertritt und ins Zimmer blickt, beginnt erst die eigentliche Märchenhandlung, die abenteuerliche Reise, an deren Ende das Schloß, der Königssohn, die Prinzessin warten (11).

Es kann nicht sein, daß mir irgendein Raum in mir verboten wäre. Das Gegenteil ist wahr. Mit dem Verbot bezeichnet das Märchen meine Hemmung, das Verbot, das ich mir selbst unter den Bedingungen des bisher gelebten Lebens aufgerichtet habe. So wie die Sonne im Lauf des Tages und des Jahres den Erdenhimmel und ihr kosmisches System abschreitet, dem sie eingegliedert ist, so muß auch ich meinen Innenraum abschreiten, Tag für Tag, Jahr um Jahr – im Rhythmus des Lebens.

Wir kennen unser Sternzeichen. Hie und da lesen wir auch unser Horoskop in irgendeiner Zeitschrift – halb mit Vergnügen und irgendwie doch auch ein wenig gläubig. Aber diese Zeitschriftenhoroskope wollen uns betrügen. Gewiß kann nicht bezweifelt werden, daß die kosmische Konstellation – das, was sehr, sehr vergröbernd als Sternzeichen bezeichnet wird – daß diese Konstellation während unserer Geburtsstunde einen Einfluß auf unser Leben haben muß, ganz besonders auf den Start unseres Lebens. Und irgendwie starten wir ja auch immer wieder. Aber das Leben kann nie nur jenen schmalen Katalog von Möglichkeiten meinen, welcher von einem einzigen Sternbild abgeleitet werden kann.

Es ist nicht zufällig, daß die Astrologen statt von Sternbildern gern auch von Häusern sprechen, von den Häusern der Planeten, der Sonne. Manche christlichen Alchemisten und Astrologen setzen in jedes dieser Häuser einen Apostel (12). Die Planeten- oder Sonnenhäuser und die Sternbilder sind Symbole, die uns unseren eigenen inneren Kosmos vor Augen führen. Sie sagen: So weit sind wir, so groß, so kostbar und reich wie das Gewölbe der Sterne. Wir wollen uns deshalb nicht nur im Planetenhaus unserer Geburt aufhalten, sondern auch die anderen lernen, ganz werden. Kein Raum ist uns verboten, keiner verschlossen.

Tatsächlich, wenn wir einen Wesenszug in uns, eine Anlage, eine schlummernde Möglichkeit, ein vererbtes Urwissen, nicht beachten, dann tun wir das aus irgendeiner Hemmung oder Angst heraus, die wir uns haben einpflanzen lassen von irgendwem oder irgendeiner Gruppe. Solange wir nicht ganz sind, bleiben wir mindestens teilweise fremdbestimmt. Wir sind nicht wir selbst.

Noch einmal! Es gibt keine verbotenen Zimmer in unserem Herzen! Die Türen öffnen sich von selbst. Wir werfen den Schlüssel aufs Dach! Wir brauchen ihn nicht. Wir brauchen kein Lehrbuch, auch kein psychologisches. Wir brauchen keine Respektpersonen, in welchem Kleid sie auch immer daherkommen. Wir brauchen höchstens einen Menschen, der uns Kraft gibt durch sein Vertrauen und uns Mut macht.

Vor allem aber brauchen wir keinen Kritiker, wenn er auch noch so überzeugend auftritt. Wer Urteile fällt, muß von einem Maßstab ausgehen. Dieser Maßstab orientiert sich an eigenen Wünschen, an Angelerntem und am Ergebnis von Erfahrenem. Das kann nicht anders sein. Es gibt die Objektivität nicht, die der Kritiker beansprucht. Was ich bin und was ich tue, kann, wenn es wirklich mein persönliches und einmaliges Zeugnis ist, nur subjektiv sein, soll auch nur subjektiv sein. Nur das Fremdbestimmte an meiner Arbeit, meinem Tun, meinem Wesen kann gemessen werden. Die etablierte Gesellschaft will das Allgemeine. Kritikerin und Kritiker repräsentieren diese Gesellschaft, stellen sich in ihren Dienst. Das Leben aber meint mich. Wenn es nicht meine Einmaligkeit meinte, hätte es mich nicht schaffen müssen. Das aber ist genau das, was Kritikerinnen und Kritiker, Urteilerinnen und Urteiler nie wahrhaben können. Sie sind nicht imstande dazu. Sonst könnten sie gar nicht kritisieren. Wir müssen das wissen. Wir müssen uns das immer wieder sagen. Wir dürfen uns nicht vergessen, wenn wir lieben. Ich liebe als dieser einmalige Mensch, den es nur einmal gibt. Und ich liebe diesen Menschen nicht, weil ihm das Brautkleid seiner Mutter, die Hochzeitshosen seines Vaters passen. Ganz im Gegenteil! Ich liebe ihn, weil er auf dem Weg ist zu sich selbst, und weil er dann, wenn er sich selbst gefunden hat, so etwas Einmaliges und Wunderbares ist, daß er mich reich macht. Mich fasziniert dieses Unterwegssein. Ich mache ihm Mut dazu, wie er mir Mut macht in meinem Unterwegssein. Streckenweise haben wir denselben Wegabschnitt, und wir können einander an der Hand nehmen. Streckenweise müssen wir es allein schaffen – aber immer in der Gewißheit, daß jedes das andere in seinem Unterwegssein liebt.

Diese Liebe ist weder rein erotisch-sexuell, noch rein geistig. Es geht in dieser Liebe weder um den Drang der Organe noch um wohltätige Nächstenliebe. Es geht dieser Liebe um das Leben und um den Zukunftsentwurf des Menschen. Sie gilt dem Menschen, der ich bin, der meine Geliebte, mein Geliebter ist – der Gegenwart also. Und sie gilt dem Menschen, der mit mir und der mit meiner Geliebten, meinem Geliebten gemeint ist, zu dem jedes von uns unterwegs ist – der Zukunft also. Deshalb ist diese Liebe transzendent. Und die Frau ist es in diesem Märchen, die Transzendenz weckt und besteht, nicht die un- oder meinetwegen überpersönliche Frau oder die Liebe selbst. Das Märchen ist ganz realistisch. Es geht in unserem Märchen um den individuellen, also einmaligen Menschen, der einen Namen trägt. Diese Liebe ist insofern absolut, als sie einem Menschen gilt und das Leben meint. Das sind sehr wichtige Überlegungen.

Es gibt keine absoluten Maßstäbe, haben wir formuliert. Es kann sie nicht geben. Deshalb gibt es keinen Schlüssel. Wir werfen ihn aufs Dach! Er paßt nicht ins Schloß. Alle Türen stehen offen. Wir gehen in alle Räume, in alle Kammern unseres Herzens. Wir sind gemeint mit unserem Leben. Mein Leben meint mich. Das kann gar nicht anders sein. Es meint keine Ideologie, keine Gruppe, keinen Krieg, kein Geschäft, keine Institution. Es meint mich und meine Liebe.

Tod und Geburt

Endlich unterscheidet Iwanuschka zwischen sich und der Welt. Er steht jetzt den Ereignissen, den Dingen, Tieren und Menschen gegenüber. Und da fühlt er sich wie am Kragen gepackt und geschüttelt. Was in diesem Gebärdenspiel ausgedrückt wird, ist nichts anderes als Ernüchterung. Wenn Hund oder Katze aus ihrem Halbschlaf erwachen, schütteln sie sich. Schütteln sie die Bilder ab, die sie sich angeschlafen haben? Schüttelt die Tochter der Schwester des alten Mannes Iwanuschka die Bilder ab, mit denen das bisherige Leben ihn belud?

Wir werden klein, nackt und schutzlos, wenn uns das Leben schüttelt und auf uns selbst zurückwirft. Nadelklein werden wir und kratzbürstig vor lauter Schutzlosigkeit. Das ist eine gefährliche Lebensphase. Wir könnten uns erneut abkapseln, eigenbrötlerisch werden und ruppig. Gut, wenn dann jemand bei uns ist, der weiß, daß wir Schlaf brauchen – einfach Stille.

Iwanuschka verbrennt. Iwanuschka wird ein neuer Mensch, schöner als er gewesen ist. Gerne erinnern wir uns an die antike Sage vom Vogel Phönix. Es gibt ihn nur einmal, diesen Vogel. Er ist weder männlich noch weiblich. Und er ist wunderschön. Groß muß er sein, mit schillernden Federn. Sein Gesang ist den Menschen kaum wahrnehmbar, so wahr ist er, so reine Wahrheit. Immer aber, wenn der Vogel Phönix ein Feuer sieht, stürzt er zu ihm hinab. Mit seinen Schwingen entfacht er das Feuer zu noch größeren, wilderen Zungen. Dann wirft er sich hinein und verbrennt. Jenseits aber, jenseits des Feuers steht er auf. Seine Gestalt ist noch größer, sein Federkleid noch schöner, sein Gesang noch wahrer geworden.

Ein Märchenmythos, der kaum tiefer sein könnte! In der Krise, im Sterben, in den Augenblicken, in welchen das Absolute einbricht, in diesen Ewigkeitsaugenblicken, übergebe ich mich dem Unsicheren. Und so ist auch das Leben, fast Augenblick für Augenblick. Jeder nächste Schritt ist mir unbekannt, trägt mich in Unbekanntes. Aber in den Krisen und entscheidenden Augenblicken steht auch Entscheidendes vor mir, das letzte Abenteuer, das Einlassen auf den Tod, dieses unbedingte Loslassen. Ich frage mich, woher ich das Vertrauen nehmen soll, das mich instand setzt, mich diesem fortgesetzten Sterben zu überlassen. Iwanuschka erwacht das Urvertrauen in den Tod aus der Liebe. Während er bei seiner Frau schläft, stirbt er und wird lebendig (13).

Das Feuer ist uraltes Opfersymbol. Im Feuer lösen wir uns von Gewesenem, von dem, was uns gegeben war, ebenso wie von dem, was wir sind. Wie das Holz verbrennend Wärme wird und Licht, wie es mit dem Sauerstoff neue Verbindungen eingeht, so geht unser Abgelebtes neue Verbindungen ein. Wir werden neuer Mensch, erlöst zu neuer Liebe, neuem Gesang, neuer Wärme, neuem Licht. Indem wir diese Wandlungen leben, lernen wir die Möglichkeit, mit dem Sterben umzugehen, mit dem eigenen und dem uns nahe stehender Menschen. Sterben geschieht mitten im Leben – wahrscheinlich auch das für uns im Bezugsfeld unserer Welt letzte Sterben (14).

Iwanuschka nimmt die Frau, die er sucht, in sich selbst wahr. Von jetzt an ist er eins mit dem weiblichen Aspekt seiner Seele. Er ist jetzt mehr Iwanuschka, als er vorher gewesen ist – um seine weibliche Seite mehr. Er ist jetzt Kämpfer und Schützer, Erwerber und Bewahrer, Zeuger und Empfänger. Er ist schöpferischer Mensch geworden. Wenn der kleine Iwan sein Traummärchen, seine Traumbilder erfahren hat, wird er besser verstehen können, was mit ihm geschieht. Es scheint so. Er sagt: »Das hat mir aber gar nicht weh getan, nur schön war es.«

Mir macht dieser Satz allerdings Mühe. Ich weiß nicht, wann und auf welche Weise er in den Märchentext hinein geraten ist. Kleinsein wie eine Nadel, das kann meinetwegen noch recht schön sein. Vielleicht werde ich gewiegt, wenn ich klein bin. Aber verbrennen, das tut weh, ach, das tut weh. Noch nie habe ich das anders erlebt. Und ich möchte es auch nicht im Traum erleben. Ganz nah will ich sein und meine Wandlung bestehen. Ich will durch den Schmerz hindurchgehen, bis an den Rand, bis an den jenseitigen Rand, bis zum Beginn jener neuen Welt auf der andern Seite des Schmerzes. Es gibt sie!

Es gibt sie auch für Iwanuschka. Aber bevor er ankommt, muß er sich noch einmal auf den Weg machen. Es ist ungeheuerlich, was die Märchen uns immer wieder sagen. Wir müssen uns erneut auf den Weg machen, zu Fuß und allein. Allerdings bekommen wir jetzt ein Geschenk und ein neues Gebot.

Das Geschenk der Liebe verschafft Brot. Brot – Symbol für die Nahrung der Seele, Symbol auch für die Anwesenheit des Göttlichen. Wer liebt, dem ist Gott nah. Liebende bleiben unterwegs, auch sie; aber eigentlich sind sie gleichzeitig am Ziel. Wie können wir diesen Widerspruch verstehen?

Iwanuschka ist unterwegs zur Frau, die er liebt. Er kann sie erst finden, wenn das Frauenbild, das er in sich trägt, nicht mehr ein Bild ist, das ihm andere eingepflanzt haben – seine Mutter zum Beispiel oder die Kirche. Im Haus, zu dem ihn der Greis geschickt hat, erkennt er dieses Frauenbild. Es ist die Frau, die neben ihm liegt, neben ihm im Bett liegt. Aus Fleisch und Blut, atmend, sprechend, lebendig und deshalb wandlungsfähig wie er. Eine individuelle Frau, ein einmaliger Mensch – kein aufgeschwatztes Serienprodukt.

Nun, da er es in sich erkennt, kann außen beginnen, was beginnen muß. Zwei notwendige Schritte leistet der zur Liebe und dann in der Liebe reifende Mensch wie fast von selbst: das Verlassen von Vater und Mutter und das Wiedereinsetzen von Vater und Mutter. Der junge Mensch, der Vater und Mutter verläßt, verläßt das, was er in sich als Elternautorität aufgebaut hat. Wenn er dann sich selber Autorität geworden ist, kann er die Beziehung zu Vater und Mutter wieder aufnehmen und in Freundschaft mit ihnen leben. Das ist allerdings nur möglich, wenn auch die Eltern offen und reif sind für diesen Prozeß.

Beide haben jetzt die Möglichkeit, noch weiter, noch tiefer zu reifen. Jeder Reifeprozeß besteht unter vielem anderen auch darin, die eigene Lebensgeschichte anzunehmen – selbst Verdrängtes, Übergangenes, nicht Gelebtes, das doch da ist. Das kann immer nur sein, wenn Vergleichen und Werten aufgegeben werden. Loslassen von Vergleichen und Werten geschieht durch persönlichen Entschluß. Kritikerinnen und Kritiker leisten ihn nie. Wir aber wollen nicht Kritiker unseres Leben sein. Wir nehmen unser Gelebtes als uns zugemessen an und wagen den Schritt in Neues (15). Beides ist schwierig genug! Wenn wir uns nicht lieben, dürfte es kaum zu leisten sein. Leben – das ist eine Frage unserer Liebe zu uns!

Immer wieder werde ich mißverstanden, wenn ich sage oder besonders, wenn ich schreibe, daß ich mir selber Autorität sein müsse. Das heißt nicht Verantwortungslosigkeit. Ganz im Gegenteil! Das heißt, und das Märchen zeigt das eindrücklich, daß ich nicht irgendeiner Ideologie oder Macht verantwortlich bin, sondern meiner Seele. Sie will das Leben. Dieser Wille steht über jedem Gesetz. Um des Lebens Willen bricht Iwanuschka sogar das Gebot seiner Frau. Er sorgt dafür, daß die pilgernden Bettler leben können. Wer das Gebot in diesem Sinne übertritt, hat die Prüfung bestanden. Das Gesetz des Lebens steht über Geboten, Verboten, über allen Gesetzen.

Der Pubertierende ist gestorben. Der Erwachsene ist geboren. Nun könnte er sich auf die Gesellschaft und ihre Ziele ausrichten – so wie das immer wieder gefordert wird. Damit würde er der Macht dienen, in ihr Gefüge eingeordnet. Die Gebotsübertretung schützt davor. Er gehorcht weder der Elternautorität, die er in sich aufgebaut hat, noch Fremdautoritäten, noch der Verführung des Augenblicks. Diese könnte ihm ja raten, Beutel und Geld für sich zu behalten und sich dadurch dauernd Nahrung zu sichern. Er gehorcht der eigenen Seele, zu der er durch seine »Wanderung« und durch die Liebe gelangt ist. Er hat sich gefunden, ist sich selbst Autorität.

Iwanuschka ist frei. Er tut das, was er als gut erkennt. Er ist identisch mit dem, was sein »Herz« will. Er lebt aus seiner Mitte heraus. Dem Menschen, der sich dem Leben verpflichtet, dem Humanisten, sagt die eigene Seele, was seine Pflicht ist, niemand und nichts sonst. Dieses ethische Verhalten jedes Einzelnen muß der Staat ermöglichen. Das muß sein Ziel sein. Der Grad der Freiheit eines Staates muß nach den ethischen Möglichkeiten seiner Menschen gemessen werden. Das ist der einzige mögliche Maßstab.

Damit sollte auch klar genug ausgedrückt sein, daß das Märchenbild von den beiden Pilgern nicht im Sinne des gütigen Almosenspendens verdreht werden darf. Die Pilger erhalten nicht irgend etwas, sie erhalten ein Haus.

Iwanuschkas Frau

Die Bilderreihe des russischen Märchens zeigt die Entwicklung eines jungen Mannes von der Ablösung von den Eltern bis zur reifen Partnerschaft. Diese Entwicklung wird von der Frau ausgelöst und bestimmt, von der Frau, die er liebt.

Der Titel des Märchens ist meistens wenig entscheidend für das Verständnis des Geschehens. In der Regel ist er erst recht spät dazu gekommen, meistens erst, als die Märchen aufgeschrieben wurden. Hier meint der Titel, die Frau sei die Hauptperson. Da sie die Entwicklung von Iwanuschka auslöst und bestimmt, muß sie es auch sein. Es wird sich also lohnen, das Märchen auch von ihr aus zu interpretieren. Die Metamorphosen dieser Frau sind gegenüber den Entwicklungsstufen, die der Mann durchmacht, geradezu ungeheuer groß.

Zu Beginn des Märchens lernen wir sie als unbewußt lebendes, dem Tierhaften verhaftetes Geschöpf kennen. Die junge

Frau muß sehr schön sein, schön und verführerisch. Offensichtlich leidet sie eher darunter, daß sie so verführerisch ist. Das entspricht ja nicht dem Muster, welches ihre Umgebung für sie bereit hält. In ihrer Ratlosigkeit bleibt ihr nichts anderes, als sich immer wieder »die Beine zusammenwachsen zu lassen«. Das macht sie unmöglich für die Liebe.

Sie klagt auch darüber, daß sie kein Haus habe. Ihre Seele findet keine Geborgenheit. Ihre Heimat ist das Wasser, das zwar schmeichelnde, aber letztlich ungeformte, unformbare Element. Ein Lebewesen eigentlich, das Modellvorstellungen genügen sollte, ohne zu wissen, warum und wie.

Sie ist dem Unbewußten tiefer verbunden als dem Bewußtsein. Ihre regelmäßige Rückkehr ins Wasser läßt auf einen Menschen schließen, der sich in den gemessenen Bereichen nicht wohl fühlt. Umso berückender wirkt ihr Gesang. Die Melodien werden von jenen Tiefen berichten, denen sich die Zuhörenden entfremdet haben.

Das zweite Bild, unter dem die Frau Iwanuschkas erscheint, ist das der Wildgansfrau. Es ist der jungen Frau gelungen, ihre weiblichen Urinstinkte nicht zu verdrängen, sondern hineinzunehmen ins Priesterliche – eine wissende Eingeweihte. Das sind großartige und in der Regel einsame Frauen. Sie passen nicht in das Weltgefüge aus Scheinlebendigkeiten mit ihren Angeboten an Scheingenüssen. Sie passen nicht in diese Welt, in der sich die Großzahl der Menschen mit Dingen sättigen will, die nie sättigen können. Es ist die Welt der Abhängigen und Süchtigen. Süchtig kann man nur nach Dingen werden, die uns unbefriedigt lassen und doch immer weiter und weiter locken. Deshalb ist unsere Welt auch die Welt der Verführer und des Verführens. Die Menschen sind dem Schein verfallen.

Die Wildgansfrau hat sich zum Weg nach innen entschlossen. Ihre Flüge gelten den Wandlungen der Seele, der Verwirklichung des Menschen, der in ihr schlummert. Ihr Unterwegssein geschieht im Wissen um die Entstehung der Schöpfung.

Dieses symbolisiert das Wissen um die inneren Vorgänge, welche den Wandel von Unbewußtheit zu Bewußtheit ermöglichen. Der Weg, der durch die Wandlung von der Wasserfrau zur Wildgansfrau symbolisch gezeigt wird, entspricht dem Entwicklungsschritt vom fast noch Kindhaften zum Erwachsenen – freilich so, daß das Naturnahe, Ursprüngliche nicht geopfert wird. Sie erreicht Bewußtheit, ohne die Verbindung, den Bezug zu ihren Tiefenbereichen zu verlieren.

Unbewußt lebende Völker erleben sich einbezogen in die Welt, die sie umgibt. Sie sind mit dem Kosmos und der Natur verwoben. Wenn sich der Einzelne als Individuum wahrnimmt, stellt er sich gleichzeitig dem Kosmos und der Welt gegenüber. In einem langen Prozeß beginnt er äußere Bilder und äußeres Geschehen von inneren Bildern und innerem Geschehen zu trennen. Mehr und mehr und immer differenzierter erlebt er sich und die Welt in den Dimensionen von Raum und Zeit. Er fragt nach Ursprung und Ziel und erfindet seine Geschichten über den Anfang und bald auch über das Ende der Welt. Die Schöpfungsmythen entstehen. Ihre Bilder erinnern immer auch an den Weg des Menschen vom Embryo in die Welt – und von der Welt ins Schweigen. Gleichzeitig erinnern sie ganz besonders auch an das innere Reifegeschehen von Unbewußtheit zu Bewußtheit.

In den Mythen ganz verschiedener Völker wird die Wildgans als Zeugin des ersten Schöpfungsaktes dargestellt. Sie ist archetypisches Bild dafür, daß etwas lebt, das unseren Entwicklungen zuschaut und um alles weiß. Gleich der Wildgans besucht es uns immer wieder, fliegt es immer wieder weg. Die Wildgans ist archetypisches Bild für die Verbindung der Seele zum Göttlichen, des Göttlichen zur Seele. Für Iwanuschka manifestiert sich diese »Botschafterin« in seiner Frau. In der Liebe erfährt er Wirken und Mitteilungen des Göttlichen.

Eigentlich entzieht sich das alles der Sprache. In Bildern überliefertes Urwissen läßt sich nur annäherungsweise in rationale, den Koordinaten von Raum und Zeit gehorchende Sprache übersetzen. Als Religionen und Ideologien an die Stelle der Urmythen traten und die archteypischen Symbole in den Dienst ihrer fixierten Lehre stellen wollten, bahnte die schöpferische Phantasie neue Wege zur Mitteilung. Unbewußte Seeleninhalte fanden Eingang in die Bildersprache der Märchen und der schöpferisch-künstlerischen Arbeit.

Eine Frau, die weder Leben, noch Liebe, noch Tod verdrängt, wird immer Mühe haben, sich im Feld von Raum und Zeit zu erfahren. Sie bleibt im Dauerprozeß des Vogels Phönix. Deshalb braucht sie den Menschen, der sie liebt, wenn sie in dieser unserer Welt zu Hause sein soll. Ihr Haus der Seele heißt Liebe.

Wie durch plötzlichen Entschluß legt sich die Wildgansfrau an der entscheidenden Stelle des Märchens ins Bett und wird Liebende. Das macht sie zur »Menschenfrau«. Sie ist durch das Geheimnis hindurch in die Realität gegangen. Es gibt solche Frauen. Sie sind kostbare, erlösende, tiefster Liebe fähige Menschen. Sie leben im Widerspruch ihrer Stärke und Scheu und Verletzlichkeit. Sie sprechen eine schwer verstehbare Sprache. Wer eine solche in Metamorphosen gereifte, aber immer mit ihren ursprünglichsten Seelenbereichen verbundene Frau nicht liebt, versteht sie nicht. Das ist ihr Los. Wer sie aber liebt, erlebt ihre Größe. Das ist ihre Auszeichnung.

Das karge, kurze, fast schüchtern erzählte russische Märchen von *Iwanuschkas Frau* ist so dicht an sprechenden Bildern, daß es sich nur zögernd und Schritt für Schritt erschließt. Ganz teilt es sich uns erst mit, wenn wir es lieben – so wie Iwanuschkas Frau sich dem Mann erst ganz erschließt, da er sie – und nicht irgendeine unreife Projektion – liebt. Das kann er erst, nachdem er selbst durch sie zu sich erlöst worden ist. Der Weg der Liebe wird hier in gegenseitigen Befreiungs-, Erlösungsschritten geleistet. Jedes ist in unregelmäßigem Wechsel quasi »Hebamme« des anderen. Das wird deutlich, wenn wir uns die Wegabschnitte dieses Märchens nochmals vergegenwärtigen.

Iwanuschka holt die Wasserfrau aus ihrem Waldsee. Er befreit sie aus ihrer Unbewußtheit. Die Frau erlöst dann Iwanuschka aus seiner Elternfixierung, ganz besonders aus seiner starken Mutterbindung. Nachdem Iwanuschkas Brüder der Wasserfrau das Kleid gestohlen haben, müssen sich Mann und Frau auf ihre starken inneren Helfergestalten verlassen. Iwan findet den Greis und durch ihn auch den Weg zur »weisen Alten«. Diese verwandelt die Wildgansfrau in einen Menschen und Iwanuschka in eine Nadel. Jetzt verbrennt die Frau die Nadel und ermöglicht Iwanuschka, sich selbst zu finden, sich selbst zu werden. Iwanuschka findet seine innere Freiheit. Er übernimmt Verantwortung gegenüber der Autorität in seiner Seele und ermöglicht so seiner Frau, wirklich (nicht nur auf Zeit) Mensch und Partnerin zu werden.

Die Frau bleibt in ihren Wandlungen sich selber treu. Als Wasserfrau ist sie an das Unbewußte gebunden, lebt sie ganz im undifferenzierten Innenbereich der Seele. Als Wildgansfrau erfährt sie die Schöpfungsprozesse und wird so zur »Zeugin« der Phasen der Bewußtheitsfindung. Als Frau schließlich vermittelt sie Brot und Haus: Nahrung und Wohnung der Seele.

Iwanuschkas Weg führt von extremer Elternbindung zu Eigenverantwortlichkeit.

Die Liebenden gehen ihre Wege teils gemeinsam. Abwechselnd erlösen sie einander zu neuen Reifestufen. Teils muß aber auch jedes einzelne Wegstrecken alleine gehen. Dabei wird es von den eigenen Archetypen geleitet. Am Schluß stehen zwei reife Menschen, denen es jetzt möglich sein wird, gemeinsam das Leben zu gestalten, besonders auch das Leben der Seele, die ja nicht vom Körper und kaum von der Welt geschieden werden kann.

Übungen

Allgemeines

Wir können Märchen ganz verschiedenartig aufnehmen. Am wichtigsten bleibt die Lektüre, sorgfältig, langsam, geduldig. Wenn wir ein Märchen gelesen haben, lassen wir es nachklingen. Wir bleiben noch eine Weile bei ihm, es bei uns. In gleicher Weise sollen wir mit Träumen umgehen. Wir lassen ihnen ihren Raum.

Die Märcheninterpretation macht Bilder und Zusammenhänge bewußt. Sie zeigt uns den Bezug zwischen Bild und Handlung einerseits und seelischer Struktur und seelischer Wandlung andererseits. Psychologie und Literaturwissenschaft arbeiten einander bei der Symbolforschung in die Hände. Beide halten sich an das hermeneutische Prinzip: Die Bedeutung, die sich für ein bestimmtes Symbol ergibt, muß sich im Märchenganzen bewähren und dann auch wieder im Ganzen anderer Märchen und in den den Märchen verwandten Mythen, den religiösen Überlieferungen früher Völker. Heute kennen wir die Symbolsprache weitgehend. Sie ist in wesentlichen Zügen in den verschiedensten Kulturkreisen parallel vorhanden. Die gesprochene Sprache wechselt von Ort zu Ort. Die Bildersprache bleibt im wesentlichen dieselbe.

Ebenso wichtig wie das verstandesmäßige Erfassen ist unmittelbare Aufnahme. Sie geschieht, wenn wir das, was wir im Märchen wahrnehmen, zeichnen oder malen, tanzen, singen, spielen. Dazu dienen auch unsere Übungen. Sie beschränken sich jeweilen auf die wichtigsten Märchenszenen. Die skizzierten Übungswege zeigen jedoch bloß einige Möglichkeiten. Es sollen Anregungen sein zu eigenem schöpferischen Tun. Das Spiel der Phantasie ist unbegrenzt.

Unsere Übungen brauchen Zeit, Geduld, Konzentration. Wir beginnen eine Übung erst, wenn die Bedingungen dazu gegeben sind. Auch die Vorbereitung braucht jeweilen unsere Aufmerksamkeit. Wir halten die Notizen in einem hübschen Heft fest und kehren hie und da zu ihnen zurück. Es sind unsere persönlichen intimen Notizen. Es geht nicht darum, möglichst schnell mit der Lektüre eines Buches und mit dem »Erledigen« von Übungen fertig zu sein. Es geht um inneres Wachstum. Und dieses dauert von der Geburt bis zum Tod.

Übungen mit Kindern

In meinen Märchenkursen wird meist recht schnell die Frage aufgeworfen, wie man Kindern die Welt der Märchen nahe bringen soll. Unermüdlich mache ich darauf aufmerksam, daß Märchen für Kinder behutsam ausgewählt werden müssen.

Die schöne Sammlung der »Kinder- und Hausmärchen«, welche Jacob und Wilhelm Grimm zusammengetragen haben, diese Märchen eignen sich nur zum kleinen Teil für Kinder. Jacob, der ältere und mehr der Wissenschaft verpflichtete der beiden Brüder, legte großes Gewicht darauf, die Märchen unverfälscht wiederzugeben. Unverfälscht hieß für ihn so, wie die Erzählerin, der Erzähler – meistens handelte es sich um Vertrauenspersonen aus Hessen – die Märchen mitteilten. Wilhelm, der die späteren Ausgaben fast allein betreute – sein Bruder widmete sich jetzt vor allem der Erforschung der deutschen Sprachgeschichte – wollte die Märchen für den »Gebrauch« in den Stuben der Familien zubereiten. Er scheute nicht vor sprachlichen Neubildungen und Weglassungen zurück. Da und dort hat er auch Motive aus verschiedenen Märchenüberlieferungen miteinander verknüpft. Dieses Vorgehen ist nicht so verwerflich, wie manche behaupten. Wilhelm Grimms Arbeit entspricht der lebendigen, mündlichen Märchenüberlieferung über die Jahrhunderte hinweg (1). Allerdings war sein Vorgehen nicht immer glücklich. Da und dort wurden leider wesentliche Bilder geopfert. Da und dort wurde durch sprachliche Verniedlichung oder durch Ausschmückung manches retouchiert, was in der überlieferten Form treffender gewesen wäre. Solche Veränderungen machen außerdem ein Märchengeschehen noch keineswegs kindertümlich. Kinder spüren Unechtes schnell.

Trotzdem, das Verdienst der Brüder Grimm ist groß. Ohne sie wären wohl die meisten deutschen Märchentexte verloren. Ohne sie wären wohl auch große Märchensammlungen anderer Sprachgebiete, besonders auch die Märchen Rußlands und der nordischen Welt, nicht bereits im Verlauf des neunzehnten Jahrhunderts entstanden. Die Märchensammlung der Brüder Grimm weckte weltweit die Sammelfreude und ermunterte auch manche Verleger zu entsprechenden Ausgaben. Die Zeit der Romantik im ersten Drittel des neunzehnten Jahrhunderts machte das Märchen »literaturfähig«. Es erschloß sich einer breiten Leserschaft und gleichzeitig auch der Literaturwissenschaft, der Volkskunde und dann bald auch der Psychologie.

Wenn wir das Kind mit Märchen vertraut machen wollen, müssen wir ähnlich vorgehen wie Wilhelm Grimm. Wir sollten die Märchen nicht ablesen und auch nicht vom Tondband ablaufen lassen, sondern aus unserer Erinnerung selber erzählen. Das Märchen nimmt dann ganz von selbst die Form und die Sprache an, die dem zuhörenden Kind, seinem Alter und seinem Erfahrungsbereich entspricht.

Kindern sollen Märchen nicht erklärt werden. Ein Kommentar, wie er hier vorliegt, richtet sich an bewußte, erfahrene, im Denken geübte Menschen – nicht an Kinder. Kinder haben in der Regel unmittelbar Zugang zu Symbolen. Sie adaptieren sie so, wie sie sind.

Wer mehr tun will, ermuntert die Kinder, einzelne Stellen zu zeichnen und zu malen. Die Wahl der betreffenden Stellen soll dem Kind ganz überlassen werden. Die Zeichnungen dürfen dann auch nicht nach irgendeinem Kriterium beurteilt werden. Kinderzeichnungen sind Abenteuer für Erwachsene. Wenn wir uns in sie hineinleben, erschließen sich uns Bezirke der Seele des betreffenden Kindes. Das ist unendlich viel wertvoller als unsere Beurteilungen. Wir nehmen Kinderzeichnungen ernst, sprechen mit den Kindern mit demselben Ernst darüber, wie wir mit Freunden über weltpolitische, weltwirtschaftliche Zusammenhänge diskutieren.

Auch wenn Kinder einzelne Stellen eines Märchens wieder aufnehmen, sie nacherzählen, Fragen dazu stellen, nehmen wir geduldig daran teil. Märchenarbeit mit Kindern braucht Zeit. Warum-Fragen beantworten wir nicht psychologisch, sondern gemäß dem inhaltlichen Zusammenhang des Erzählgefüges, beschönigen das Geschehen nicht, entzaubern es nicht.

Ganz besonders wertvoll wäre es, wenn wir hie und da ein geeignetes Märchen als kleines szenisches Spiel aufführen würden. Ein Kind kann dabei ohne weiteres auch zwei Rollen übernehmen. Was das Bühnenbild betrifft, können wir uns mit wenigen Hilfsmitteln begnügen. Ein grünes Tuch genügt, um ein Kind in einen Frosch zu verwandeln. Der Mantel des Vaters kann einen Knaben zu einem Prinzen, einem König machen.

Ich habe mit Mittelschülern jeder Stufe Märchen aufgeführt. Am besten sind diese Spiele jeweils gelungen, wenn das ganz spontan und ohne große Vorbereitungen geschah. Gern erinnere ich mich aber auch an gekonnte, disziplinierte, feine Umsetzungen von Märchen zu Marionetten- und auch zu Freilichtspielen, in denen Kolleginnen und Kollegen ganz verschiedener Fachbereiche mit den Schülerinnen und Schülern oberer Klassen und mir zusammen eine kameradschaftliche Arbeitsgruppe bildeten.

Die Zarentochter Frosch

Mein Tier-Aspekt

Das eigene innere Seelentier entdecken und zum Menschen erlösen, das ist – gemäß den Märchen von der Tierbraut oder dem Tierbräutigam – wesentliche Lebensaufgabe. Ohne daß wir sie lösen, ist Liebe nicht möglich.

☆ Überlege dir, welches Tier du sein möchtest. Was würdest du tun, wenn du dieses Tier wärest? Und zwar:

- gerade jetzt;
- in der Abendämmerung;
- wenn der Mensch da wäre, den du besonders gerne magst (du als Tier, sie/er als Mensch);
- wenn der Mensch da wäre, den du überhaupt nicht magst.

Du hast soeben sehr viel über dich erfahren. Es würde sich lohnen, das aufzuschreiben.

Im Einklang mit dir

Du findest dein Symboltier nur, wenn du bei dir selbst bist. Aber immer wieder werden wir daran gehindert, lassen wir uns daran hindern. Jeder Lebenstag will eine Stunde Einkehr bei uns selbst. Die folgenden einfachen und schlichten Übungen können uns dazu verhelfen.

☆ Welches Lied hast du immer gern gesungen? Sing oder summ es vor dich hin. Das gibt ein gutes Grundgefühl. Laß dir Zeit. Du darfst dich wiegen im Rhyhtmus der Melodie.

☆ Weißt du noch, wann du dich besonders gut gefühlt hast? Notiere eine Handvoll solcher erfüllter Situationen, schreib dazu, wie alt du jeweilen warst.

Mach dir klar, warum du dich in dieser Situation gut gefühlt hast. War es, weil du ganz nah bei dir warst oder bei jemand oder etwas anderem?

Was für Möglichkeiten siehst du, auch jetzt wieder ganz bei dir selber zu sein? Halte die Bedingungen, die erfüllt sein müssen, in einer Liste fest.

☆ Du bist Tag für Tag an der Arbeit. Hast du dir auch schon mal in den Einzelheiten überlegt, was du alles machst? Schreib das doch in Stichworten auf – in zwei Kolonnen untereinander. Links Pflichtarbeiten (was du tun mußt), rechts freiwillige Arbeiten.

Wenn du die Liste fertig hast, mach bei jenen Tätigkeiten ein Kreuzchen, die du gerne tust. (Hoffentlich kannst du auch Stichworte in der Kolonne links ankreuzen.)

Was möchtest du gerne tun, damit du dich dabei ganz dir selbst überlassen, damit du ganz aus deinem Innern heraus gestalten könntest? Wie lang müßtest du jeweilen bei diesem Tun verweilen dürfen? An welchen Tagen steht dir diese Zeit zur Verfügung? Was mußt du ändern, damit dir diese Zeit an wenigstens zwei, lieber drei Tagen je Woche zur Verfügung steht? Du mußt es ändern, wenn es nötig ist. Du brauchst diese Zeit und dieses Tun. Das ist ganz wichtig für dich.

Überlege dir jetzt auch, wie du dich selbst noch besser in bestimmte Pflichtarbeiten einbringen kannst.

☆ Du bist wichtig. Du mußt dir nah sein. Du bist der Schöpfung geschenkt. Du bist einmaliger Anteil der Schöpfung. Wenn du dich findest und liebend dem Leben schenkst, ergibt sich das andere. Vertrau darauf! Du mußt nicht beweisen, daß du gut bist. Du bist es, wenn du dich selbst bist – nicht irgend etwas, wohl aber das, was seit der Geburt in dir angelegt ist, der Mensch, der deinen Namen trägt. Das ist Anfang und Ende aller Märchen. Und das ist auch der Urinhalt aller Religionen. Leider ist er oft verschüttet und zugunsten von Einzelnen und Gruppen verbogen. Auch alle Begründer von demokratischen Staatsformen meinten das ursprünglich, selbst wenn diese dann leider, leider wieder Tummelplätze von Interessengruppen und Machtgierigen wurden und immer noch werden. Schäm dich nicht, wenn du dir Zeit nimmst für dich! Du bist o. k., wenn du bei dir bist. Das hat dich das Märchen von der Zarentochter Frosch gelehrt!

Präge dir ein, was du in diesem Übungsteil gelesen hast – aber nur jene Punkte, mit denen du einverstanden bist. Sage dir diese Punkte wieder vor – in der ersten Person: Ich… Lerne sie sinngemäß auswendig.

☆ Mach dir zwei Plakate. Schön gestaltet. Häng sie in der Wohnung auf. Es ist gut, wenn andere sie auch sehen können, bemerken müssen.

Plakat A: Ich bin wichtig!
Du bist wichtig!

Plakat B: Ich will das Leben lieben und mich dem Leben schenken.
Hilfst du mir dabei? – Ich möchte dir helfen dabei.

Die Wohnung der Großen Mutter

Hast auch du das »Haus der Großen Mutter« so von dir abgedreht wie der Zarensohn die Hütte der Baba Jaga? Überlege dir gut, wann das gewesen ist. Als Kind bist du (hoffentlich) ein- und ausgegangen darin. Wie war das damals? Wie ist das jetzt?

Überlaß dich diesem Symbolhaus der Baba Jaga – nicht der Hütte, welche das Märchen beschreibt, sondern dem Haus, das dir zukommt. Wenn du es vor dir siehst, dann zeichne es, male es, so farbig wie möglich.

Schau dein Bild von Zeit zu Zeit an. Du mußt es nicht erklären, nur anschauen und dich freuen daran. Das tut gut. Das ist Medizin für die Seele.

Das Haus deiner Seele

Am Schluß des Märchens sieht der Zarensohn den Palast, in dem seine Braut wohnt. Er muß wunderbar sein, und er ist aus Glas. Versuche dir vorzustellen, wie das Haus aussieht, in dem die Seele deines Partners, deiner Partnerin wohnt. Aus welchen Materialien ist es gebaut? Wie sieht es aus – außen, innen, in einzelnen Räumen? Wo steht dieses Haus? Zeichne das Haus, in der die Seele deines Partners, deiner Partnerin wohnt.

Zeichne jetzt auch dein Haus, das Haus oder die Hütte, das Schloß, den Turm, in dem deine Seele wohnt.

☆ Leg die zwei Bilder nebeneinander. Vergleiche sie.

Vielleicht wird später auch dein Partner, deine Partnerin diese beiden Bilder malen, wenn die Bedingungen dazu erfüllt sind. Vergleicht sie miteinander – aber ganz unbedingt ohne Interpretation und mit sehr viel Toleranz.

☆ Bitte, wünsche dir nicht, daß deine Seele und die Seele deines Partners, deiner Partnerin im selben Haus wohnen. Ihr sollt und werdet immer zwei Persönlichkeiten sein. Aber ihr werdet miteinander und aneinander reifen, leiden und euch freuen – leben. Das könnt ihr nur, wenn jedes sich selbst ist. Arbeitet an euch selbst, nicht am andern! Die Zarentochter Frosch hat nicht am Zarensohn gearbeitet. Der Zarensohn wollte allerdings seine Braut ändern, damals, als er ihre Froschhaut verbrannte. Aber diese Geschichte kennen wir jetzt. Nur dank unserer eigenen Persönlichkeit können wir erlösend wirken. Das ist die große Lehre dieses Märchens.

Das goldene Schloß, das in der Luft hing

Du suchst das Glück

Aschenper sucht das Glück. Wir haben gelernt, daß es in uns selber wohnt. Wenn wir unsere eigene Mitte gefunden haben, sind wir reif für das Gück. Wir wollen uns zunächst überlegen, was für Abhängigkeiten uns einschränken, was für Hindernisse uns hemmen, wenn wir zu uns selber gehen wollen.

☆ Wir nehmen einen großen Bogen Papier und legen ihn auf den Boden vor uns hin. Nun nehmen wir einen dicken Filzstift.

Er soll in jener Farbe schreiben, die uns am liebsten ist. Jetzt schreiben wir unseren vollen Namen mitten auf den großen Bogen – ganz langsam.

Wir betrachten unseren Namen mitten auf diesem Blatt. Wir lassen uns Zeit dabei, überlassen uns unseren Bildern und Gedanken, unseren Gefühlen.

Dann überlegen wir uns, wovon wir abhängig sind – von was für Menschen, von was für Dingen. Wir schreiben die Namen dieser Menschen und die Bezeichnungen für diese Dinge auf den Bogen, rings um unseren Namen herum, aber so, daß die Menschen und Dinge, von denen wir uns stark abhängig fühlen, unserem Namen näher stehen als die anderen. Vielleicht zeigen wir den Grad der Abhängigkeit auch mit der Größe der Schrift.

Geduldig betrachten wir nun unser Blatt und überlassen uns wieder unseren Bildern und Gedanken.

Haben wir alles aufgeschrieben? – Luft, Licht, Nahrung, Wärme, Dunkelheit, Wetter, Jahreszeiten, Geborgenheit, Liebe, Zärtlichkeit... Wir ergänzen und korrigieren.

☆ Jetzt gestalten wir einen neuen Bogen – eine zweite korrigierte Fassung. Wir machen jetzt alles ganz sorgfältig und hübsch. Wir runden mit einer bestimmten Farbe ein, was uns unmittelbar zur Verfügung steht, mit einer anderen Farbe, was gefährdet ist, mit einer dritten, was wir brauchen würden, aber nicht haben – und mit einer vierten das, wovon wir uns gern befreien möchten.

Wir sind abhängig von dem, was wir brauchen – was uns braucht. Manches engt uns ein. Wir machen einen Tupfen in einer bestimmten Farbe dazu. Manches macht uns froh, leicht. Wir machen einen Tupfen in anderer Farbe dazu.

So haben wir uns jetzt bewußt gemacht, wie wir im Leben und in der Gesellschaft stehen.

☆ Jetzt wollen wir eine Kerze anzünden. Wir halten unsere offene Hand über die Flamme. Bei welcher Distanz brennt uns die Flamme? Bei welcher wärmt sie uns angenehm? Bei welcher läßt sie uns so, wie wir uns vorher gefühlt haben? Welche Distanz macht uns froh, vielleicht sogar glücklich? Wir probieren das einige Male aus. Dann denken wir darüber nach: Was für Bilder kommen und gehen? Was für Gedanken?

☆ Wir zeichnen eine Hand. Und dann zeichnen wir eine Pflanze, die aus unserer Hand herauswächst. Es muß kein Kunstwerk geben. Wenige zeichnende Striche können genügen.

Falls wir in der Gruppe sind, lassen wir sanfte Musik erklingen, wenn das erste Gruppenmitglied mit seiner Zeichnung fertig ist. Sind alle fertig, lassen wir die Musik sanft verklingen.

»Was ist Glück?« Die Frage schwingt in die verklingende Musik hinein, schwebt über der Zeichnung. Wir versuchen, mehr mit inneren Bildern als mit Worten zu antworten. Wir bleiben bei diesen Bildern!

Zauberwald

Fast jedes Märchen führt die Heldin, den Helden in den Wald. Es ist der Zauberwald in unserem Herzen. Er steht für das Unbegangene, Unerforschte, Unbekannte – das Abenteuer. Wer sich auf das Unbekannte in seinem eigenen Innern einlassen will, muß das Unbekannte in der Welt wagen. Ich kann mich auf innere Ereignisse, seelische Wagnisse vorbereiten, indem ich sie außen übe. Es gibt keine Grenzen zwischen der Welt und der Seele. Beides sind Schattenbilder der wahren Wirklichkeit, die letztlich Geheimnis bleibt (2).

Hast du Mut, bist du stark? Dann empfehle ich dir die folgende Übung: Du gehst in eine Gegend, in der du nie gewesen bist, die du also überhaupt nicht kennst. Du wählst einen steilen Waldweg. Du folgst ihm längere Zeit. Und du hast jetzt alle »Antennen auf Empfang«: sehen, hören, riechen, schmecken... Nach längerer Zeit und wenn du allein bist, verläßt du den Weg. Du wagst dich ins Dickicht – weiter und weiter. Erst nach längerer Zeit entschließt du dich dazu, wieder einen Weg zu suchen, der dich irgendwohin bringt, und von dort wieder nach Hause zu gehen. (Das ist relativ einfach. Du mußt nur immer dieselbe Richtung einhalten. Achte jedoch auf deine Grenzen.)

Als junger Mensch habe ich das immer und immer wieder gemacht. Um das Gefühl des Abenteuers zu verstärken, habe ich oft auch darauf verzichtet, Geld mit mir zu nehmen. Gerne habe ich mich dabei auf bewaldete Höhen im Jura eingelassen. Manchmal ließ ich es Nacht werden. Das alles war mir wichtig, besonders wenn ich meinte, nicht mehr aus und ein zu wissen.

Ein prickelndes Abenteuer ist es gewesen, so prickelnd, daß ich es auch jetzt noch hie und da wage. Oft komme ich müde zurück. Aber immer bin ich glücklich. Immer finde ich wieder nach Hause. Ich weiß schon, daß das nicht die Wildnis ist. Bei uns gibt es Wildnis nicht. Aber es gibt noch immer Abgeschiedenheit. Die Bäume sprechen mit mir, der Wind, die Düfte, ungewohnte Laute der Tiere – und die Stille. Ich bin wieder nah bei den Sternen. Ich lerne das Unmittelbare. Instinkte erwachen. Ungewohnte Zusammenhänge werden wichtig. Sinneswahrnehmungen und Gefühle werden hilfreicher als Gedanken. Die Natur nimmt mich auf. Ich wachse mit ihr zusammen. Vielleicht erwacht ein Bild in mir. Ich will es nicht provozieren. Nur offen will ich sein. Die fremden Laute, die fremden Düfte wecken das Schlummernde in mir. Ich will es nicht abwehren. Ich will mich niedersetzen und dabei verweilen. Später werde ich einen Weg finden, eine Siedlung erreichen. Häuser, Ställe, landwirtschaftliche Düfte schaffen mir Geborgenheit. Ich finde Worte und Gebärden zu Menschen, die ich nie gesehen habe.

Anima – Animus

Du erinnerst dich, Aschenper hat im Wald das »heimliche Bild seiner Seele« gefunden. In einer passenden Stunde versuchst auch du, dein Bild zu wecken. Du brauchst ungestörte Stille dazu, Entspannung und Zeit.

☆ Nimm ein Blatt Papier. Schreibe mindestens vierzig Dinge auf, die für dich schön sind. Möglichst spontan, untereinander.

Welche verbindest du mit Weiblichem, welche eher mit Männlichem?

Wähle zwei Farben aus, eine, welche dir eher Weibliches, eine, die eher Männliches charakterisiert. Unterstreiche deine Stichwörter entsprechend.

Nimm ein zweites Blatt. Schreibe, wenn du eine Frau bist, die weiblichen, wenn du ein Mann bist, die männlichen Stichwörter in der betreffenden Farbe links auf dieses neue Blatt untereinander. Dann wähle aus den »gegengeschlechtlichen

Wörtern« jenes aus, welches das erste deiner Wörter links ergänzt, und schreibe es in der entsprechenden Farbe daneben. Verfahre so weiter, so lange es einigermaßen spontan geht. Vielleicht findest du da und dort noch etwas, womit du frei gebliebene Stellen füllen kannst.

Jetzt faltest du das Blatt so zusammen, daß das Weibliche und das entsprechende Männliche aufeinander liegen. Du siehst jetzt nur noch das weiße Blatt. Laß' Gedanken und Bilder kommen und gehen.

Wähle jetzt eine Farbe, die dir für dieses Vereinigen von weiblich Schönem und männlich Schönem richtig scheint. Nein, suche nicht einfach die Mischfarbe aus den beiden Farben, mit denen du vorher gearbeitet hast. Eine ganz neue Farbe! Male mit dieser Farbe aus freier Hand einen Kreis auf ein weißes Blatt und male dann diesen Kreis mit dieser Farbe aus.

Betrachte diese farbige Kreisfläche. Was möchtest du jetzt hineinmalen? Schau Dir ganz genau an, was du jetzt hineinmalen möchtest. Bleibe einige Zeit bei diesem inneren Bild.

Schreibe dir einen Brief. Darin teilst du dir mit, was du – innerlich – in die Kreisfläche gezeichnet hast. Du faltest diesen Brief zusammen und legst ihn mit der Zeichnung von der farbigen Kreisfläche, welche für dich Weibliches und Männliches eint, an einen Ort, der dir lieb ist. Morgen wirst du die Zeichnung wieder betrachten und dann auch den Brief lesen.

☆ Du bist allein. Es ist still. Keine Musik. Du liegst entspannt da. Du denkst an die Übungen, die wir gemacht haben. Und jetzt läßt du das »heimliche Bild deiner Seele« entstehen: Animus – beziehungsweise Anima. Das Bild muß nicht sehr konkret sein, vielleicht die Andeutung eines Gesichts, einer Gebärde. Überlasse dich den Bildern, die in dir auftauchen. Lasse sie wieder gehen. Und dann suche zwei bis vier Adjektive, welche dir charakterisieren, was dich bewegt hat – zwei bis vier Adjektive, welche dir Anima beziehungsweise Animus charakterisieren. Schreibe sie auf ein weißes Blatt. Lege es dann zu den anderen Blättern, die im Laufe dieser Übungsreihe entstanden sind.

Tod und Wiedergeburt

Der letzte Märchenteil ist besonders schwierig nachvollziehbar. Kann ich das üben, dieses Sterben und wieder geboren Werden, das die Liebe von mir verlangt? Du willst es versuchen! Die Zauberdinge im Märchen werden dir dabei helfen.

☆ Vor dir liegt ein Wollknäuel, neben dir eine Schere. Nimm den Wollknäuel. Binde einen Ring von einem deiner Finger an das freie Ende. Halte nun den Knäuel hoch vor dich hin und wickle den Faden langsam, ganz langsam ab. Schau zu. Schneide den sich abwickelnden Faden plötzlich durch oder lasse ihn von einem Gruppenmitglied durchschneiden. Der Ring fällt zu Boden. Schau dorthin. Beuge dich nun langsam zu dem Ring hinab. Lege ihn in deine Hand. Warte. Stecke den Ring wieder an den Finger.

(In der Gruppe richten wir es so ein, daß leise, sanfte Musik ertönt, wenn wir uns zum Ring niederbeugen, vielleicht auch rhythmisch angeschlagene Triangeltöne).

Solche Symbolhandlungen können dir helfen, dir wahrnehmbar zu machen, was das heißt: sterben und wieder geboren werden.

☆ Du bist allein in deinem Zimmer, nachts. Nichts brennt als eine Kerze. Schaue in die Flamme. Beobachte, wie sie brennt. Betrachte, was sie beleuchtet. Nimm all das wahr. Dann, plötzlich, bläst du die Kerze aus. Jetzt ist es dunkel – still. Halte das eine Weile aus. Versuche, gar nichts zu denken. Lösche jetzt auch die inneren Bilder so gut als möglich aus. Später dann zünde die Kerze wieder an. Schau erneut in die Flamme. Betrachte erneut alles, was sie beleuchtet.

Welches war der letzte Gedanke, den du im Dunkeln gedacht hast? Welches war das letzte Bild, das du in dir gesehen hast?

☆ Hast du eine Trommel? Eine große Schamanentrommel mit einem langen Schlegel, dessen »Kugelende« eher weich ist, wäre besonders geeignet. Auch eine Art »Gong« kann gute Dienste leisten. Aber es geht auch mit den Händen. Klopfe einen Rhythmus. Suche so lange, bis du einen Rhythmus gefunden hast, der dir besonders gefällt. Wiederhole ihn im Dunkeln immer wieder, mit denselben Schlägen. Dann brich plötzlich ab. Stille. Lange Stille. Dann sezte wieder ein. Wiederhole das einige Male mit immer längeren Pausen.

Wenn du das mit einer Gruppe machst, laß' in einer Pause plötzlich und unerwartet ein völlig anderes Geräusch aufklingen (gar nicht zu laut) – den Anschlag einer Glocke vielleicht oder einen Flötenton zum Beispiel. Und setze dann den nächsten und letzten Rhythmus mit diesem Ton fort.

Ein tiefes Erlebnis! Bitte zerrede es nicht. Es gibt nichts zu sagen.

Die Goldspinnerinnen

Die Blume in meiner Seele

Unvergeßlich bleibt das Bild der singenden Teichrose im Märchen. Wir wissen nicht, wie Pflanzen ihr Verwurzeltsein, ihre Formen, Farben, Düfte, ihre Blüten und Früchte, ihr Welken und Vergehen wahrnehmen. Das ist uns noch alles verborgen. Wir gehen auch sehr großzügig um mit dem Pflücken von Blumen, mit dem Schneiden von Sträuchern, dem Fällen von Bäumen. Wie auf Bauplätzen oder auch etwa vom Militär mit Pflanzen umgegangen wird, das kann sehr weh tun.

☆ Wenn wir durch tiefes Versenken »Blume sein« üben wollen, wird es weniger um Blütengestalt und Pflanzenfarben gehen, als viel mehr um das Ganze ihres Lebens. Wir brauchen Stille und Ungestörtsein dazu. Wenn wir die Augen schließen, werden sicher bald jene Blumenbilder vor uns auftauchen, die für uns besonders sprechend sind. Wir bleiben lange bei ihnen, schauen sie an. Erst nach längerer Zeit versuchen wir – immer noch mit geschlossenen Augen –, in der Körperhaltung und in einer Gebärde von Armen und Händen Blumendasein auszudrücken.

Dann öffnen wir die Augen und denken über unsere Wahrnehmungen nach. Auf ein großes Blatt zeichnen wir (vielleicht wieder mit geschlossenen Augen) mit zunächst ganz dünnen, leichten Strichen die Gebärde nach, die wir vorher in die Luft gezeichnet haben. Dann schreiben wir unseren vollständigen Namen darüber. Die Schrift darf recht groß sein. Nachher füllen wir die Gebärdenzeichnung mit Farben – nicht mit den Farben einer bestimmten Blume, mit jenen, die uns für die Gebärde am stimmigsten scheinen.

Wenn wir in einer Gruppe sind, legen wir die Blätter auf dem Fußboden aus und suchen gemeinsam nach einer Reihenfolge (vielleicht in einer Ellipse, einem Kreis oder einer anderen Figur), die stimmig wirkt. Wir sprechen nicht dabei!

Etwas später, am besten ungefähr einen Tag später, halten wir schriftlich fest, was wir erlebten: Ich war eine Blume…

Lebensbaum

Das estnische Märchen vereinigt die Ursymbole Lebensbaum, Lebensfluß und Stein. Wir werden nicht müde, Lebensbäume darzustellen. Diesmal schneiden oder reißen wir unseren Baum aus verschiedenen farbigen Papieren, wie sie jede illustrierte Zeitschrift zur Verfügung stellt. Nein, es geht nicht darum, einen abgebildeten Baum auszuschneiden. Das bestimmt nicht! Wir suchen aus farbigen Blättern selber nach

Formen, die uns entsprechen. Diese kleben wir dann – mit Hilfe eines Kleisterstiftes – auf weißes Grundpapier oder auf eine Textseite. Das kann sehr reizvoll sein.

Wenn unsere spielerische Arbeit fertig ist, lesen wir im Märchenkommentar nach, was über Baummythologie und Baumsymbolik ausgeführt ist, und vergleichen mit unserer Collage. Welche Bereiche haben wir vernachlässigt? Wir denken darüber nach. Was für eine Beziehung haben wir zu unserem Bild und zu den Ausführungen im Buch? (Haben wir die drei Wurzelgründe der nordischen Weltesche auch gezeichnet, oder haben wir sie übergangen? Was für eine Beziehung haben wir dazu?)

Stein und Fluß

Wir haben gelernt, daß Symbolhandlungen und Riten seelische Vorgänge vorbereiten und erleichtern können. Das wollen wir ausnützen!

☆ Wir legen uns auf den Fußboden und werden langsam, ganz langsam zu einem Stein. Dazu gehört nicht nur die Körperhaltung. Muskeln und Sehnen, Mundhaltung und der Blick der Augen beteiligen sich an diesem Steinsein. Wir denken so wenig wie möglich dabei. Wir wollen jetzt nichts anderes als Stein sein, schweigender, uralter Stein.

Ganz geduldig suchen wir dann, unsere Starre zu lösen, bis wir ganz leicht werden – ohne uns zu schütteln, nur vom Körperinnern her. Und erst, wenn wir das ganz fühlen, suchen wir eine erste, sanfte Bewegung, an die wir andere reihen. Wir schreiten nicht. Wir halten unseren Körper in Kontakt mit dem Boden, spüren, wie wir darüber gleiten.

Später halten wir dieses Gleiten und Spüren in Linien fest. Sie sollen sich einerseits auseinander entwickeln und andererseits auch überlagern. Der Rhythmus darf wechseln dabei – wie bei einem Bach, einem Fluß, einem Strom.

Wir überlegen uns, was in unserem Leben besonders fließen soll. Die Stichworte dazu tragen wir in unsere Zeichnung ein.

☆ Wenn möglich, gehen wir später noch weiter. Wir klemmen unseren Malgrund auf eine Staffelei oder heften ein starkes Riesenblatt an die Wand. Dann wählen wir einen dicken, großen Pinsel und dünne Farben, Aquarell oder Acryl. Auch breite Pastellkreiden sind für diese Übung geeignet. Zunächst nun schwingt der ganze Körper in der »Linienmusik«, die wir vorher gezeichnet haben. Pinsel oder Kreiden werden fast zu Körperteilen. Wir lassen sie im gewonnenen Rhythmus über den Malgrund gleiten, mal in dieser, mal in einer anderen Farbe.

Ich habe diese Übung schon mit vorschulpflichtigen Kindern und sehr alten Leuten gemalt. Immer war es ein beglückendes Vergnügen. Wir wurden gelöst und weich, wie das Märchen es verlangt.

Schwimmen im Fluß

Meditationen brauchen ungeteilte Hingabe. Bitte, lies die folgenden Hinweise durch und lasse dich nur auf die Übung ein, wenn du innerlich dazu bereit bist. Wir begeben uns auf eine »Seelenreise«. Beginne erst mit deiner Meditation, wenn du den hier beschriebenen Weg kennst. Du mußt dich dann aber nicht verkrampft an den hier skizzierten Verlauf halten.

☆ Zunächst wirst du dir ganz bewußt machen, wo du jetzt bist. Dann erst wirst du die Augen schließen und dich den inneren Bildern überlassen. Du wirst die innere Landschaft finden, durch welche du an jenen gemächlich fließenden Fluß wanderst, der in dir lebendig ist, den du gern hast. Langsam gehst du dem Ufer entlang, bis du jene Stelle findest, von der aus du in den Fluß hinaus schwimmen möchtest. Du ziehst dich aus und überläßt dich den sanften Wellen. Das Wasser ist angenehm warm. Du wirst dich treiben lassen, fast ohne eigene Bewegung, und aufmerksam sein für alles, für das Wasser um deine Glieder, für das Licht, und vielleicht auch die Wolkenspiele über dir, für das Ufer, die Bäume, Wassertiere, die Laute... Viel Zeit wirst du diesem Fließen und Schwimmen widmen, bevor du nach der Uferstelle ausschaust, wo du gerne wieder an Land gehen möchtest. Mit kräftigen Zügen schwimmst du darauf zu. Dort wirst du wieder an Land gehen, den Grund unter dir wahrnehmen, Sand und Steine und Erde. Und dann dehnst du dich in die Gegenwart hinein.

Aus unserem Märchenkommentar hast du gelernt, daß der Fluß den Lebensstrom in dir symbolisiert. Du bist in dieser Meditation eins gewesen mit seinem Strömen. Du hast den Rhythmus deiner Lebendigkeit erfahren und alle Bilder wahrgenommen, welche dieses innere Strömen begleiten. So ist die Goldspinnerin, so ist der Königssohn in diesem Fluß geschwommen. Vergiß das Grundgefühl nicht, das dir dieses Schwimmen vermittelt hat! Rufe es dir noch einmal zurück! Suche eine Farbe, die dieses Gefühl »ausdrückt«. Male ein ganzes Blatt mit dieser Farbe aus. Die Helligkeit darf wechseln dabei, die Grundfarbe aber nicht. So malend bist du ganz nah bei dir. Interpretiere nichts, lebe einfach mit dieser Farbe und dieser Stimmung, diesem Gefühl, diesem in dir innen sein.

Schwimmen im Fluß – die Symbolbilder in diesem Zusammenhang sind wichtig. Sie meinen unser Lebensgefühl. Wie wertvoll wäre es, in großen Flüssen zu schwimmen. Ich durfte das in meiner Jugend zusammen mit einem kleinen Freundeskreis immer wieder tun. Heute ist das Wasser in den meisten Flüssen leider so, daß wir solches Schwimmen kaum mehr wagen dürfen. Sicher werden wir aber eine freie halbe Stunde für das bekannte Gedicht *»Vom Schwimmen in Seen und Flüssen«* finden, das Bertolt Brecht in jungen Jahren geschrieben hat. Wir wollen uns auch diesen Bildern sorgfältig widmen:

»Im bleichen Sommer, wenn die Winde oben
Nur im Laub der großen Bäume sausen,
muß man in Flüssen liegen oder Teichen -
Wie die Gewächse, worin Hechte hausen.
Der Leib wird leicht im Wasser. Wenn der Arm
Leicht aus dem Wasser in den Himmel fällt,
Wiegt ihn der kleine Wind vergessen ...«

Einklang

Improvisierend gestalten wir ein Instrument, auf dem sich ein Rhythmus klopfen läßt. Natürlich eignet sich auch jedes vorhandene Instrument dazu. Dann arbeiten wir in Zweiergruppen weiter. Ohne miteinander zu sprechen, versuchen die zwei Leute, miteinander zu einem rhythmischen Spiel – bald nacheinander, bald miteinander – zu finden, das Freude bereitet.

Ziel wäre ein Bewegungsfluß, der jenem gleichen könnte, den Königssohn und Goldspinnerin in ihrem gemeinsamen Schwimmen sicher gefunden haben.

Männliches und Weibliches

☆ Wieder nehmen wir einen großen Bogen Papier (oder auch mehrere kleinere). In zwei Kolonnen schreiben wir Wörter auf – was immer uns einfällt, je mehr, desto besser. Alle Wortarten sind willkommen, besonders gut eignen sich aber Adjektive (Eigenschaftswörter).

Die linke Kolonne ist für »weibliche Wörter«, die rechte für »männliche« vorbehalten. Neutrale Wörter schreiben wir nicht auf.

Wenn wir genug von dieser Übung haben, studieren wir unsere Liste nochmals und streichen dabei durch, was uns nicht mehr so recht einleuchten will. Dann schneiden wir alle Wörter einzeln aus, mischen sie durcheinander und verstreuen sie in der Stube.

Jetzt nehmen wir ein großes Blatt und zeichnen mit Bleistift den stark vereinfachten Umriß eines Menschen. Dann sammeln wir unsere Wörter wieder ein und kleben jedes einzelne Wort dort auf den vorgezeichneten Umriß, wo es einigermaßen stimmt. Jedes Wort erhält seine Stelle auf dem Körper zugewiesen. Am Schluß haben wir einen Menschen »gemacht«, der Weibliches und Männliches in sich vereint.

Wenn wir die fertige Arbeit betrachten, werden wir uns hinterfragen, welche Körperstelle und welche Körperfunktion nun ein »weibliches« oder welche ein »männliches Wort« erhalten haben. Das führt zu wichtigen und langen Überlegungen (und in der Gruppe zu ausführlichen Gesprächen).

Jedes Paar im Märchen meint ja, wie wir bereits lernen durften, auch das Weibliche und Männliche in der je einzelnen Seele.

Iwanuschkas Frau

Das Haus

Wir erinnern uns an das erste und auch an das spätere Haus, in dem Iwanuschka wohnte. Wir haben das Haus als wichtiges Ursymbol kennengelernt. Was für eine symbolische Wohnung halten wir unserer Seele bereit?

☆ Wir lassen vor unserem Innern das Haus entstehen, das uns ganz besonders entspricht, und lernen es dann durch eine innere Bilderreihe kennen. Mit dieser »aktiven Imagination« (3) kommen wir eigenen Seelenbereichen besonders nah.

Wir lesen zunächst alle die folgenden Meditationsanweisungen durch, schließen nachher die Augen und folgen der Anleitung, die wir vorher gelesen haben. Nicht sklavisch! Wir können uns gut auch von uns selbst leiten lassen. Wichtig ist, daß wir uns genügend Zeit gönnen, daß wir ungestört bleiben und uns durch nichts anderes beeinflussen lassen, auch nicht von Musik.

Lies nun also die folgenden Aufgaben durch, nimm sie wach zur Kenntnis, vermeide aber zunächst jede konkrete Vorstellung, schiebe diese auf, bis du alles durchgelesen hast!

- Wo möchtest du gern wohnen? Du bist ganz frei in der Wahl, unabhängig von konkreten Möglichkeiten.
- Nun wirst du dein persönliches Haus, so wie du es vor dir siehst – nicht etwa dein eigenes, das du jetzt bewohnst –, an deinen Wunschort stellen. Du betrachtest die Umgebung und das Haus von außen.
- Wenn du alles genau aufgenommen hast, gehst du in das Haus hinein, achtest auf die Türe, den Eingang.
- Dann gehst du in den Keller. Wie sieht die Treppe aus, wie sehen die Räumlichkeiten aus?
- Jetzt gehst du durch das Haus, betrachtest sorgfältig jede Räumlichkeit, auch die verschiedenen Möbel und den Schmuck an den Wänden...
- Vom obersten Geschoß aus betrachtest du auch die Aussicht – sehr geduldig, wie wenn du sie später aus der Erinnerung malen möchtest.
- Schließlich gehst du langsam zum Ausgang, gehst ins Freie und löst dich von der Bilderfolge, kehrst zurück in diese Gegenwart.

Nachdem du nun alles gelesen hast, entspannst du dich. Du legst dich hin oder setzest dich so, wie es dir angenehm ist. Du schließt die Augen und läßt die Bilder nacheinander kommen und gehen! Damit ist die aktive Imagination abgeschlossen.

Was sollst du nun mit diesen Bildern machen? Hie und da

wieder vergegenwärtigen, dir sagen: Das ist mein Haus, das Haus meiner Seele. Das ist mein Keller, so sieht es in jenem Bereich aus, der mir nur wenig bewußt ist. Das ist meine Küche, mein Herd. Da stehe ich und suche meine innere Wärme. Am liebsten aber bin ich in jenem Zimmer. Da ist es mir wohl. (Überlege dir warum!) Das sind meine Fenster. Das ist die Umgebung, die ich sehe.

Was würdest du am liebsten tun in dieser Umgebung? Und in deinem Haus? Du kannst dir auch andere Fragen stellen. Was dir gerade einfällt. Die Bilder, die Fragen und die Antworten zeigen dir ein Stück von deinem Inneren. Vielleicht überprüfst du auch, wo deine Bilder, deine Fragen und Antworten doch ein wenig fremdbestimmt waren: Bestimmt von wem und was?

Behalte das alles zunächst für dich. Du hast neue Erfahrungen gemacht. Sie gehören dir, mindestens bis du sie verarbeitet hast. Bewerte nichts! Laß nichts bewerten! Nimm das alles einfach an, als jetzt zu dir gehörig an! Das ist wichtig für alle solchen Übungen.

Helfer

Iwanuschka sind seltsame, von ihm kaum verstandene Helfer zur Seite gestanden – seine Brüder, der Alte in der Waldhütte und auch seine Frau, die Wasserfrau, die Wildgansfrau und die Menschenfrau. Kennst du deine eigenen inneren Helfer?

Wiederum brauchst du Ruhe und Zeit. Du überlegst dir, wann dir von deiner eigenen Mitte heraus Helfendes geschah. Wo und wann warst du es, du selber, der dir geholfen hat? Du weißt doch noch um jenen eigenen Entschluß, der sich zum Guten entwickelte. Du erinnerst dich doch noch, wie du spontan gehandelt hast und wie durch dieses Handeln Verwirrtes seine Ordnung fand. Seltsam, daß du bei jener Begegnung einfach Worte fandest, die entkrampfend wirkten…

☆ Erstelle eine Liste über solche zum Teil scheinbar kleine, zum Teil aber auch große Ereignisse, an denen vor allem du selber, dein »Herz«, deine Seele entscheidend beteiligt war.

Wenn die Liste ein Stück weit gediehen ist, überlegst du dir, in welcher Gestalt du dir deine inneren Helfer am passendsten vorstellen könntest. Zeichne zwei oder drei dieser Helfer. Deine Zeichnungen dürfen ganz ungeschickt wirken. Dort, wo sie am ungeschicktesten sind, zeigen sie dir wahrscheinlich besonders Wichtiges.

Sprich mit deinen Gestalten! Erzähle, frage und antworte auch an ihrer Stelle – ein kleines Rollenspiel. Es ist wichtig, daß deine Helfer lebendig werden und bleiben.

Phoenix

Wie Phönix, der Mythenvogel, so ist auch Iwanuschka durchs Feuer gegangen, hat Abgelebtes im Feuer geopfert und sich im Feuer neuen Wandlungen »gestellt«. Weil ich diesen Bildern vertraue, kann ich nicht glauben, daß es fördernd ist, wenn ich mir Asche aufs Haupt streue und denke, daß ich aus Staub bin und wieder Staub werde. Genau das Gegenteil haben wir nötig. Ich habe noch keinen Menschen kennengelernt, der nicht von Gefühlen der Minderwertigkeit geplagt worden wäre, von einem ganzen Komplex von Gefühlen, die ihn klein, unsicher, mutlos machen, ihn in Frage stellen. Deshalb schlage ich eine ganz andere Übung vor:

☆ Schau in den Spiegel! Betrachte dich genau und sage wiederholt: Ich bin dieser Mensch, den es nur einmal gibt, nur ein einziges Mal. Also muß ich wertvoll sein. Ich weiß, daß ich sterbe; aber wenn ich sterbe, stirbt etwas, das nie mehr wiederholt wird. Ich vertraue darauf, daß mein Sterben so wichtig ist wie mein Leben. Ich vertraue auf meinen Wert.

Ich meine, aus solchen Worten spricht mehr Frömmigkeit, mehr Zuversicht, mehr Vertrauen als aus den unverdauten, unverdaubaren Worten von der Asche auf dem Haupt. Wenn das, was wir Gott nennen, mich geschaffen hat, dann kann ich und kannst du nicht Asche sein. Und wenn ich das zu Ende denke, zu Ende fühle, durch und durch empfinde, dann müssen Kriege unmöglich werden. Wenn ich aber Staub bin und du Staub bist, dann können wir im Schützengraben verrecken.

Merkst du etwas? In wessen Dienst steht der, welcher sagt, du bist Staub? Im Dienst der Macht! Und in wessen Dienst steht die, die sagt, steht der, der sagt: Du bist einmalig, vertrau auf deinen Wert? Im Dienst des Lebens, im Dienst der Liebe!

Wenn ich verbrenne, verbrenne ich nicht um der Asche Willen, sondern um der Liebe Willen und um des Menschen Willen, der mit mir gemeint ist.

Wiederhole nun die Worte, die ich dir vorgeschlagen habe, noch einmal, während du erneut in den Spiegel blickst!

Die Wildgans

Nun wollen wir ganz praktisch sein und gleichzeitig auch scheinbar ganz naiv und abergläubisch – aber gläubig! Wir zeichnen eine Wildgans, ganz aus der Phantasie. Zeichnend erfinden wir unsere Wildgans und malen sie aus mit den Farben, zu denen wir jetzt Lust haben. Wir freuen uns an dem Bild. Wir schaffen dem Bild einen hübschen Rahmen. Wir hängen das Bild neben die Tür.

☆ Du kannst noch mehr tun, und ich empfehle es dir. Du kannst tun, was die Schamanen getan haben. Du schneiderst dir ein Wildganskleid. Du ziehst es über. Du tanzt den Wildganstanz. Du weißt nicht, was das ist, sagst du. Dann ist es höchste Zeit, daß du diesen Tanz erfindest. Wenn du das sogar in einer Gruppe tust, deren Mitglieder mit Märchen vertraut sind, wenn die ganze Gruppe gemeinsam den Wildganstanz tanzt – zu den Rhythmen einer Schamanentrommel, die eine Frau, ein Mann deiner Gruppe schlägt – ich kann dir nur sagen, du wirst nachher ein paar Tage lang froh sein. Aber du mußt das

Kleid selber schneidern, geduldig, und bemalen oder sonstwie schmücken und selber tanzen und hie und da anderen die Hand geben. Zuschauer sollen keine da sein.

Hänge das Kleid in deinem Zimmer auf. Und wenn du es nötig hast, schlage die Trommel. Tanze den Wildganstanz!

Wenn der Tanz spontan sein soll, geht es auch ohne besonderes Kleid. Dann genügen ein paar Federn und etwas Schminkfarbe durchaus. Auf die Schamanentrommel würde ich aber beim Gruppentanz nicht verzichten. Sie tönt zuerst leise und langsam und wird später eindringlicher, so daß schließlich alle durch diese Rhythmen zum Tanz »aufgefordert« werden. Am Schluß verhallt die Trommel wieder ganz langsam.

Der Flug der Wildgans meint unmittelbare Erfahrung des erschütternden Geheimnisses des Unbekannten: die Inhalte des Unbewußten, die Triebkräfte der Geschichte und die Kräfte des Weltalls. Indem ich den Wildgansflug symbolisch nachvollziehe, schaffe ich in mir Bereitschaft für dieses Erfahren.

Anmerkungen und Literatur

Die Zarentochter Frosch

Wir entnehmen (mit freundlicher Genehmigung des Verlages) das Märchen der folgenden Sammlung: OLESCH, REINHOLD (Hg.): Russische Volksmärchen (Märchen der Weltliteratur). Diederichs, München 1992, S. 21 ff.

1 MÜLLER-LISOWSKI, KÄTE (Hg.): Irische Volksmärchen. Diederichs, München 1991 (1. Aufl. 1961), S. 5 ff.

2 Brüder GRIMM: Kinder- und Hausmärchen. Reclam, Stuttgart 1984, Bd. 2, S. 252 ff. (Grimm-Märchen Nr. 144)

3 Die weiße Katze. Klassische französische Märchen. Artemis, Zürich 1983 (nach: Klassische französische Märchen. Artemis, Zürich 1946, o. Hg.), S. 113 ff., ebenfalls zugänglich in: DIEDERICHS, ULF (Hg.): Märchen aus Frankreich. Rowohlt, Reinbek 1992, S. 201 ff.

4 Das Märchen von MARIE LE PRINCE DE BEAUMONT geht auf das dreimal so umfangreiche Märchen mit gleichem Titel zurück, das GABRIELLE-SUZANNE BARBOT, Dame de Villeneuve (um 1695–1755), zwanzig Jahre vorher auf einer Überfahrt nach Amerika von ihrer Kammerfrau gehört und aufgezeichnet hat. Anonym erschienen in: La jeune Americaine et les contes marius, La Haye, 1740. Genaueres siehe DIEDERICHS, ULF (Hg.): Märchen aus Frankreich (Anmerkung 3).

5 SCHAFFGOTSCH, XAVER (Hg. u. Übersetzer): Russische Volksmärchen, Ellermann, Hamburg 1964, S. 199 ff.

6 AFANASJEW, ALEXANDER (Hg.): Russische Volksmärchen. Insel, Frankfurt a. M. 1991, S. 308 ff.

7 Siehe Anmerkung 5, S. 189 ff.

8 HUBE, HANS-JÜRGEN (Hg.): Norwegische Märchen. Insel, Frankfurt a. M. 1992, S. 51 ff.

9 ZAUNERT, PAUL (Hg.): Deutsche Märchen seit Grimm. Diederichs, Jena 1912, S. 343 ff.

10 GUTER, JOSEF: Der Prinz, der das Froschmädchen heiratete – oder das Brevier der Weltmärchen. Paul Neff, Wien 1988, S. 54 ff.

11 ESTÉS, CLARISSA PINKOLA: Die Wolfsfrau – Die Kraft der weiblichen Urinstinkte. Wilhelm Heyne, München 1993, S. 78 f.

12 DOERFER, GERHARD (Hg.): Sibirische Märchen, 2. Bd.: Tangusen und Jakuten. Diederichs, Düsseldorf 1983, S. 5 ff.

13 OLESCH, REINHOLD (Hg.): Russische Volksmärchen. Europäische Bildungsgemeinschaft, Stuttgart 1983 (Diederichs, Köln 1959), S. 21 ff.

14 BORCHERS, ELISABETH (Hg.): Russische Märchen. Insel, Frankfurt a. M. 1991, S. 30 ff.

15 Siehe Anmerkung 10, S. 21 ff.

16 Im *Märchen von der Unke* erzählen die Brüder GRIMM von einem Kind, das in einer Umgebung aufwächst, welche kein Verständnis für die inneren Schätze eines heranwachsenden Kindes aufbringt. Deshalb muß das Kind sterben. Siehe Anmerkung 2, Bd. 2, S. 100 f. (GRIMM-Märchen Nr. 105, I)

17 Siehe das Kapitel »Schamanismus« in: MÜLLER, PAUL EMANUEL: Märchen zeigen Wege. Ariston, Kreuzlingen 1996

18 Siehe Anmerkung 14.

19 Siehe Anmerkung 2, Bd. 1, S. 150 ff. (GRIMM-Märchen Nr. 24)

20 Siehe Anmerkung 14.

21 Im unvergeßlichen Märchen *Wassilissa, die Wunderschöne* erhält die Märchenheldin von der Baba Jaga einen Totenschädel mit leuchtenden, brennenden Augen. Der tote Kopf wird von lebendigem Feuer durchdrungen. So lernt die junge Frau die Einheit von Geburt und Tod, Leben und Sterben – göttliche Ambivalenz. Der tatsächlich geniale Illustrator Iwan Bilibin (Anmerkung 14) hat die Szene, wo sich Wassilissa mit dem von innerem Feuer er-

leuchteten Totenschädel auf den Weg macht, unnachahmlich festgehalten. Im Dienst der Baba Jaga stehen hier auch der weiße Reiter des hellen Tages, der rote Reiter der Sonne und der schwarze Reiter der Nacht. Das Märchen wird auch überliefert in: DELISLE-KUPFFER, IMOGEN (Hg.): Russische Volksmärchen. Insel, Frankfurt a. M. 1991, S. 50 ff.

22 Wieder zeichnet das Märchen Ambivalenz, das Gleichgewicht des Widersprüchlichen: mit Willen – wider Willen!

23 COOPER, I. C.: Illustriertes Lexikon der traditionellen Symbole. Drei Lilien, Wiesbaden o. J., S. 75.
Auch im chinesischen Märchen *Die Mondfee* wird die Mondfee von einem Hasen begleitet. In: WILHELM, RICHARD (Hg. u. Übersetzer.): Chinesische Märchen, Rowohlt, Reinbek 1994 (Diederichs, Köln 1958), S. 52 ff.

24 Eigentlich: CHARLES LUTWIDGE DODGSON.

25 MÖRIKE, EDUARD: Werke, 3 Bde., Atlantis, Zürich 1947, Bd. 1, Gedichte, S. 88:

Gesang Weylas

Du bist Orplid, mein Land!
Das ferne leuchtet;
Vom Meere dampfet dein besonnter Strand,
Den Nebel, so der Götter Wange feuchtet.
Uralte Wasser steigen
Verjüngt um deine Hüften, Kind!
Vor deiner Gottheit beugen
Sich Könige, die deine Wärter sind.

HUGO WOLF hat das Gedicht vertont.

Das goldene Schloß, das in der Luft hing

Das Märchen steht in der folgenden Sammlung: HUBE, HANS-JÜRGEN (Hg.): Norwegische Märchen. Insel, Frankfurt a. M. 1992, S. 60 ff. (Abdruck mit freundlicher Genehmigung des Verlages).

1 Es erinnert uns an die Darstellungen der Mutter Maria mit dem Jesuskind einerseits und an die Darstellungen der Mutter Maria mit dem toten Jesus nach der Kreuzabnahme andererseits. Bei der Geburt und beim Tod wird das »Kind« auf den Schoß der Mutter gelegt.

2 Siehe auch SCHELLENBAUM, PETER: Das Nein in der Liebe. dtv, München 1986 (Kreuz, München 1984). Bes. das Kapitel »Du bist ein Bild meines heimlichen Lebens«, S. 140 ff.

3 Siehe die Abbildung des Weltbergs oder Weltbaums in: *Symbolon.* Jahrbuch für Symbolforschung, Bd. 1, Schwabe, Basel 1960, S. 142

4 Als sich Zeus in die schöne Danae verliebte, besuchte er sie als goldener Regen, niederfallend vom Himmel in ihren Schoß. In vielen Mythen sind Regen und Tau Symbole für die »Heilige Hochzeit« zwischen Himmel und Erde. Vergleiche JUNG, CARL GUSTAV u. a.: Der Mensch und seine Symbole. Walter, Olten 1968, S. 280

5 Auch Märchen kennen den Baum, der wandern kann. Ein schönes Beispiel gibt *Wanjuschka und Annuschka.* In OLESCH, REINHOLD (Hg.): Russische Volksmärchen. Diederichs, München 1992 (1959), S. 177 ff.

6 Das geschieht jedem offenen Menschen so. Auch JOSEPH CAMPBELL schildert das Erlebnis: »Man wächst in einer ganz anderen Welt auf, wenn man draußen im Wald bei den kleinen Eichhörnchen und den großen Eulen ist. Alles um einen herum ist wesenhaft, stellt Kräfte und Mächte und magische Lebensmöglichkeiten dar, die nicht die eigenen

sind und doch alle Teil des Lebens, und dadurch erschließt es sich einem. Dann spürt man, wie es in einem widerhallt, weil man selbst Natur ist.« In: CAMPBELL, JOSEPH: Die Kraft der Mythen. Bilder der Seele im Leben des Menschen. Artemis, Zürich 1989, S. 101
Siehe auch: HESS, KATHARINA und MÜLLER, PAUL EMANUEL: Graubünden erleben. Terra Grischuna, Chur 1994. Das Kapitel: »Splügen – Es spukt in den Gassen«, S. 62 ff.

7 In diesem Zusammenhang darf das folgende Buch empfohlen werden: NEUMANN, ERICH: Der schöpferische Mensch. Rhein, Zürich 1959. Besonders auch das Kapitel »Die Erfahrung der Einheitswirklichkeit«, S. 59 ff. Das Buch ist noch keineswegs überholt.

8 Die Bezeichnung »Zauberdinge« folgt dem Text zu MOZARTS *Zauberflöte* von EMANUEL SCHIKANEDER. 2. Aufzug, 29. Auftritt, Papageno: »Ich Narr vergaß der Zauberdinge.« Siehe auch: WITTMANN, ULLA: *Ich Narr vergaß die Zauberdinge.* Märchen als Lebenshilfe für Erwachsene. Ansata, Interlaken 1985.

9 Siehe auch CAMPBELL, Die Kraft der Mythen, Anmerkung 6, S. 54.

10 Wir sind versucht, die Drachen auch als Bilder für äußeres Geschehen zu verstehen. Dann gibt uns das Märchen klare Verhaltensregeln. Wenn Beziehungen kompliziert werden, ist es oft angezeigt, vorerst einmal miteinander etwas Gutes zu essen. Das wirkt entspannend. Klugerweise werden wir zunächst auch nicht gerade mit dem schwierigsten Menschen, dem größten Problem beginnen. Erfolge im Kleinen ebnen den Weg für Schwierigeres. Aschenper jedenfalls macht sich zuerst den jüngsten Drachen zum Freund.

11 Über diesen wichtigen Unterschied hat JOSPEH CAMPBELL nachgedacht. CAMPBELL, JOSEPH: Der Flug der Wildgans. Mythologische Streifzüge. Sphinx, Basel 1990, Besonders das Kapitel »Die Säkularisierung des Heiligen«, S. 217 ff.

12 *Das Eselein* in Brüder Grimm: Kinder und Hausmärchen. Reclam, Stuttgart 1984, Bd. 2, S. 252 ff. Verena Kast interpretiert dieses Märchen gewissenhaft: Kast, Verena: Liebe im Märchen. Walter, Olten 1992, S. 32 ff.

13 Grimm, Anmerkung 12, Bd. 1, S. 195 ff.

14 Russische Volksmärchen, Anmerkung 5, S. 173 ff.

15 In: Delisle-Kupffer, Imogen (Hg.): Russische Volksmärchen. Insel, Frankfurt a. M. 1991, S. 110 ff.

16 Borchers, Elisabeth: Russische Märchen. Mit Bildern von Iwan Bilibin. Insel, Frankfurt a. M. 1991, S. 65 ff.

17 Russische Volksmärchen, Anmerkung 15, S. 150 ff.

18 *Der Kosake.* Das Märchen vom Kosaken und vom Schlangen-Mädchen. In: Siwik, Hans (Hg.): Das Bärenohr. Im Märchenland Rußland. Herder, Freiburg 1991, S. 61 ff.

19 Christensen, Arthur (Hg.) Persische Märchen. Diederichs, München 1990, S. 55 ff.

20 Zaunert, Paul (Hg.): Deutsche Märchen seit Grimm. Diederichs, Jena 1912, S. 1 ff.

21 Siehe zum Beispiel: Grimm, Anmerkung 12: *Die drei Federn,* Nr. 63; Bd. 1, S. 343 ff. – Karin Anderten setzt sich ausführlich mit dem Dummling-Motiv auseinander: Anderten, Karin: Umgang mit Schicksalsmächten. Märchen als Spiegelbilder menschlichen Reifens. Walter, Olten 1989, besonders S. 177 ff.

22 Karlinger, Felix: Märchen aus Südamerika. Fischer, Frankfurt a. M. 1992, S. 29 ff.

23 Ungezählte Märchen gestalten das Motiv des Wassers des Lebens. Es gibt keine geographischen Grenzen dafür. Berühmt ist das Grimm-Märchen *Das Wasser des Lebens,* Grimm, Anmerkung 12, Nr. 97, Bd. 2, S. 69 ff. Weniger bekannt ist das entsprechende Beispiel im Märchen *Die Abenteuer des Prinzen Ahmad und der Fee Peri-Banu* in: Rüttgers, Severin: Die schönsten Geschichten aus Tausendundeiner Nacht. Insel, Leipzig 1993, S. 287 ff.

25 Ein besonders eindrückliches Beispiel ist das Märchen *Lillekort* in: HUBE, HANS-JÜRGEN: Norwegische Märchen. Insel, Frankfurt a. M. 1992, S. 108 ff.

25 HAULE, R. JOHN: Heilige Verzauberung. Archetypen und Stadien der romantischen Liebe. Ansata, Interlaken 1991. Besonders das Kapitel: »Die dämonische Geliebte: das Herz der Besessenheit«, S. 101 ff.

26 Siehe Anmerkung 20.

27 Anmerkung 26; S. 14.

28 Siehe ANDERTEN, KARIN, Anmerkung 21, S. 193.

29 Kreativität in psychologischem Sinn meint nicht, daß wir große Künstler, Dichter, Komponisten, Architekten, Tänzerinnen... werden sollen. Es meint viel mehr, daß wir unser Leben gestalten sollen. Alles, was ich lebe, soll Mitteilung meiner Seele sein.

30 Ganz besonders schön ist in diesem Sinne die entsprechende Szene im Märchen *Die Gänsemagd:*
»Und wenn sie auf der Wiese angekommen war, saß sie nieder und machte ihre Haare auf, die waren eitel Gold, und Kürdchen sah sie und freute sich, wie sie glänzten, und wollte ein paar ausraufen. Da sprach sie:

Weh, weh, Windchen
nimm Kürdchen sein Hütchen,
und laß 'n sich mit jagen,
bis ich mich geflochten und geschnatzt
und wieder aufgesatzt.

Und da kam ein so starker Wind, daß er dem Kürdchen sein Hütchen wegwehte über alle Land, und es mußte ihm nachlaufen. Bis es wieder kam, war sie mit dem Kämmen und Aufsetzen fertig, und er konnte keine Haare kriegen.«
GRIMM, Nr. 89, Anmerkung 12, Bd. 2, S. 24.

31 Zwei große Erforscher der archetypischen Bilderwelt sollen hier doch genannt werden. Beide haben mit ihrem Gesamtwerk Zugänge zur Bilderwelt der Seele geöffnet: die

Psychologin MARIE-LOUISE VON FRANZ und der Erforscher der Mythen, JOSEPH CAMPBELL.

32 Faust kann nicht glauben, daß er einmal mit Erreichtem zufrieden sein könne. So kommt es dann zur Wette mit Mephistopheles.

Mephistopheles:
Doch, guter Freund, die Zeit kommt auch heran,
Wo wir was Guts in Ruhe schmausen mögen.
Faust:
Werd ich beruhigt je mich auf ein Faulbett legen,
So sei es gleich um mich getan!
Kannst du mich schmeichelnd je belügen,
Daß ich mir selbst gefallen mag,
Kannst du mich mit Genuß betrügen:
Das sei für mich der letzte Tag!
Die Wette biet ich!

Faust I, Studierzimmer-Szene

Die Goldspinnerinnen

Nacherzählt von PAUL EMANUEL MÜLLER, nach: KREUTZWALD, FRIEDRICH (Hg.): Estnische Märchen. Übersetzt von LÖWE, F. Verlag der Buchhandlung des Waisenhauses, Halle 1869, S. 1 ff.

Das Märchen ist in einer streckenweise recht schwerfälligen, oft gekünstelt wirkenden Sprache wiedergegeben und mit Sprichwörtern durchsetzt, die neu dazu gekommen sein müssen und eher vom Inhalt ablenken, statt ihn zu unterstützen. Ich habe versucht, dem Märchen eine etwas schlichtere Sprache zu geben, und den Text auch leicht gekürzt.

Die Sammlung von Friedrich Kreutzwald ist trotzdem sehr

wertvoll. Besonders wichtig sind auch die ausführlichen Anmerkungen. 1881 ist ein zweiter Teil dieser Märchensammlung erschienen: KREUTZWALD, FRIEDRICH (Hg.): Estnische Märchen, 2. Hälfte. C. Mattiesen, Dorpat 1881 (Nachdruck: Harro von Hirschheydt Verlag, Hannover 1973).

1 Ahti (oder Ahto) wird Achti (Achto) gesprochen. In der finnischen Mythologie herrscht Gott Ahti über das Wasser.

2 Wir haben diese Urbilder bereits erläutert. Siehe in *Die Zarentochter Frosch* das Kapitel »Ankündigungen und Reisen« und in *Das goldene Schloß, das in der Luft hing* das Kapitel »Urbilder des Weiblichen«!

3 JUNG, CARL GUSTAV: Gesammelte Werke, Bd. 12, Walter, Olten 1972, Abbildung 108.

4 Über die Symbolbedeutung des Goldes siehe *Das goldene Schloß, das in der Luft hing!*

5 Zahlreich sind die poetischen Märchen, in denen fleißige Spinnerinnen für ihre Arbeit reich belohnt werden. Hier zwei Beispiele:

Spindel, Weberschiffchen und Nadel in: Brüder GRIMM: Kinder- und Hausmärchen. 3 Bde. Reclam, Stuttgart 1984. Bd. 2, S. 380 (Nr. 188): Ein fleißiges Mädchen kann sich durch seine Arbeit einen Königssohn verdienen, weil Spindel, Weberschiffchen und Nadel selbständig werden und den Prinzen zu ihm führen.

Die Gänsehirtin am Brunnen. GRIMM, Bd. 2, S. 339 (Nr. 179): Die vermeintlich Hexe zeigt sich schließlich als weise Frau. Sie spinnt das Schicksal des verbannten, verwirrten Mädchens und bewirkt seine Erlösung. Ein verhaltenes, schönes Zaubermärchen. Die wichtigen Bilder sind mit Kunstverstand in die Handlung verwoben. Eines der leider ganz wenigen österreichischen Märchen in der Sammlung der Brüder Grimm.

6 Siehe WOELLER, WALTRAUD und MATTHIAS: Es war einmal…

Illustrierte Geschichte des Märchens. Herder, Freiburg 1994 (Leipzig 1990). S. 124 f.

In dänischer Sprache wird eine schlichte, wohl recht alte und gerade auch durch ihre Kargheit beeindruckende Variante des Griseldis-Märchens überliefert. Sie ist in deutscher Übersetzung zugänglich: BARÜSKE, HEINZ (Hg. und Übersetzer): Dänische Märchen. Insel, Leipzig 1993: *Die geduldige Frau,* S. 155 ff.

Die deutsche Variante finden wir unter dem Titel *Griseldele* in: WOELLER, WALTRAUD (Hg.): Deutsche Volksmärchen, Insel, Frankfurt a. M. 1992 (Leipzig 1985), S. 285 ff.

7 PANZER, FRIEDRICH (Hg.): Kinder und Hausmärchen der Brüder Grimm. Vollständige Ausgabe in der Urfassung. Emil Vollmer, Wiesbaden o. J. (nach der Fassung von 1812). Die Brüder Grimm haben das Märchen dann nicht mehr in die späteren Ausgaben aufgenommen, da es französischen Ursprungs sei (CHARLES PERRAULT: *Contes de ma mère l'Oye* – Märchen meiner Mutter Gans. 1696/97 erstmals gedruckt). »Barbe-Bleue« geht auf mittelalterliche Erzähltradition zurück.

8 *Die drei Spinnerinnen.* GRIMM, Anmerkung 5, Bd. 1, S. 97 (Nr. 14).

9 *Die faule Spinnerin.* GRIMM, Anmerkung 5, Bd. 2, S. 199 (Nr. 128).

Die italienische Märchensammlung »Pentamerone« des Neapolitaners GIAMBATTISTA BASILE enthält eine hübsche und recht breit angelegte Variante zu diesem Grimm-Märchen: *Die sieben Schwestern.* In: BOEHLICH, WALTER (Hg.): Italienische Märchen. Der Pentamerone des Giambattista Basile. Insel, Frankfurt a. M. 1991 (1982). GIAMBATTISTA BASILE lebte von 1575 bis 1632 – ein ganz früher, sehr verdienstvoller Märchensammler!

10 Zitat nach: FRÜH, SIGRID: Märchen von Hexen und weisen Frauen. Fischer, Frankfurt a. M. 1993, S. 144

11 Dafür ein Beispiel aus Graubünden:
Eine Frau schaut zum Fenster ihres bescheidenen Berghauses hinaus. Sie sieht, wie ein Ochse eine schmale Bergkante entlang schreitet, und sagt zu den Leuten in der Stube: »Schaut, schaut, der große Ochse muß an diesem Steilhang gewiß abstürzen.« Wenig später dreht sich der Ochse und stürzt in die Tiefe. Als die Obrigkeit den Vorfall erfuhr, wurde die betreffende Frau verhaftet, mehrmals gefoltert und schließlich als Hexe hingerichtet. Offensichtlich warf man ihr vor, den Ochsen verhext zu haben. Sie aber beteuerte noch unter dem Galgen ihre absolute Unschuld. – Das ist die Zusammenfassung des klaren, ernsten und sachlichen Mundartberichtes über die letzte Hexenhinrichtung in Avers in Graubünden von JOHANN RUDOLF STOFFEL. Publiziert in: BÜCHLI, ARNOLD: Mythologische Landeskunde von Graubünden. Ein Bergvolk erzählt. Desertina, Disentis 1990, 3. Bd., S. 301 f.

12 *Cautio criminalis* erschien 1631 auf Lateinisch. Der Dichter mystischer Lieder, FRIEDRICH SPEE VON LANGENFELD, lebte von 1591 bis 1635. Für sein mutiges Eintreten für die Rechte der Frau hatte er von seinen Ordensbrüdern, den Jesuiten, viel zu erleiden.

13 ERICH NEUMANN zeigt das Zeitbedingte von Schikaneders Haltung und wirbt für Verständnis. Zugänglich in: NEUMANN, ERICH: »Archetypische Symbole des Matriarchalischen und Patriarchalischen in der Zauberflöte.« In: CSAMPAI, ATTILA und HOLLAND, DIETMAR: Wolfgang Amadeus Mozart, Die Zauberflöte. Texte, Materialien, Kommentare, Rowohlt, Reinbek 1993 (1982). S. 225 ff.

14 *Marienkind*, GRIMM, Anmerkung 5, Bd. 1, S. 37 (Nr. 3).

15 *Blaubart.* Vergleiche Anmerkung 7.

16 MARIE LOUISE VON FRANZ formuliert das ähnlich: »Wir stoßen in jedem Menschen auf die gleiche Tatsache, nämlich auf eine vorbewußte Ganzheit, in der alles schon ent-

halten ist, einschließlich Bewußtsein, und gleichzeitig so etwas Ähnliches wie eine aktive Tendenz dazu, ein gesondertes Bewußtsein aufzubauen.« In: FRANZ, MARIE-LOUISE VON: Schöpfungsmythen. Bilder der schöpferischen Kräfte im Menschen. Kösel, München 1995, S. 92.

17 In: BUSTA, CHRISTINE: Unterwegs zu älteren Feuern. Gedichte. Otto Müller, Salzburg 1965, S. 46 (Abdruck mit freundlicher Genehmigung des Verlages). – Christine Busta ist eine ganz große Lyrikerin unserer Zeit.

18 In seinem Gedicht »Die Sternseherin Lise« zeigt MATTHIAS CLAUDIUS eine Magd, die nach getaner Arbeit am Fenster steht und in die Nacht hinaus schaut. Der Sternenhimmel wird Spiegel ihres Herzens. Das Unendliche mündet in ihre offene Seele ein. Das Fenster übernimmt in diesem Gedicht die Symbolbedeutung der Schwelle. Jeder offene Mensch »sitzt« in diesem symbolischen Sinne auf der Schwelle. z. B. in: CLAUDIUS, MATTHIAS: Der Wandsbeker Bote. Manesse, Zürich 1947; S. 273 (und andere Ausgaben).

19 Zitat aus: SCHELLENBAUM, PETER: Abschied von der Selbstzerstörung. Dtv, München 1993, S. 51.

20 Siehe dazu nochmals SCHELLENBAUM, Anmerkung 19, S. 95.

21 MARIE LOUISE VON FRANZ zeigt, wie die Schöpfungsmythen das Erwachen des Menschen aus Unbewußtheit und magischem Weltverständnis zu Bewußtheit und objektivem Erfahren widerspiegeln. Siehe Anmerkung 16 (besonders die ersten Kapitel).

22 Siehe BLASCHEK-KRAWCZYK, ULRIKE (Hg.): Märchen von Sonne, Mond und Sternen. Fischer, Frankfurt a. M. 1994. Vor allem auch lesenswertes Nachwort zu dieser hübschen Sammlung, S. 161 ff., besonders S. 167.

23 Siehe das Märchen *Des Nebelberges König*. In: KREUTZWALD, FRIEDRICH (Hg.): Estnische Märchen. 2. Hälfte. Harro von Hirschheydt, Hannover 1973 (C. Matthiesen, Dorpat 1881), S. 4 ff., bes. auch die Anm. des Herausgebers.

24 Das Märchen *Die Holundermutter* in: FRÜH, SIGRID: Märchen von Leben und Tod. Fischer, Frankfurt a. M. 1994, S. 64 ff.
Der Holunder wird im Mittelalter in Zusammenhang mit Hexerei und Magie gebraucht. In der Walpurgisnacht tragen die Hexen Holunderzweige.
Gemäß einer Sage aus dem Gebiet des Hochwangs heißt die geheimnisvolle Frau in Graubünden Holzweibchen oder Holzmutter. Vergleiche: LUCK, GEORG (Hg.): Rätische Alpensagen. Bischofberger, Chur 1990 (1902).

25 Das englische Märchen *Die alte Hexe,* in: FRÜH, SIGRID (Hg.): Märchen von Hexen und wilden Frauen. Fischer, Frankfurt a. M. 1986, S. 38 ff.

26 Z. T. nach: IONS, VERONICA: Die Götter und Mythen Ägyptens. Neuer Kaiser, Klagenfurt 1988;
Z. T. nach: COOPER, J. C.: Illustriertes Lexikon der traditionellen Symbole. Drei Lilien, Wiesbaden o. J. (Seemann, Leipzig 1986),
Siehe auch: WOELLER, WALTRAUD und MATTHIAS: Es war einmal... Illustrierte Geschichte des Märchens. Herder, Freiburg i. B. 1994 (Leipzig 1990), S. 164 f., und das Kapitel zum Märchen *Der gestiefelte Kater,* S. 174 ff.
Eine amüsante Variante zum Grimm-Märchen *Der gestiefelte Kater* (Anm. 7, S. 145 ff.) und zum französischen Märchen *Le maître Chat ou le Chat botté* (Deutsche Fassung in: DIEDERICHS, ULF (Hg.): Märchen aus Frankreich. Rowohlt, Reinbek 1992, S. 187 ff.) bildet das Märchen *Der Federkönig,* in: ZAUNERT, PAUL (Hg.): Deutsche Märchen seit Grimm. Diederichs, Jena 1912, S. 297 ff.
Helfende, gütige, positive Wandlung bewirkende Katzenbilder malt das Märchen *La chatte blanche* in: Contes nouveaux ou les fées à la mode, par Madame D, Tome second, Paris, 1698. Deutsch: *Die weiße Katze.* In: DIEDERICHS, ULF (Hg.): Märchen aus Frankreich. Rowohlt, Reinbek 1992, S. 201 ff.

Eine kargere, aber nicht weniger faszinierende Variante zur poetischen französischen Fassung bildet das Märchen *Die weiße Katze* in: UFFER, LEZZA (Hg. u. Übersetzer): Rätoromanische Märchen. Diederichs, München 1990, S. 63 ff.
Auch die italienische Märchensammlung »Der Pentamerone« kennt die liebenswürdige, hilfreiche Katze. Das Märchen trägt den Titel *Cagliuso.* Anmerkung 9, S. 191 ff.

27 Siehe auch die Anmerkungen von SIGRID FRÜH, Anmerkung 10, S. 142 (überhaupt das ganze Kapitel ab S. 139 ff.)

28 Nach COOPER, Anmerkung 26.

29 JACOBI JOLANDA: *Symbole auf dem Weg zur Reifung.* In: JUNG, CARL GUSTAV u. a.: Der Mensch und seine Symbole. Walter, Olten 1968, S. 272 ff., Zitat S. 297.

30 Über Druiden und Schamanen gibt ausführliche Informationen: MÜLLER, PAUL EMANUEL: Märchen zeigen Wege. Ariston, Kreuzlingen 1996.

31 Nach den Anmerkungen in der Originalausgabe von FRIEDRICH KREUTZWALD; siehe die Angaben beim ersten Abschnitt zu diesen Anmerkungen!

32 Anmerkung 31, S. 12.

33 Davon schreibt ausführlich: FRANZ, MARIE-LOUISE VON: Erlösungsmotive im Märchen. Droemer Knaur, München 1991, S. 23 ff.

34 Nach: GREENE, LIZ: Sag mir dein Sternzeichen, und ich sage dir, wie du liebst. Scherz, Bern 1990, besonders S. 212 ff. (Der Buchtitel tönt recht albern. Das Buch selbst ist lesenswert.)

35 GOETHE, JOHANN WOLFGANG: Gedichte (mit Erläuterungen von Emil Staiger). Manesse, Zürich 1949, 3 Bde., Bd. 1, S. 25.

36 z. T. nach: BOSSE, JACQUES: Mythologie der Bäume. Walter, Olten 1990 (Mythologie des Arbres. Editions Plon, Paris 1989), besonders 1. Kapitel über die Esche.
Die ersten Menschen lebten von gesammelten Früchten und Samen, von der Jagd und vom Fischfang So konnte

der Baum in allen Kulturen nährende Gottheit und Lebensquelle sein. Der Weg zum Ackerbau war lang und beschwerlich.

37 Auch die griechische Mythologie verbindet das Lebenswasser mit dem Lebensbaum: Die Esche ist Poseidons heiliger Baum, und derselbe Poseidon ist Gott der Quellen und Wildbäche. Auf verschiedenen ägyptischen Darstellungen werden Bäume als Sitze nährender, Essen und Trinken spendender Gottheiten, vor allem auch der Himmelsgöttin Nut, dargestellt. Aus dem Wurzelbereich des Lebensbaumes in der Mitte des Paradieses entspringt die Quelle, aus der sich die vier Flüsse bilden, welche die Welt in den vier Richtungen der Winde durchfließen – nicht nur im christlichen Bereich.

38 In der Regel spricht man von »Bewußtseinsebene«. Dieser Ausdruck könnte dazu verführen, eine »Geographie« der Seele zu konstruieren. Aber seelische Bereiche lassen sich keineswegs »lokalisieren«. Deshalb wird hier von Räumen gesprochen. Leider ist auch diese Bezeichnung unzulänglich. Die Seele kennt keine Begrenzungen im geometrischen oder geographischen Sinne.

39 *Die hilfreichen Nivashi-Töchter.* In: WLISLOCKI, HEINRICH VON: Volksglaube und religiöser Brauch der Zigeuner. Aschendorffsche Buchhandlung, Münster i. W. 1891, S. 115 ff.

Iwanuschkas Frau

Das russische Marchen *Iwanuschkas Frau* wird durch die folgende Sammlung in deutscher Sprache zugänglich: SIWIK, HANS / SASLAWSKAJA, MARINA: Das Bärenohr. Im Märchenland Rußland. Herder, Freiburg 1992, S. 68 ff. Leider gibt die Herausgeberin ihre Quelle nicht an. Einige sprachliche Unebenheiten wurden hier geglättet. (Abdruck mit freundlicher Genehmigung des Verlages.)

1 Bereits die frühen Völker haben umständliche Bestattungsriten entwickelt. Einen guten Einblick gibt zum Beispiel *Der Ruf der Eule.* In: BOLTZ, HERBERT (Hg. u. Übersetzer): Märchen der australischen Ureinwohner. Fischer, Frankfurt a. M., 1994, S. 110 ff.

2 *Der Froschkönig oder der eiserne Heinrich.* In: Brüder GRIMM: Kinder und Hausmärchen, Reclam, Stuttgart 1984, 3 Bde., Bd. 1, S. 29 ff. Unvergeßliche Illustrationen von BINETTE SCHRÖDER vermittelt die Ausgabe des Märchens im Nord-Süd Verlag, Mönchaltdorf und Hamburg 1989.

3 MÖRIKE, EDUARD: *Historie von der schönen Lau.* In: Das Stuttgarter Hutzelmännlein. Z. B. in: Mörike, Eduard: Werke. Atlantis, Zürich 1947, Bd. 3, S. 137 ff.

4 Vergleiche: IONS, VERONICA: Die Götter und Mythen Ägyptens. Neuer Kaiser, Klagenfurt 1982. Besonders S. 21, 29, 36, 49, 92.

5 Vergleiche: CAMPBELL, JOSEPH: Der Flug der Wildgans. Mythologische Streifzüge. Sphinx, Basel 1990, S. 184.

6 Vergleiche: CAMPBELL, JOSEPH: Die Mitte ist überall. Die Sprache von Mythos, Religion und Kunst. Kösel, München 1992, S. 127.

7 Leider gibt die Herausgeberin (siehe oben) nicht an, aus welcher Landschaft das Märchen überliefert wurde.

8 Im GRIMM-Märchen *Die Gänsemagd* muß die junge Frau dem Ofen sagen, wer sie ist. Dann erst kann der König – die innere Urvatergestalt – die Frau zu sich selbst erlösen. Siehe Anmerkung 2, Bd. 2, S. 24 ff.

9 Oft ist Aschenper der jüngste von drei Brüdern. Er wühlt in der Asche, sitzt am Feuer und gilt als dumm und unfähig. Derselbe Aschenper vollbringt dann aber die entscheidende, erlösende Arbeit. Schöne Beispiele zeigen die

folgenden norwegischen Märchen: *Der Aschenper und seine Helfer, Das goldene Schloß, das in der Luft hing, Die Jungfrau auf dem Glasberg.* Alle in: HUBE, HANS-JÜRGEN (Hg.): Norwegische Märchen. Insel, Frankfurt a. M. 1992. (Das Märchen *Das goldene Schloß, das in der Luft hing* wurde ja bereits ausführlich besprochen.)
Aschenputtel ist die weibliche Entsprechung zu Aschenper. GRIMM, Anmerkung 2, Bd. 1, S. 137 ff.

10 Das Kerzensymbol kommt bereits in mittelalterlichen Dichtungen vor, ganz besonders schön in der kostbaren Verslegende »Der arme Heinrich« von HARTMANN VON AUE. Da wird eindringlich darauf aufmerksam gemacht, daß die Kerze verbrennen muß, wenn sie leuchten will. Dieses Gleichnis wird dann auf den Menschen bezogen. Die Dichtung wurde um 1200 geschrieben.

11 Im Märchen *Die Prinzessin auf dem Baum* ist im verbotenen Zimmer ein Rabe angenagelt. In: ZAUNERT, PAUL (Hg.): Deutsche Märchen seit Grimm. Diederichs, Jena 1912, S. 1 ff. Im russischen Märchen *Marja Morewna* ist der unsterbliche Koschtschej im verbotenen Zimmer angekettet. Er bittet Iwan-Zarewitsch um Wasser. Der Held gibt es ihm, und Koschtschej erhält ungeahnte Kräfte, kann sich befreien und wird in der Folge zum bösen Gegenspieler von Iwan-Zarewitsch. Ganz ähnlich begegnet uns das Motiv auch im russischen Märchen *Iwan-Zarewitsch und Marfa Zarewna.* Da gibt der Sohn des Zaren einem gefangenen eisernen Männchen zu trinken. Beide Märchen in: DELISLE-KUPFFER, IMOGEN (Hg.): Russische Volksmärchen. Insel, Frankfurt a. M. 1991. Auch die Kammer, in der sich Dornröschen in den Finger sticht und dann in einen hundertjährigen Schlaf fällt, erinnert an dieses Motiv. GRIMM, Anmerkung 2, Bd. 1, S. 257 ff.

12 So geschieht es auch im Grimm-Märchen *Marienkind,* Anmerkung 2, Bd. 1, S. 36 ff.

13 JOHANN WOLFGANG GOETHE hat den Vogel-Phönix-Prozeß in einem meisterhaften Gedicht gestaltet:

Selige Sehnsucht

Sagt es niemand, nur den Weisen,
Weil die Menge gleich verhöhnet!
Das Lebendge will ich preisen,
Das nach Flammentod sich sehnet.

In der Liebesnächte Kühlung,
Die dich zeugte, wo du zeugtest,
Ueberfällt dich fremde Fühlung,
Wenn die stille Kerze leuchtet.

Nicht mehr bleibest du umfangen
In der Finsternis Beschattung,
Und dich reißet neu Verlangen
Auf zu höherer Begattung.

Keine Ferne macht dich schwierig,
Kommst geflogen und gebannt,
Und zuletzt, des Lichts begierig,
Bist du, Schmetterling, verbrannt.

Und so lang du das nicht hast,
Dieses: Stirb und werde!
Bist du nur ein trüber Gast
Auf der dunklen Erde.

Westöstlicher Diwan 1,19

14 Von solchen Zusammenhängen handelt das folgende Buch ausführlich: KUMMER, IRÈNE: Wendezeiten im Leben der Frau. Krisen als Chancen zur Wandlung. Dtv, München 1992. Besonders das 5. Kapitel mit dem Titel: »Von Schwelle zu Schwelle – Lebe dein Sterben«, S. 171–208.

15 Wir sprechen hier nicht von Extremsituationen, nicht von Menschen, die durch Folterungen und Kriege Unerträgliches erleiden mußten.

Übungen

1 JAKOB GRIMM lebte von 1785 bis 1863, WILHELM GRIMM von 1786 bis 1859. Beide wurden in Hanau am Main geboren. Sie hatten noch eine Schwester und drei weitere Brüder. Das Interesse an der Volkskunde und an Märchen führte dazu, daß beide das zunächst gewählte Studium der Rechtswissenschaften aufgaben und Altertumskunde studierten. Früh begannen sie, Märchen zu sammeln. Als Bibliothekare in Kassel und dann als Professoren in Göttingen hatten sie Zugang zu fast allen bestehenden Märchensammlungen. Wegen ihrer demokratischen Gesinnung mußten sie Göttingen verlassen. Jacob wurde Professor für Vergleichende Sprachwissenschaft in Berlin und Wilhelm Mitglied der Akademie der Wissenschaften in Berlin. 1812 erschien der erste Band der Kinder- und Hausmärchen, 1815 der zweite, 1922 der dritte (mit wertvollem wissenschaftlichem Material). Die siebte Auflage von 1857 ist die letzte, die noch von den Brüdern Grimm selbst betreut werden konnte. Jacob hat große Verdienste um die Erforschung der deutschen Sprachgeschichte. Beide zusammen haben »Das deutsche Wörterbuch« herausgegeben, das erste umfassende deutsche Wörterbuch, das auch die Wortgeschichte miteinbezieht.

2 GERHARD STAGUHN stellt in seinem ausführlichen Werk »Das Lachen Gottes« wesentliche Ereignisse in der Geschichte der Naturforschung und der Religion einander

gegenüber. Im Zusammenhang mit unserem Satz ist das auswertende Schlußkapitel besonders interessant (S. 281 ff.). Ganz verstehen kann man es allerdings erst, wenn man das Buch studiert hat. STAGUHN, GERHARD: Das Lachen Gottes. Der Mensch und sein Kosmos. Carl Hanser, München 1990.

3 Tätiges, bildhaft anschauliches Denken (nicht in Worten); die aktive Imagination geht von einem Bild, einem Motiv, einer Szene aus und spinnt dann eine freie Folge spontaner eigener Bilder, Motive oder Szenen weiter. (Ausführliches dazu: MÜLLER, PAUL EMANUEL: Märchen zeigen Wege. Ariston, Kreuzlingen 1996.)

Adresseninformation

Adresse des Autors:
Dr. Paul Emanuel Müller
Seidengut 15
CH-7000 Chur

Paul Emanuel Müller veranstaltet von Zeit zu Zeit Märchenkurse für Gruppen. Er gibt gerne Auskunft.

Europäische Märchengesellschaft
Postfach 1322
D-48403 Rheine

Die Europäische Märchengesellschaft unterrichtet ihre Mitglieder regelmäßig über Märchenkurse und Märchenveranstaltungen. Die Mitgliedschaft steht allen Märchenfreundinnen und Märchenfreunden offen. Sie vermittelt auch die Adressen der »Sektionen«.

SACHBÜCHER FÜR EIN BEWUSSTES UND ERFÜLLTES LEBEN

Märchen zeigen Wege – Leben, Tod und Wiedergeburt

Psychologische Deutungen und meditative Übungen

Von Paul Emanuel Müller

Märchen bergen Antworten auf die großen Lebensfragen. Wer diesen Schatz entdecken, wer den tiefinnersten Sinn eines Märchens erfahren will, muß das Märchen spielen ... Aus dieser Erkenntnis heraus hat der Schweizer Märchenforscher und Psychologe Übungen entwickelt, die helfen, Märchen zur Beantwortung der großen Fragen des Lebens heranzuziehen – nach Werden, Vergehen und Erneuerung. 240 Seiten, gebunden, ISBN 3-7205-1911-2.

Nimm zuerst ein kleines Boot

Von den Gezeiten des Lebens

Von Richard Bode

Ein ungewöhnliches, inspirierendes Buch über das Segeln und immer zugleich über das Leben. Es erzählt die Geschichte eines Jungen, der segeln lernt und im Umgang mit Wind, Wetter und Gezeiten Lektionen fürs Leben erfährt: Wie man über die Untiefen und durch die Stürme des Lebens segelt, wie man Flauten übersteht und seinen Kurs findet. »Ein einfaches, schönes Werk«, »Ein wundervolles , tiefgründiges Buch über das Leben« schrieb die amerikanische Presse über den »Nationalen Bestseller«. 240 Seiten, gebunden, ISBN 3-7205-1955-4.

Wer lacht lebt

Emotionale Intelligenz und gelassene Reife

Von Branko Bokun

Eine heitere, gelockerte Grundeinstellung ist der beste Schutz gegen Ärger und Angst, Hektik und Stress – die allgegenwärtigen Krankmacher von Körper, Geist und Seele. Aus kulturhistorischer, anthropologischer und medizinischer Sicht entwickelt der Autor seine ebenso eigenwillige wie überzeugende Theorie von den Heilqualitäten einer heiteren Lebenseinstellung. Er bietet Rezepte dafür, wie man sich vor verbitterten und verkrampften Fehlhaltungen schützt und zeigt Wege hin zu gelassener Reife. 224 Seiten, ISBN 3-7205-1944-9.

Diese faszinierenden Bücher erhalten Sie in jeder Buchhandlung. Ein farbiges Bücher-Magazin mit Informationen zu den Büchern unseres auf Medizin, angewandte Psychologie und Esoterik spezialisierten Verlags können Sie gratis anfordern.

ARISTON VERLAG · KREUZLINGEN/MÜNCHEN

Hauptstraße 14, CH-8280 Kreuzlingen, Tel. 071/672 72 18, Fax 071/672 72 19
Boschetsrieder Straße 12, D-81379 München, Tel. 089/724 10 34, Fax 089/724 17 18

Sachbücher für ein bewusstes und erfülltes Leben

Das Bilderbuch der Träume

Neue Möglichkeiten des Verstehens

Von Hildegard Schwarz und Norbert Teupert

Träume sind Verbindungen mit unserer Seele, mit dem individuellen inneren Reichtum wie auch mit dem kollektiven Erfahrungsschatz unserer Kultur. Träume können Inspiration, Ermutigung, Trost oder Warnung sein, und sie können uns helfen, richtige Entscheidungen zu treffen. Oft sind ihre verschlüsselten Botschaften Hilferufe, oft geben sie wichtige Impulse für unsere Lebensgestaltung. Dieses Buch einer Traumtherapeutin und eines Sozialpädagogen bietet neue Methoden, Träume zu deuten und fürs Leben zu nutzen. 260 Seiten, gebunden, ISBN 3-7205-1715-2.

Lexikon der Traumsymbole – die Symbolsprache der Träume in Stichwörtern von A bis Z

Von Hanns Kurth

Ein unentbehrliches Nachschlagewerk für alle, die mehr über sich und ihre Träume wissen wollen. Es enthält 2300 Begriffe und bietet Deutungen von mehr als 6200 Symbolen. Der einführende Teil berichtet über die physiologischen Vorgänge während des Schlafens und Träumens und unterscheidet anhand zahlreicher Beispiele die einzelnen Traumgruppen. 324 Seiten, 24 Abbildungen, gebunden, ISBN 3-7205-1141-3.

Seele und Körper

Psychosomatische Störungen erkennen, behandeln, heilen

Dr. med. Josef A. Winter

Wer sich krank fühlt, soll in sich hineinhorchen, seine inneren Ängste erkennen – oft liegt dort die Ursache eines Leidens. Überraschend viele körperliche Krankheiten und gesundheitliche Störungen haben ihre Wurzeln im Gefühls- und Seelenleben. Der Arzt und Psychotherapeut Josef A. Winter macht in dieser leichtverständlichen Einführung in die psychosomatische Medizin deutlich, daß und wie das Verstehen und Überwinden innerer Konflikte und Ängste durch die Betroffenen selbst die Krankheitsursachen beheben kann. 216 Seiten, ISBN 3-7205-1920-1.

Diese faszinierenden Bücher erhalten Sie in jeder Buchhandlung. Ein farbiges Bücher-Magazin mit Informationen zu den Büchern unseres auf Medizin, angewandte Psychologie und Esoterik spezialisierten Verlags können Sie gratis anfordern.

ARISTON VERLAG · KREUZLINGEN/MÜNCHEN

Hauptstraße 14, CH-8280 Kreuzlingen, Tel. 071/672 72 18, Fax 071/672 72 19
Boschetsrieder Straße 12, D-81379 München, Tel. 089/724 10 34, Fax 089/724 17 18

Dr. Joseph Murphys Hauptwerke angewandter Psychologie

Die Macht Ihres Unterbewußtseins
Das große Buch innerer und äußerer Entfaltung

Unser Unterbewußtsein lenkt und leitet uns, ob wir wollen oder nicht. Dieses Buch zeigt, wie wir die unermeßlichen Kräfte des Unterbewußtseins in uns wecken und für unsere Ziele schöpferisch nutzen können. Das Standartwerk von Dr. Joseph Murphy, dem Wegbereiter positiven Denkens, wurde in zahlreiche Weltsprachen übersetzt und allein in der deutschsprachigen Ausgabe mehr als 2 Millionen mal verkauft. 246 Seiten, ISBN 3-7205-1027-1.

Das Standardtwerk von Dr. Joseph Murphy liegt auch als vollständiges Hörbuch auf sechs Kassetten vor, gelesen von dem bekannten Schauspieler Peter Oehme. Mit diesem Hörbuch läßt sich ungenutzte Zeit, etwa bei Auto- oder Eisenbahnfahrten, aber auch in der Freizeit in produktive Lernzeit umwandeln. Gesamtspielzeit 9 1/2 Stunden. Audiobox mit 6 Kassetten, ISBN 3-7205-1901-5.

Zur wirkungsvollen Ergänzung des wichtigsten Buchs von Dr. Joseph Murphy gibt es außerdem ein Praxis-Kassettenprogramm (Gesamtspielzeit 3 1/2 Stunden). Die Kassetten helfen, die grundlegenden Erkenntnisse im täglichen Leben praktisch umzusetzen. Eine tiefenpsychologisch besonders wirksame Kombination von beruhigender Musik und suggestiven, subliminal unterlegten Texten verankert die Kernlehren im Gedächtnis und im Unterbewußtsein. Audiobox mit 4 Kassetten, ISBN 3-7205-1673-3.

Die unendliche Quelle Ihrer Kraft
Ein Schlüsselbuch positiven Denkens

Dieses Buch zeigt, wie kraft positiven Denkens und bewußter Einstimmung Ihrer inneren Welt auf die universellen Realitäten des Geistes scheinbar Unmögliches möglich wird und Sie alle Ihre angestrebten Ziele erreichen können. 228 Seiten, ISBN 3-7205-1211-8.

Die Gesetze des Denkens und Glaubens
Sie werden, was Sie denken und glauben

Sie erfahren hier, wie Sie gesetzmäßig die Macht des Denkens und Glaubens entwickeln und zur Geltung bringen, wie Sie das Gesetz des Heilens nutzen und der Segnungen der Liebe teilhaftig werden. 234 Seiten, ISBN 3-7205-1061-1.

ARISTON VERLAG · KREUZLINGEN/MÜNCHEN

Hauptstraße 14, CH-8280 Kreuzlingen, Tel. 071/672 72 18, Fax 071/672 72 19
Boschetsrieder Straße 12, D-81379 München, Tel. 089/724 10 34, Fax 089/724 17 18

Dr. Joseph Murphys Hauptwerke angewandter Psychologie

Der Weg zu innerem und äußerem Reichtum

Ihr Denken gestaltet Ihr Leben

Wie Sie ideellen Reichtum des Geistes erwerben und in ein Leben auch materieller Fülle umsetzen können – das gelingt mit Hilfe der hier angebotenen einfachen Methoden. 214 Seiten, ISBN 3-7205-1253-3.

Wahrheiten, die Ihr Leben verändern

Dr. Joseph Murphys Vermächtnis

In diesem Vermächtnis-Buch faßt der Weltbürger des Geistes die Quintessenz seiner Lehren zusammen: Der Inhalt unserers Denkens und Glaubens gestaltet unsere Persönlichkeit, unser Leben, unsere Zukunft. Wer das Leben bejaht, zieht das Gute an und bringt in sein Dasein Freude. 200 Seiten, ISBN 3-7205-1330-0.

Energie aus dem Kosmos

Ihre unversiegbare Quelle der Kraft

Auch Sie können Ihre innere Welt des Geistes mit den kosmischen Gesetzen in Einklang bringen und daraus ans Wunderbare grenzende Kräfte schöpfen. Dieses Buch führt Sie zu den Quellen von Erfüllung und Harmonie. 224 Seiten, ISBN 3-7205-1157-X.

Das I-Ging-Orakel Ihres Unterbewußtseins

Uralte Weisheiten praktisch genutzt

Ein neues »Buch der Wandlung« mit den Grundzeichen des I-Ging und zahlreichen Tabellen. Es lehrt, wie man mit Hilfe des I-Ging-Orakels auf einfache, spielerische Weise unschätzbare Fähigkeiten und Kräfte des Unterbewußtseins freisetzen und nutzen kann. 224 Seiten, ISBN 3-7205-1203-7.

Diese faszinierenden Bücher erhalten Sie in jeder Buchhandlung. Ein farbiges Bücher-Magazin mit Informationen zu den Büchern unseres auf Medizin, angewandte Psychologie und Esoterik spezialisierten Verlags können Sie gratis anfordern.

ARISTON VERLAG · KREUZLINGEN/MÜNCHEN

Hauptstraße 14, CH-8280 Kreuzlingen, Tel. 071/672 72 18, Fax 071/672 72 19
Boschetsrieder Straße 12, D-81379 München, Tel. 089/724 10 34, Fax 089/724 17 18

Legasthenie als Talentsignal
Lernchance durch kreatives Lesen
Von Ronald D. Davis

Der Autor erkannte die Legasthenie als ein spezifisches Talent, wie man es gerade bei Hochbegabten oft findet, und entwickelte eine Methode, wie sich Legastheniker selber, oder zusammen mit Helfenden, von ihrer Schwäche befreien können. »Ronald Davis hat ein Orientierungs- und Symboltraining entwickelt, das Kindern und Jugendlichen die Fähigkeit vermittelt, die Kontrolle über ihre Desorientierung zu gewinnen. [...] Davis macht Legasthenikern mit seinem Buch Mut!« (PSYCHOLOGIE HEUTE). 252 Seiten, gebunden, 30 Abbildungen, ISBN 3-7205-1883-3.

Tyrannen in Turnschuhen
Überlebenstraining für geplagte Eltern
Von Annegret Weikert

Die Erziehungsprobleme der nach-antiautoritären Ära stellen gerade moderne, aufgeschlossene Eltern vor ungeahnte Schwierigkeiten. Da wollten sie alles anders und besser machen, und nun stehen sie dem ungebremst fordernden ›Ich will‹ ihrer Kleinen, der uneinsichtigen Anspruchshaltung ihrer heranwachsenden Kids hilflos gegenüber. Dieses Buch zeigt beispielhaft an echten Situationen unkonventionelle Reaktionsmöglichkeiten und Strategien, die auch allseits drohenden Gefahren wie Konsumterror, Rechtsradikalismus oder Drogen-Mißbrauch vorbeugen. 240 Seiten, gebunden, ISBN 3-7205-1809-4.

Rebellen in Strampelhosen
Familienglück mit kleinen Monstern
Von Annegret und Wolfgang Weikert

Ein Ratgeber für alle Lebenslagen, in die geplagte Eltern kommen können und auf die sich werdende Eltern vorbereiten sollten. Ob es sich dabei um die partnerschaftliche Arbeitsteilung während Schwangerschaft, Geburt und ersten Lebensjahren handelt oder um die gefürchteten Still- und Schreiprobleme – dieses Buch über die schwierigste und zugleich schönste Zeit in der »Laufbahn« der Eltern hält leicht nachvollziehbare Tips und Tricks bereit. 260 Seiten, gebunden, ISBN 3-7205-1939-2.

Diese faszinierenden Bücher erhalten Sie in jeder Buchhandlung. Ein farbiges Bücher-Magazin mit Informationen zu den Büchern unseres auf Medizin, angewandte Psychologie und Esoterik spezialisierten Verlags können Sie gratis anfordern.

ARISTON VERLAG · KREUZLINGEN/MÜNCHEN

Hauptstraße 14, CH-8280 Kreuzlingen, Tel. 071/672 72 18, Fax 071/672 72 19
Boschetsrieder Straße 12, D-81379 München, Tel. 089/724 10 34, Fax 089/724 17 18